# ORGANISE IDEAS

## Thinking by Hand, Extending the Mind

走进学习科学丛书

盛群力 主编 / 邢天骄 副主编

# 一图胜千言

## 每位教师都应掌握的35种思维工具

Oliver Caviglioli + David Goodwin

[英] 奥利弗·卡维格利奥里 / 戴维·古德温 著

张阳 译 / 盛群力 审订

中国人民大学出版社

· 北京 ·

# 各方赞誉

**道格·莱莫夫**

*《像冠军一样教学2》*
*《刻意练习》和《重新思考阅读》的作者。*

本书丰富多彩、引人入胜，它聚焦于这样一个主题：图解可以增加，或者说在得到精心设计和有效利用时可以增加工作记忆进行组织的容量。许多同类书只是简单提出一系列概念图和头脑风暴工具，而本书则从认知科学开始讲起：什么类型的图解最有用？为什么？它们如何提高记忆力？

理解为什么，就是理解如何有效地使用工具，其洞见的核心是不变的——图解的力量在于词语的空间组织，在很多时候图像都不是必需的，甚至是无益的；概念的组织通常被认为是思维的一个微不足道的方面，却可能是最重要的部分。

卡维格利奥里和古德温为我们提供了理解的原则和一系列尝试和适应的解决方案，因此很容易将这些想法转化为课堂实践。这是一本对任何教师都非常有用的书。

**安妮·默菲·保罗**

*科学作家，写作主题涉及学习与认知研究等领域。她的新书是《延展心智》。*

尽管我们倾向于将人脑视为通用的、全能的思维机器，但事实上，它是一个非常古怪和特殊的器官。作为一种进化而来的生物器官，它的能力很有限。它本身不太适合学习或记忆我们希望学生掌握的想法和信息。大脑天生的能力与现代教育的需求之间的差距，经常会导致挫折和失败。

作者卡维格利奥里和古德温为我们搭建了一座跨越鸿沟的桥梁。他们使用清晰的语言和富有启发性的插图，解释了熟练使用外部记忆空间是如何减轻大脑的认知负荷的。更重要的是，他们选择的外部记忆空间——信息组织图，可以排布信息和想法，使它们更容易被理解和记住。尽管许多教师已经在使用信息组织图，但本书将这种做法提升到了一个全新的高度。

本书通过研究和一线教师的经验，引导读者一步步地创建有效的信息组织图，涵盖了具身认知、手势、空间隐喻和元认知等概念。本书将大量有用的信息以易于处理且轻松愉快的形式呈现出来。我是一名记者，20多年来一直在报道有关思考和学习的研究，但我在阅读本书的过程中学到了很多。正如作者说的那样："学习的核心是组织新想法。"这本书本身就是这一宝贵见解的美丽展示。

**萨拉·耶尔姆**

瑞典哥德堡市前教师和领导者，哈宁厄市researchED联合创办人。

**戴维·萨穆尔斯**

英国学习学院信托基金五月花小学和怀斯山小学执行校长。

**马克·恩瑟**

英国希思菲尔德社区学院地理和研究负责人，《TES》杂志专栏作家，图书作者。

**佐伊·恩瑟**

前系主任，教师，教与学/持续专业发展负责人，英语教育顾问和循证教育负责人，图书作者。

**克莱尔·斯通曼**

英国鲁西米德学院校长兼英语教师。

**安迪·巴克**

前校长兼总经理，"领导力很重要"与"BASIC教练法"创始人。

每一位教师都有过这样的经历：很难跟上自己的思路，在想法尚未成为知识记忆之前就把它忘记了。根据实际情形、个人偏好、所涉问题和相关人员，了解并能够以某种方式图形化地组织事实、想法、理论和观点，是一种非常强大的工具。

本书总结了信息组织图的主要类型、历史和科学背景，以及50多位教师同行在他们的教学游戏中提供的使用实例。了解并使用吧！

教师在为孩子们备课时投入了大量的精力、时间和爱。如果学习迷失了方向，甚至被误解和遗忘了，那么大量的工作就被浪费了。这就是为什么本书如此出色的原因。它可以帮助教育工作者管理组织自我思维的过程，让学生看到知识是如何组织起来的。

本书可能会改变并增加你的努力对学生学习所产生的影响。这是一本必读之作，值得你一读再读。

作为课堂一线教师，我们花了很多时间思考如何最好地组织复杂的想法，以帮助学生理解它们。本书清楚地解释了良好组织背后的理论，展示了可以有效利用的各种各样的技术。它还探讨了每种技术在何时使用可以发挥最大的效用。

作者展示了他们是如何做到知行合一的，而且本书的组织原则也使信息易于消化、便于使用。我很高兴能亲自尝试。

我认为本书引人入胜、发人深省、富有洞察力。作者探索了如何巧妙地运用从维恩图到具身认知的一切来支持解释和思考过程，从而帮助学生更有效地学习，最重要的是，记住他们所学的东西。本书以清晰的结构、仔细的说明和组织，来呈现这些信息，展示每种方法的样貌，以及支撑它们的研究和证据。

我毫不怀疑，对许多从业者来说，本书将大有裨益，而且会是他们想反复阅读的一本书。

对于卡维格利奥里和古德温的这本书，我真正喜欢的是，它能够帮助教师选择使抽象思想具体化，并为学生可见的最佳方式。

这不是一本关于图标或图像的表面特征的书。相反，它鼓励我们理解理论，深入思考工具及其在学科中的可能用途，并在课堂上实施一些最有效的方法来服务于学习过程。

谁知道竟然有这么多方法可以图形化地表现知识和想法？本书的结构——为何、是何、如何、何人和何时强而有力，使本书成为一本全面且易于使用的集大成之作。它并没有束缚教育工作者，反而为他们提供了一套解放思想、鼓舞人心的选择。

本书是所有教师和学校领导的必备读物。

# 译序

在日常工作中，我们常常会有这样的感受：画出一本书的章节结构，有助于把握全书的主题和脉络，更好地记忆学习内容；绘制一张工作流程图，有助于更好地监控进度，全面管理。这就是我们常说的"一图胜千言"。

图示为什么会有这样神奇的效果？认知科学家是怎么说的？作为教师，我们又该如何运用它来更好地教学，帮助学生高效学习呢？这正是本书要呈现给大家的内容。

本书英文版书名为"Organise Ideas: Thinking by Hand, Extending the Mind"，意即"组织想法：用手思考，延展心智"，而"一图胜千言"这个习语言简意赅地概括了这层意思，所以我们用它来作为中文版的书名。"组织想法"（organise ideas）就是梳理观念，整理知识。依据学习科学大家理查德·梅耶教授研发的生成学习SOI（select-organise-integrate）模型，学生学习最重要的心理加工方式是选择—组织—整合，教师教学最主要的工作是帮助学生做好选择—组织—整合。新知识如果不经过选择，就无法到达学生大脑的工作记忆中；如果不经过组织，就无法在工作记忆中被编码、加工并进入长时记忆；如果不经过整合，就无法使学生融会贯通、理解意义并熟练应用。本书提供的各种工具和策略，不仅适用于组织知识，同时也部分适用于选择知识和整合知识。

作者在开篇就指出："本书的目的是帮助教师用'信息组织图'（graphic organisers），更准确地说是'词语图解'（word-diagrams）来组织想法。虽然本书自始至终都使用了插图，但它并不是一本关于如何使用图像、图标、图片进行沟通的书。"可能有人会问，这明明是一本图文并茂的书，为什么作者要这样说呢？很显然，本书还有更广泛的价值。

作者认为，我们一直习惯于"用脑思考"，但现在我们需要改变这一思维定式，练习"用手思考"（thinking by hand）。这里的用手思考不仅是指将手势作为思考的表征，更是指通过绘制图示的方式，借助外部空间对知识进行释义、对照、比较、分析、综合、选择、评价、转化乃至创造。本书所说的"延展心智"（extending the mind），是指大脑并非思考的封闭场所和唯一平台，我们的思考应纵横交错、手脑并用，通道多样、图文相宜。

本书的特点有哪些呢？

1. 人们往往认为，大脑习惯于用言语来加工信息，但实际上，它更偏爱图示，需要进行双重编码。因此本书强调，教师需要掌握双重表征以及表现的能力，成为双重编码教师，学会双重编码教学。

2. 图示表征的方式有许多种，单一的思维导图或概念图不可能包打天下。本书全面介绍了图示表征的各种方式，使教师能够学会合理选择，在学科教学全过程中能够贯彻双重编码教学，从而提升学生的认知能力和学习能力。

3. 本书提供了大量主题或工具，以便教师在开展双重编码教学时使用。对教师来说，最重要的不是求全、求完美，而是学会在实际教学中根据需要进行选择、评价、综合和创造。也就是说，本书不仅仅是介绍双重编码和组织想法的工具书，更是帮助教师掌握双重编码和组织想法，进而将其应用于实践的策略指导手册和"兵书"。教策略越教越聪明，本书授人以渔，教人聪慧。

4. 联合国教科文组织在倡议"全民教育"的基础上，又推出了"普惠学习"，在学前、小学和中学三个阶段涉及的学习领域中，特别增加了"主动学习与认知"新领域，鼓励从娃娃抓起。这一领域包括元认知、成长心态和自我调节等方面，而这些正是本书致力于帮助学生培养的关键能力。本书显然是助力广大教师在这一领域抓落实的有用资源。

5. 本书特别选择了50多位不同学科、不同学段的教师，请他们介绍自己在双重编码和组织想法中如何探索的经验。这些简洁凝练的介绍如切如磋，给人启迪，催人奋进，绝对是本书的一大特点。

本书由插画家奥利弗·卡维格利奥里和戴维·古德温联合编写。实际上，它也是英国教育专家汤姆·谢林顿策划和主编的"可见的教学"丛书之一，与之配套的还有"应用的教学"丛书。

"可见的教学"丛书强调新理论、新观

念、新模式和新方法在实际课堂中的应用，大量采用了文字表达和图示表达相结合的写作方式；"应用的教学"丛书则致力于将新教学理论通俗化，面向广大教师进行普及和宣传，帮助广大教师理解和应用，其封面和各章配图也都采用了奥利弗·卡维格利奥里精心设计的图示。

"可见的教学"丛书我们目前已引进并翻译的还有《双重编码教师》（华东师范大学出版社，出版中）《教学攻略五步图解》（1—3册，浙江摄影出版社，出版中）；"应用的教学"丛书我们目前已引进并翻译的有《生成学习模式》（教育科学出版社，出版中）《学习的门道》（教育科学出版社，出版中）《教学原理应用》（宁波出版社，出版中）。

此外，我们还引进并翻译了《思维可视化图示设计指南》（福建教育出版社，2019）《学习的科学》（中国青年出版社，2022）和《理解学习（配图版）》（华东师范大学出版社，出版中），这些书同样具有"可见的教学"之特点。

此外，对这个主题有兴趣的读者还可以在本书相关网站上浏览英文资源。

1. 插画家奥利弗·卡维格利奥里的个人主页是https://www.olicav.com。该网站提供了他全部创作作品的展示资源，包括系列作品介绍、博客、播客、视频、封面设计、卡通人物图标设计等近20项分类资源。

2. 汤姆·谢林顿的网站是https://teacherhead.com。该网站汇集了他的博客文章、视频、图书介绍等。

本书由北京探月学校张阳翻译、浙江大学教育学院盛群力审订。衷心感谢"根定图书版权代理"范根定先生协助联系版权，衷心感谢源创图书青睐本书，衷心感谢中国人民大学出版社引进、出版本书。我们的目标是一致的，为推进高质量学习与教学服务，为加快教师专业发展服务。希望广大读者喜欢这本书，以及汤姆·谢林顿和奥利弗·卡维格利奥里合作编写的其他精美图书。

本书在翻译中难免有错漏，敬请读者批评指正。

盛群力　张阳

# 前言

**玛丽·迈亚特**

本书是送给教师的一份礼物。我们非常希望帮学生理解并记住更多知识，这是我们前进的动力；如果我们认真对待这个问题，就需要注意所教材料的深层结构。书面语信息量大，口语又转瞬即逝。我们如果想梳理并把握概念、结构、模式和联系，就需要一些智慧工具来帮助我们自己和学生。

本书由奥利弗·卡维格利奥里、戴维·古德温师徒二人精心创作，展示了信息组织图或词语图解作为最深层次思考工具的力量及原理。本书有几条重要线索：第一，把想法看作有形的对象是有益的（芭芭拉·特沃斯基）；第二，大脑的生理特征适宜"产生想法而非保存想法"（戴维·艾伦）；第三，将想法和事实进行归类、组合、排列，使之

变成连贯的结构，是建立牢固的长时记忆的途径。

本书通过五个部分总结了一直存在的证据——除非信息被记录下来，否则它就是转瞬即逝的；大脑需要一个外部记忆空间来储存所有有趣的东西，以便在工作记忆不超负荷的情况下继续运转；概念的视觉表征既支持理解，又有助于新见解和联系的形成；我们需要为手头的任务选择合适的信息组织图。

我自己在工作中（无论是教学还是其他方面）经常使用思维导图，直到读了这本书，我才明白为什么它们在我和学生识别关键想法并建立联系，尤其是记忆的过程中发挥了重要作用。阅读本书还让我知道，原来有35种不

同类型的信息组织图，也让我弄明白了如何为自己手头的任务选择最合适的信息组织图。

为了将这一切积极应用于课堂，我们有50多位同行分享了自己的案例。是不是特别酷？在接受这份礼物时，我们要仔细地拆解它，留意它带来的洞见，并在工作中加以运用。

### 奥利弗·卡维格利奥里

自从看到自己的建筑师父亲绘制图表，奥利弗就对用非线性方式创建和捕捉想法产生了兴趣。20多年前，他就写了一系列有关这个主题的书。随着认知科学在英国学校中得到了越来越多的应用，他认为，更新与信息组织图相关的知识，时机已经成熟。他还热衷于将信息组织图与双重编码区分开来，并引入一些关系更紧密的参考框架。目的是创作一本信息组织图手册，为创建信息组织图提供指导，并通过大量教师实践展示如何将其应用于教学。

### 戴维·古德温

作为地理教师，戴维很早就接触到了信息组织图。绘制地图和绘制信息组织图有很多共同点：都是通过内容的空间排列来传递意义。戴维在阅读奥利弗的著作时，第一次接触信息组织图。在《思维技能与视商》一书中，奥利弗展示了信息组织图如何向大众普及专家思维，这引起了戴维的兴趣。当他发现非线性词语图解（信息组织图）作为一种记录和组织想法、辅助阅读和写作的工具，如何服务于学习过程的时候，他对非线性词语图解的兴趣也越发浓厚。

### 伙伴关系

本书的出版离不开50多位教师的辛勤付出。奥利弗认为，把接力棒传给年轻一代是建立这种伙伴关系的基础。当然，这种伙伴关系现在已经变成一种坚定的友谊。《双重编码教师》一书出版以后，奥利弗不太愿意开始类似的压力满满的项目。但他也意识到，如果不去传播的话，自己在这一领域累积了50年的知识很可能会失传。而那些年轻、有才华、有经验的教师，正是开始本出版项目的完美伙伴。50多位教师对本书的出版做出了贡献，奥利弗很高兴看到这一代教师在教学实践中能够严谨、务实、创造性地使用词语图解（信息组织图）。

### 致谢

本书献给亚瑟·弗莱，他是便利贴这一强大认知工具的发明者。一张便利贴上写一个词，它就变成特沃斯基所说的想法对象（idea object），便于人们随时进行各种排列。这样一来，思维便清晰可见了。

阿耶利特·麦克唐奈
 本·诺里斯
 本·兰森
 布雷特·金斯伯里
 凯瑟琳·阿克顿
 卡罗尔·哈里拉姆
 夏洛特·霍索恩
 克里斯蒂安·穆尔·安德森

 克莱尔·马登
 丹·罗德里格斯-克拉克
 戴维·金
 戴维·摩根
 迪普·阿索克
 埃利奥特·摩根
 埃玛·斯莱德
 伊芙·凯恩斯·沃兰斯

## 贡献者们

53位教师无私分享了不同学段、不同学科的实践经验。在此一并表示敬意!

 法希马·瓦希亚特
 弗雷泽·索普
 乔治·弗拉乔尼科利斯
 海伦·雷诺兹
 杰米·克拉克
 詹克·邓恩
 乔恩-乔·威尔逊

 乔·伯克马
 约翰·埃蒂
 约翰·霍夫
 贾斯廷·韦克菲尔德
 凯特·霍华德
 凯特·琼斯
 凯利·佩平

 路易斯·卡丝
 卢克·泰勒
 马德琳·埃文斯
 马特·斯通
 梅甘·鲍斯
 妮基·布莱克福德
 奥利·刘易斯

 彼得·理查森
 彼得·斯托科
 瑞秋·汪
 萨姆·斯蒂尔
 萨拉·琼斯
 萨拉·拉莉
 萨拉·桑迪
 塞利娜·查德威克

 肖恩·史蒂文森
 西蒙·比尔
 西蒙·弗林
 蒂姆·比蒂
汤姆·汉森
汤姆·奥迪
 汤姆·西姆斯
 泽夫·贝内特

我们的思想是具身性的
工作记忆可以共享
工具可以塑造我们的思想

**具身认知**

**长时记忆**

**图式**

记忆是一种连接网络
用来做出有意义的预测

生物进化中的自然学习
可以不受记忆的限制

**手势**

**认知地图**

我们用内在环境地图来定位
就像迷宫中的老鼠一样

视觉空间通道的空间组成
是理解图解的关键

**双重编码
理论**

**非线性
思考**

我们储存记忆、空间和想法
的方式是非线性的

**工作记忆**

转瞬即逝的信息
是认知负荷的核心

**认知负荷
理论**

**元认知**

当我们能看到自己的想法时
审视这些想法就容易多了

做记录是解决口语交际
转瞬即逝问题的关键

**外部记忆
空间**

**组织想法**

学习的核心是组织新想法

**想法即
对象**

我们组织并排列无形的想法
就像它们是有形的对象一样

前语言经验构成了
后续抽象思维的基础

**空间隐喻**

**外部记忆空间**

**教师实例**

50多位教师展示了如何将
所有这些理论付诸实践

# 引言

本书的目的是帮助教师用信息组织图，更准确地说是词语图解来组织想法[①]。虽然本书自始至终都使用了插图，但它并不是一本关于如何使用图像、图标、图片进行沟通的书。

然而我们必须先澄清词语图解是什么。它"既不像口语或书面语那样具有语言学意义，也不是图片展示。这就意味着，无论是语言理论，还是感知理论，都不足以完全解释它的优势和应用"（Blackwell，2001）。

因此，在本书中你会看到一些陌生的理论，它们解释了信息组织图在过去几十年的研究中一直呈现出较大效应量的原因。

核心理论是默林·唐纳德提出的"外部记忆空间"这一概念。它类似于我们所说的工作记忆画板，但范围要大得多。因此，它有助于培养达尔文所说的"更长的思考链"。

基思·斯滕宁和奥利弗·莱蒙（Stenning & Lemon，2001）把词语图解视为"数据简化"，认为它是原始的想法，无语言风格且不加修饰。为了澄清思维，它会暂时避开语法问题。正如弗兰克·圣乔治和安德鲁·圣乔治（St George & St George，1996）提醒的那样，清晰的写作源于清晰的思维。

然而这样的清晰来之不易。它需要我们集中精力、坚持不懈地创建连贯的信息组织图。本书的大部分内容都在向你展示如何一步一步去做。本书对超过 35 种类型的信息组织图进行了解释和描述，还讲述了 50 多位教师的故事。在这些故事中，他们讲述了如何在自己的课堂上使用信息组织图。我们祝你在组织想法上取得成功！

---

[①] 在本书中，信息组织图与词语图解这两个词是通用的，均指用视觉符号展示事实、概念或想法之间关系的思维工具，又简称图示或图解。也有人译为图示组织者、思维可视图等。——译注

# 目录
## CONTENTS

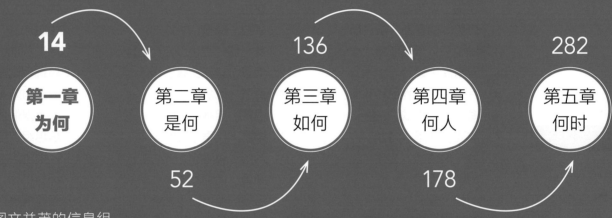

**14**

136

282

第一章
为何

第二章
是何

第三章
如何

第四章
何人

第五章
何时

52

178

图文并茂的信息组织图与纯图像表达不同，它还会受到不同理论和研究范围的限制。

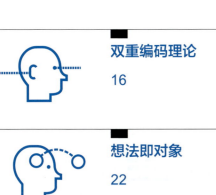

# ⊙ 双重编码理论

正如人们普遍理解的那样，艾伦·佩维奥的理论不能够充分解释插图很少，甚至没有插图的词语图解的情况。

## 双重编码概述

也许为了在进化中生存下来，我们人类在一片黑暗中仍然可以听到声音。我们的视觉系统和听觉系统是分开的，两者既可以同时工作，也可以独立工作，还可以相互联系，形成有意义的组合。我们如果在学习一个新单词时既使用了文字，又使用了图像，就对意义进行了两次编码，即双重编码。等我们想再次从记忆中提取这个单词时，就有了两个触

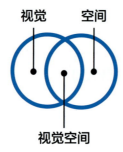

发点：文字或图像，以及文字加图像。这让成功提取信息的概率翻倍。

## 双重编码故事1

虽然佩维奥的理论是以数十年的可靠研究为基础的，但这些研究针对的都是简短词语的编码和提取，并不涉及词语图解所呈现的复杂性和概念。这一理论侧重于语言和视觉，只有极少的研究涉及动觉和触觉。

## 双重编码故事2

相反，故事2侧重于通过使用视觉空间要素而不是简单提取信息来交流和理解概念。虽然信息组织图（即词语图解）在本质上既是视觉的又是空间的，但正如下一页所述，真正起作用的是空间。

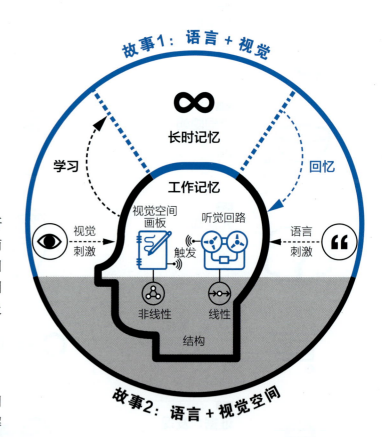

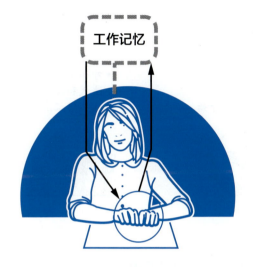

工作记忆

**接下来**｜我们眼前的空间在多大程度上能够帮助我们实现复杂思考，要由外部记忆空间来解释。

## 不用眼睛也能阅读地图

视障人士通过触摸凸起的标记来阅读城镇的立体地图。手指把信息传递给工作记忆，从而建立内部认知地图。我们读词语图解时情况也一样。

视障人士在触摸凸起的标记及其距离时，就是在收集并组合意义。其中并没有视觉因素，这表明单靠触觉也可以建立空间结构，只不过对于视力正常的人来说，靠视觉比靠触觉更容易。

**艾伦·佩维奥**

*非视觉（如动觉或触觉）信息可以融入记忆痕迹（memory trace）。*

Paivio, 1990

## 结构、过程和理解

1990 年，佩维奥在《心理表征》一书中指出，文本与视觉材料在结构及后续加工方式上有差异。文本在格式上是连续的。语法为线性排列的词语创造意义。但正如佩维奥所说，阅读过程存在认知限制。视觉材料不是线性的，而是同步加工的。这就意味着人们可能会仔细阅读图解的任何部分。你在浏览图解时，不同部分相对的空间位置就是在展示意义。1987 年，吉尔·拉金和赫伯特·西蒙在研究中注意到了这种更快地创建意义的方法，从而得出了这样的结论：（格式清晰的）图解比（复杂的）文本在计算上更有优势。

**霜岛淳**

*在图像表征概念和语言表征概念之间似乎存在某种边界，但我们尚不清楚它在何处。*

Shimojima, 2001

## 现代思维形成的阶段

**偶发**
- 类人猿
- 此时此地思考
- 个别而非一般
- 无表征

**模仿**
- 早期人类
- 表征行为
- 自觉且自发
- 公共沟通

**神话**
- 手势
- 语言
- 重建过去
- 象征主义的开始

**理论**
- 信息的外部存储
- 外部记忆空间
- 迭代和反思
- 公共辩证法

# ➔ 外部记忆空间

**图解增加了工作记忆组织想法的容量，为了弄清其原因和方式，我们需要比平时看得更广阔、更长远。**

### 默林·唐纳德的全景图

默林·唐纳德是神经人类学家、心理学家、认知神经科学家。这一研究背景使他得以从进化的角度来看待人类的认知发展。这幅全景图告诉我们，人类进化的最后阶段虽然时间最短，但是对大脑认知结构的影响最大。将我们的思维外显，有助于我们避开工作记忆的生理限制，进而扩展思维的复杂性。

**默林·唐纳德**

*外部记忆……是对内部记忆或生理记忆的精确的外部模拟。*

Donald, 1991

### 跨越时代的发展

当思考唐纳德图式的巨大变化时，我们应该记住"人类进化史上的每次认知适应都成为一种功能完备的遗存被保留下来"。相应地，我们在学习的某些方面看到了许多模仿行为的例子——想想你是如何通过观察和模仿某人的表现来学习某种技能的。但唐纳德总结说，在这些与时俱进的发展中，最重要的是想法被外部媒介收集并公之于众。现在，想法可以比个体生命存在更长的时间，因此需要不断迭代和完善。

### 外部符号存储系统

以下是唐纳德设计的一张表格的一部分。它描述了外部信息存储的优势，而生物的内部记忆方式正好相反：有限且短暂。

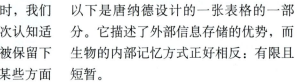
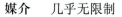

| 媒介 | 几乎无限制 |
| --- | --- |
| 格式 | 无约束，可重构 |
| 持久 | 可能是永久的 |
| 容量 | 几乎无限 |
| 大小 | 几乎无限 |
| 更新 | 无限次迭代 |
| 提取 | 无约束 |
| 存取 | 无限制 |

## 短暂阻碍思考

工作记忆（称之为意识）非常有限。其内容是暂时的。思想来去匆匆。这些生理局限制约了我们思想的容量和复杂性。如果只用工作记忆，我们要想形成达尔文所说的"更长的思考链"就会遇到阻碍。

## 在工作记忆中很难组块

认知科学家的研究表明，组块非常有助于信息的吸收和提取。但这个方法只能用于外显的内容。我们不善于在头脑中为信息组块，除了电话号码之类的事物。

## 外部记忆空间是你的认知工作区域

当工作记忆的内容被外化于外部记忆空间时，相关问题便可迎刃而解。唐纳德认为，眼前的区域就是我们的认知工作区域（我们的画板），在这里我们可以完成仅凭生理工作记忆几乎不可能完成的任务。所有真正思考的人都会将外部记忆空间作为自己真正的工作记忆。

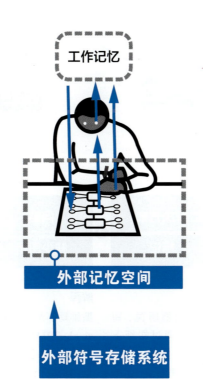

工作记忆

**外部记忆空间**

**外部符号存储系统**

## 认知回路使迭代成为可能

通过认知工作区域，我们建立了认知回路。我们把工作记忆捕捉到的想法收集起来，让想法变得可见。这样做又会催生可以添加到认知工作区域中的更多更好的想法。正是这种迭代和递归的动态创生了"更长的思考链"。

## 现代思想的突破

现代思想和理论时代的开始可以归功于古希腊。尽管之前的文明也不乏文字记载，但本质上是务实的。而希腊人使用文字进行理论推导：他们建立了抽象几何和形式数学证明，建立了以理论为基础的宇宙学，并创建了生物的系统分类学，还取得了艺术和公民管理方面的进步。通过记录思辨性想法，他们还设计了通过辩论来提升思维的过程—— 一种迭代和递归思维的公共认知回路。外部符号存储系统的发明和外部记忆空间的应用解释了认知活动的这一跨越式变化。

**接下来** | 唐纳德关于超越大脑边界进行思考的观点，是如何引发认知负荷理论的相关观点的？

**默林·唐纳德**

*真正的视觉空间画板是外部工作记忆空间。*

Donald, 1991

一次一步，一步一图。

弗雷德·琼斯

弗雷德·琼斯曾任一所自闭症学校的教师。下面网址中的视频是我最喜欢的一条教育视频，推荐给大家观看。

https://youtu.be/MInPwzg6TiQ

## ➡ 认知负荷理论

如果认知负荷理论不受其自身复杂性的影响，我们就需要明确其根源，即口头表达转瞬即逝。

### 问题的核心

2011 年，约翰·斯维勒等人出版了《认知负荷理论》一书。在此基础上，他们又于 2019 年对书中的理论进行了总结，扩大了原著的影响。如果把唐纳德的研究与现代心智发展结合起来，你会发现，在理论时代之前，所有交流都是口头的，因而都是短暂的。理论时代使用图文标记，口头交流的短暂性问题就得到了解决，但又产生了全新的问题：缺乏视觉传达的设计和实施。

### 双重编码理论的重构

| 问题 | | 解决方案 | | 问题 | | 解决方案 |
| --- | --- | --- | --- | --- | --- | --- |
| 短暂性 | ➡ | 标记 | ➡ | 缺少图示 | ➡ | 图示规则 |

**解释**

你如果接受唐纳德的生理记忆理论，就会认同短暂性是认知过载的主要原因。而认知过载的程度是由信息的数量、传递速度、抽象性、复杂性综合决定的。

**解释**

如唐纳德所说，短暂性可通过在纸上或屏幕上用标记记录内容来解决。如果时间不紧的话，我们可以按照自己的速度仔细审查和处理内容。

**解释**

斯维勒等人 (Sweller et al, 2011) 在研究中列出的一长串效应量，都与标记的设计有关，而设计这些标记是为了避免短暂性造成的过载问题。解决方案本身已成为问题。

**解释**

梅耶 (Mayer, 2014) 证实，大多数问题都由对基本图示规则的无知而引起。一个基本的指南将帮助人们从一开始就避免此类错误。

**默林·唐纳德**

"

*生理记忆不适合组块这种组织类型，这无疑对人类思维造成了严重的限制。*
Donald, 1991

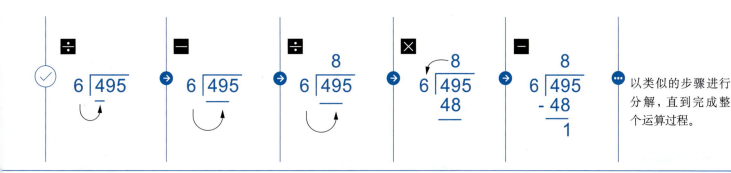

以类似的步骤进行分解，直到完成整个运算过程。

**接下来**｜在屏幕和纸上收集想法，表明了我们如何把想法视为对象。

## 任务分析的困境

特殊教育是建立在任务分析策略之上的。把事物拆分成不同组成部分是成功的关键，但也会导致学生认知过载。组块过大，学生驾驭不了；组块过小，学生还是驾驭不了。解决方案本身又成为问题。

**弗雷德里克·里夫**

 **A**

*记住几个主要步骤比记住一长串详细步骤更容易。*

Reif, 2008

## 流程放射图让教学计划可视化

唐纳德说，我们没法在头脑中进行组块。里夫说，详细的步骤太多了大脑记不住。这正是流程放射图要解决的问题。弗雷德·琼斯推荐的可视化教学计划方法也具有这样的功能。我们都知道将多个内容单元进行组块是有益的，但我们不知道如何把组块和流程结合起来。流程放射图就是附加详细说明的组块流程图。

**弗雷德里克·里夫**

 **B**

*只要回想起某个重要步骤，就很容易细化出若干详细步骤。*

Reif, 2008

21

## → 想法即对象

我们用来描述思维的隐喻泄露了真相。我们之所以能够组织和排列想法，是因为我们把想法当作对象来处理。

### 注意他们使用的隐喻

顶尖的教育家都把想法视为对象。2014年，理查德·梅耶把"组织"定义为"排布收到的信息"。2017年，佩普斯·麦克雷说"理解"是"一点一点建构的"。2020年，保罗·基尔施纳和卡尔·亨德里克解释了如何"抓住"原有的知识。2008年，弗雷德里克·里夫描述了"构建和拆解解决方案"的过程。他们不约而同都用了"想法即对象"这个隐喻。

**芭芭拉·特沃斯基**

头脑视想法为对象。
Tversky, 2019

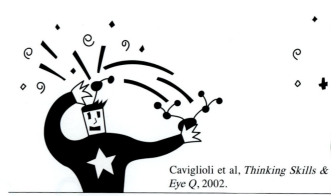

Caviglioli et al, *Thinking Skills & Eye Q*, 2002.

### 《思维技能与视商》 | 2002

你所拥有的想法可以被视为想法对象。我们所谓的推理仅仅是对这些想法对象进行组织。当我们把想法对象进行特定的排列时，我们就是在建构概念和图式。

### 奥利弗的启示

有时候，我们努力想在几分钟内弄清一本书或一篇论文告诉我们什么。奥利弗在努力落实"想法即对象"这一理念时，也遇到了类似的情况。后来，他了解到乔治·拉科夫和马克·约翰逊早在20多年前就深耕这个领域。2002年，他把自己的认识写在了《思维技能与视商》这本书里。现在，他又重新审视了"想法即对象"这个理念，该理念由于多学科的关注又焕发出新的活力。

## 教师口头表达——图式内隐

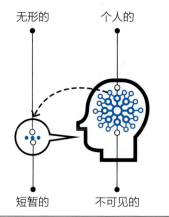

无形的　　个人的

短暂的　　不可见的

## 借助视觉材料的教师口头表达——图式外显

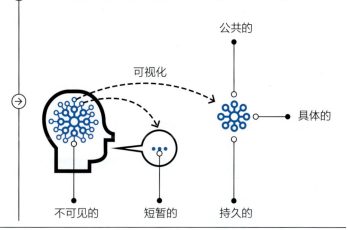

公共的

可视化

不可见的　短暂的　持久的

具体的

接下来 | 如何应用"想法即对象"这一理念，是具身认知的中心概念。

### 隐喻的力量

特沃斯基（Tversky, 2019）认为，空间隐喻是抽象思维的基础。那么，是否有理由不给学生展示认知结构呢？对建筑师来说，仅用语言与工程师谈论建筑是不可想象的。正如上一页几位教育家的例子所揭示的那样，用框架结构来表现图式是普遍存在的。每个人、每个老师都在有意无意地这样做。但是一旦意识到了这个不可避免的隐喻，难道不应该将大多数解释进行视觉呈现吗？

**芭芭拉·特沃斯基**

*它们可以提供持久的、公共的记录。它们外显且清晰。*
Tversky, 2019

### 在幕后偷看

在口头解释的同时提供视觉图式，更能满足所有学生的需求（Mayer, 2004）。这种更包容的做法能确保每个学生从最开始就掌握要点。展示某个理论或概念在结构中的样子，就像在幕后偷看。它邀请学生进入思维领域，展示想法的建构方式。这样的洞察不仅没有削弱语言的作用，反而给学生提供了理解语言是如何通过线性结构来传递意义的新方法。

**乔治·拉科夫**

*思维是操作，想法是对象，交流是传递，理解是抓住。*
Lakoff, 2014

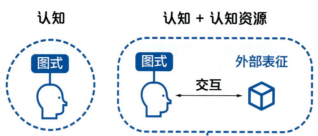

认知　　　认知 + 认知资源　　　认知 + 认知资源 + 人

图式

图式　　外部表征
交互

改编自Anderson & Fast, *Figure It Out*, 2020。

## → 具身认知

我们常常认为学习只能在某一处发生，理解具身认知能让我们摆脱这种根深蒂固的执念。人并不仅仅是长了腿的电脑。

### 拒绝常识

人们通常认为大脑与身体截然不同，17世纪的笛卡尔为这一看法赋予了哲学意义。然而科学表明，笛卡尔错了。即便如此，也无法改变学习只发生在大脑中的那种看法。具身认知直面这一假设。虽然最激进的一些结论可能会彼此冲突或看起来不合理，但是身体和大脑比我们以前认为的更加完整统一这一命题，给了我们更广阔的学习视角。

下图为理查德·费曼和查尔斯·韦纳之间的对话（Gleick，1993）

我实际上是在纸上完成工作的。

工作是在你脑子里完成的，只不过工作记录还在这里。

不，它不是记录或者说不全是。它是工作的过程。你必须在纸上进行思考，对吗？

### 使用工具的影响

托马斯·卡莱尔说，没有工具，人类什么都不是；有了工具，工具就是一切。我们创造了工具，工具最终塑造了我们。既然工具本质上有认知性，那么工具会影响我们的机能就不足为奇了。

**安迪·克拉克**

认知能够渗入身体和世界。
Clark, 2008

### 工具即我们

学开车时，有那么一段时间，车似乎成了你身体的延伸。对于游戏玩家来说，游戏手柄就像是身体的延伸。有了这些例子，我们讨论认知的准确边界，就会变得更加真实，而不只是抽象的猜想。我们也会更容易理解心理学家所说的认知行为的含义——支持和延展思维的工具。外部记忆空间就是大脑的延伸。使用外部记忆空间就意味着延展心智，它使你能够在纸上呈现思维，并在纸和大脑之间建立认知回路。

## 具身认知

### 大脑即边界
认知只发生在大脑内部

### 延展心智
认知广泛分布于大脑、身体和工具中

### 颠覆传统
没有心理表征，认知也可以发生

改编自Anderson & Fast, *Figure It Out*, 2020。

我把所有要用的蔬菜都放在水槽的一边。洗完每种蔬菜后将它们放在另一边，跟没洗的蔬菜分开。洗干净所有的蔬菜后，我把它们再拿到切菜板旁边，拿起放在上面的刀，开始按我需要的方式切菜。

采自Kirsh, *The Intelligent Use of Space*, 1995。

**接下来**｜将手势作为学习和交流的辅助手段，以此来延展心智。

## 词语图解的分布式认知

词语图解是个比信息组织图更准确、更有用的术语，它就像你的图式的投影。词语的非线性排列呈现了明确的联系，反映了你目前的理解，同时激发你对联系的准确性进行评估。在认知回路中，你自然而然地就会考虑改进。只有少数人仅凭动脑就能达到这种思维水平。

 图形
 相邻
 相似
 圈起
 闭合
连接

## 空间原则

格式塔心理学解释了我们如何理解空间中的物体以及相关原则，其中几个原则如左图所示。

### 戴维·基尔希

*管理周围事物的空间排布，是与思考、计划和行动同时展开的。*
Kirsh, 1995

## 将空间作为认知资源

戴维·基尔希（Kirsh, 1995）发现，专家将空间作为解决问题的资源。工作的过程一直是研究重点，而空间维度却被忽视了。仔细规划空间可以极大地避免认知过载。

## 三种不同类型的空间管理

基尔希在研究中将空间管理分为三类：简化选择，如按照你需要的顺序摆放烹饪材料；简化感知，如将同色拼图块分成一堆；简化内部计算，如拼字游戏（Scrabble）中不断重新排列单词。

### 安东尼奥·达马西奥

*身体不是大脑工作的旁观者。*
Damasio, 2007

25

## ➔ 手势

**手势不仅仅是挥手。它有助于完善解释、增进理解。手势追踪还有助于减轻认知负荷。**

### 语言不仅仅是字词

1992 年，戴维·麦克尼尔在其著作《手与心》中指出，手势是人类语言中不可或缺的部分。手势不仅让我们更好地沟通各种类型的意义，还可以影响思维本身。虽然手势千变万化，其表达的隐喻也各有不同，但是手势是普遍使用的。麦克尼尔将手势分成四类，每类都有特定的功能和可识别的动作。

#### 标志

不同于手势。意思明确，形式标准，跟语言无关。

#### 象征
（书）

代表身体、物体和人在空间中的运动或形状。意义是具体的。

#### 隐喻
（爱）

代表对所讨论问题的概念性理解。表示抽象而非具体的想法。

#### 指示

指示现实世界中的人、物和位置，无论其是否可见。

#### 节拍

跟上说话的节奏。与说话内容无关。在身体四周做短暂快速移动。

**戴维·麦克尼尔**

"

*手势和字、词、句一样，是语言不可分割的一部分：手势和语言是一个系统。*

McNeill, 1992

#### 手势图
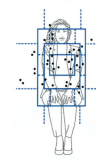

戴维·麦克尼尔
给所有手势定位

象征：最中间
隐喻：中间偏下
指示：外围
节拍：在某位置重复

### 手势和思考

对教师最具启发性的问题是：手势是仅仅表达说话者的想法，还是在某种程度上帮助思考？手势出现的时机很关键：它出现在说话之前，而不是之后。因此手势能给说话者提供反馈，进而影响其思考。此外还要考虑语言的线性本质，以及语言在表达非线性思想和感觉方面的限制。而手势是多维的。认知哲学家安迪·克拉克认为手势是种认知要素，语言、手势和神经活动结合起来形成完整的认知系统。

**苏珊·戈尔丁-梅多**

*手势是否算沟通？答案是肯定的。*

Goldin-Meadow, 2014

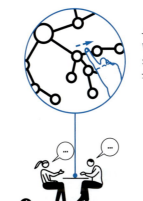

部分采自Caviglioli, *Dual Coding With Teachers*, 2019。这本书介绍了用手势追踪强化信息提取的好处。

**接下来｜手势**的背后隐藏着概念的空间起源，我们通过语言隐喻来表达它。

## 手势可以强化理解

2019 年，芭芭拉·特沃斯基在《思维运动》一书中指出，在理解机械系统的视频时，被允许使用手势的受试者的表现优于不被允许使用手势的受试者。如果让他们自由选择，超过 70% 的人都会使用手势，这是自然反应。

## 手势可以强化解释

关于用手势支持口头解释的研究也非常完善。手势有助于强调你所描述的概念的各个方面。苏珊·戈尔丁–梅多和玛莎·阿里巴尔的研究很好地证明了这一点。

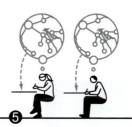

**芭芭拉·特沃斯基**

边研究边做手势可以加快回答测试题的速度，表明手势可以巩固信息。
Tversky, 2019

**弗雷德·帕斯**

手势通过动作保持信息而不占用工作记忆，可以暂时释放工作记忆的资源用来处理信息。
Paas et al, 2020

## 手势追踪强化信息提取

20 多年来，奥利弗让教师边给同伴解释，边用手指来追踪图中的相应位置。额外感官输入的影响非常显著，因为随后教师仅根据回忆就能准确还原图中的细节。直到最近，才有证据证明这种方法是有效的——有时不需要等待研究人员去理解和验证你所创造的东西。2019 年，约翰·斯维勒及其同事在关于认知负荷理论发展的综述中提醒教师注意这一现象。这篇文章引用了胡芳祖博士的论文，解释了手势追踪的使用是如何对理解和提取信息产生更大帮助的。

**玛莎·阿里巴尔**

隐喻手势为理解数学概念背后的概念性隐喻提供了证据。
Alibali & Nathan, 2012

# ➔ 空间隐喻

**在前语言阶段，我们与物质世界的接触决定了我们的思考方式。之后我们以婴儿的经验为喻来理解抽象的概念。**

## 隐喻——但与你知道的不同

语言学家乔治·拉科夫和哲学家马克·约翰逊对隐喻进行了40多年的详细研究。隐喻不是文学课上学的修辞。它对思维非常重要，但往往被忽视。如果没有这些隐喻，我们几乎无法思考或交流想法。它们与认知融为一体，认识它们能帮助我们更好地理解为什么可视化结构可以让思维变得清晰。

## 婴儿意象图式

在人们掌握语言和概念并开始研究世界的原理之前，一切就已经开始了。我们注意到规律性，建构了心理学家所称的意象图式。如，我们将液体倒入杯中时会注意到液面上升，进而得出结论：液体越多液面越高。我们把这种前语言的微图式应用于越来越抽象的概念。这个过程过于自然，以致往往被忽视。

  道德高尚

**越多越高**  道德败坏

通过物理隐喻表达的最重要的抽象概念是：容器和路径。在下一页及稍后对信息组织图的介绍中我们会详细展开。

**琼·曼德勒**

❝

*意象图式是最早的概念结构。*

Mandler & Cánovas,
2014

## 我们都用空间隐喻来表达

 某天在一次会议中等待发言时，奥利弗决定记录下主讲人在七分钟内使用的所有空间隐喻：

- 早期立足点
- 过载
- 开阔视野
- 引领我们前进
- 对他们的要求
- 为……找到空间
- 已经出来了
- 涵盖一切
- 遇到
- 我们非常明确
- 基础问题
- 框架
- ……的一部分
- 视角
- 精确的区域
- 下一步
- 支持
- 大量问题
- 帮助他们看到
- 站在技术立场
- 听取建议
- 更小范围的参与
- 提出挑战
- 被忽略的
- 放进
- 抽出
- 核心权利
- 远远超越
- 已经出来了
- 在标准之内

## 容器隐喻

婴儿玩积木时，会将它们放在盒子里或盒子外，在这一过程中，他往往会发现容器的基本构成：内部、边缘、外部、中心、四周。如果容器是一摞杯子，婴儿还会发现大杯子可以套在小杯子外这一现象。通过这种经验，婴儿为长大后研究亚里士多德的逻辑学打下了基础。

X在A中
A在B中
∴ X在B中

在后来的研究中，他无疑会以此为基础，运用相关的空间隐喻来表达自己的思想，这几乎没有其他的表达方式。理解这一点有助于教师解释自己学科的知识分类。就像把杯子叠成一摞一样，学生也可以理解学科的层次结构。

乔治·拉科夫

马克·约翰逊

"

*我们用具体的东西将抽象的东西概念化。*
Lakoff & Johnson, 1980

容器

路径

*一提到抽象的分类，我们就会想到空间隐喻，就好像它们是容器一样。*
Lakoff & Johnson, 1999

*路径图式是最常见的结构之一，它源于我们持续的身体机能。*
Johnson, 1987

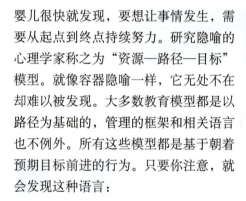
资源 ——— 路径 ——— 目标

## 路径隐喻

婴儿很快就发现，要想让事情发生，需要从起点到终点持续努力。研究隐喻的心理学家称之为"资源—路径—目标"模型。就像容器隐喻一样，它无处不在却难以被发现。大多数教育模型都是以路径为基础的，管理的框架和相关语言也不例外。所有这些模型都是基于朝着预期目标前进的行为。只要你注意，就会发现这种语言：

- 出发
- 到达中间点
- 还有很长的路要走
- 转移目标
- 在旅程中
- 改变方针
- 路上的波折

- 有望结束
- 推迟
- 危险地域
- 下一步
- 一次一步
- 导航

**接下来** | 简要回顾神经科学，它证实了认知空间维度的首要地位。→

芭芭拉·特沃斯基

"

*服务于空间思维的神经基础也服务于抽象思维。*
Tversky, 2019

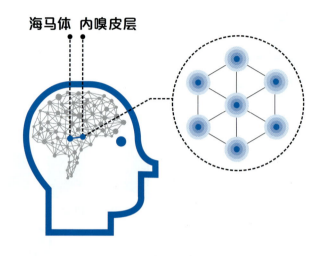

海马体　内嗅皮层

## → 认知地图

**神经科学揭示了认知地图如何反映我们在物理空间中进行导航的机制，其结果出人意料。**

### 认知地图的背景

自古希腊、古罗马以来，人们就对心智空间和环境地形之间的联系着迷。西塞罗等人还总结了建造记忆宫殿的策略。

20世纪40年代，心理学家爱德华·托尔曼认为，老鼠在迷宫实验中建构认知地图是为了记住食物路线。

**雅各布·贝尔蒙德**

*为记忆情境而构建的认知地图，通过在时空参照系中定位而与外部世界相联系。*

Bellmund, 2020

### 位置细胞

1971年，约翰·欧基夫的研究表明，老鼠海马体附近的位置细胞，可以帮助它们记住自己去过的地方，类似于托尔曼提出的认知地图。我们人类似乎也有同样的机制。阿尔兹海默病患者位置记忆退化，是位置细胞存在或受损的证据。

位置细胞是种"你在这里"的信号。与纸质地图不同的是，它存储在大脑中，你可以随时使用。

### 网格细胞

2010年以来，挪威神经科学家梅-布里特·莫泽和爱德华·莫泽探索了海马体附近的内嗅皮层，发现了更复杂的网格细胞。与位置细胞不同，网格细胞不依赖外部线索，被称为大脑的GPS，呈现六边形的形态。当你向前走的时候，一个来自六边形中精确位置的信号被发送到大脑，确定你在神经网格中的位置。

**约翰·欧基夫**　　**梅-布里特·莫泽和爱德华·莫泽**

1971　　　　　2014

位置细胞　⊕　网格细胞

**诺贝尔奖**

## 购车决策图

来源：Bellmund et al, *Navigating Cognition: Spatial Codes for Human Thinking*, 2018.

人们在应对多种因素同时存在的情况时，很自然就会在空间上展示信息。如购车时，只考虑汽车重量和发动机功率是比较简单的。如果还需要考虑多种多样的油漆，情况就会变得复杂。因此，左侧沃罗诺伊图中的圆点代表了典型的购车选择。

**接下来｜空间是想法的背景，与之相关的研究有助于我们更好地组织想法。** →

## 网格细胞的扩展概念

位置细胞和网格细胞携带有关空间和时间的信息，记录位置和记忆。《量子》杂志曾就这个主题发表的一篇文章开篇写道："新的证据表明，大脑对抽象知识的编码方式与表示空间位置的方式相同，这暗示了一种更普遍的认知理论。"（Cepelewicz, 2019）神经科学家金·斯塔琴菲尔德对空间隐喻的评论，也让我们看到许多学科都在关注这种认知的具体概念。

**金·斯塔琴菲尔德**

*我们的语言充满了用于推理和记忆的空间隐喻。*
Stachenfeld, 2019

## 对教师的启示

从默林·唐纳德对现代思维形成的人类学见解，到位置细胞和网格细胞的神经科学发现，空间在我们学习中的中心作用变得越来越明显。如上图所示，空间是分析我们思维的媒介。因此，展示自身思维的空间结构，会创造出一个有效的回路，在其中我们得以反思并寻求改进。我们对想法的组织也越来越清晰。

**杰夫·霍金斯**

*我认为我们正处于一个转折点——突然之间，我们将获得理解大脑是如何工作的新范式。*
Hawkins, 2021

**芭芭拉·特沃斯基**

*概念空间中的想法就像真实空间中的位置。*
Tversky, 2019

**信息结构连续体**

| 随机 | 清单 | 网络 | 层级 |
|---|---|---|---|

## ⊙ 组织想法

如果没有组织，知识内容就只是分散的事实，但通过建立联系来组织知识内容就能建构意义。

### 秘书的地位

组织常常被认为是秘书干的事，他们通过整理来为高级职能人员服务；但认知科学推翻了这种观点。弗雷德里克·里夫认为，培养有效使用知识的能力，不仅依赖于内容本身，而且依赖于其组织结构。在课堂上我们常常遇到这样的情况：接触新知识的学生无法组织不熟悉的内容。因此里夫认为，教师向学生展示如何组织学习内容是至关重要的。

**弗雷德里克·里夫**

*缺乏组织的知识不容易被记住或应用。学生不知道如何有效地组织自己的知识。*

Reif，2008

### 不同的知识结构

里夫（Reif，2008）指出，知识在内部、外部均可组织，有效的学习者会同时使用两种方法，因为"内外两种组织形式都很重要且相互影响"。但不是所有的信息结构都同样有效，上图是里夫构建的信息结构连续体，用于识别差异。

**随机**｜随机排列是无序的，没有什么用处。
**清单**｜常用于记住一系列步骤，但不能明确概念或想法之间的联系。
**网络**｜非常适合连接，但也可能非常复杂，使导航变得很困难。后面我们将举例说明戴维·古德温如何避免这个问题。
**层级**｜对阅读和提取信息最有效，众所周知，因为不管内容怎么变，其结构都是一致的。

网络和层级在某些方面形成鲜明对比。网络基于联系，没有顶层，每个要素都是均等的且都可以是切入点。层级是分组嵌套的整体系统，就像人们熟知的分类学和家谱的结构。

**迈克尔·艾森克**

*如果所学信息的框架或结构既便于组织学习，又便于提取信息，那么记忆效果通常会得到大大提升。*

Eysenck，1994

## 杂乱无章的工具

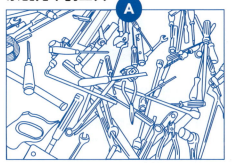

## 并然有序的工具

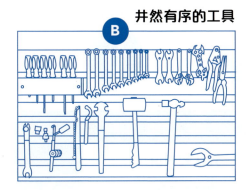

### 亨利·庞加莱

*科学的基础是事实，就像房子的基础是砖块；但正如只堆砌砖块盖不成房子一样，只堆砌事实也不会形成科学。*

Poincaré, 1902

### 组织和效率

请看上图，在所有其他因素都相同的情况下，环境 B 比环境 A 的工作效率更高。组织物品会让我们的生活更轻松，因为我们不需要回忆物品所在的位置。最开始搭建这种结构需要付出努力，但努力很快就会有回报。这是来自经验的不言自明的道理。认知也是同理。你能在仓库里很快找到保险丝，因为它与其他贴有标签的电力零件放在一起。信息也是如此。将想法和事实进行分组、排序，使之形成连贯的结构，是建立强大的长时记忆的方法。

### 洛根·菲奥雷拉

*为了引导组织的认知过程，学生可以绘制学习策略图，包括绘制关键信息的空间排列。*

Fiorella & Mayer, 2015

### 组织：SOI模型的核心

洛根·菲奥雷拉和理查德·梅耶的 SOI 模型是对学生学习所做的分析。它包括：先识别和**选择**新内容的相关部分；再将其**组织**到工作记忆的认知结构中；最后将其**整合**到长时记忆中，以便随后自动提取并使用。

整合

长时记忆

组织

工作记忆

选择

**接下来** ｜ 既然组织想法对学习如此重要，那么使其可见将充分支持元认知的发展。

### 芭芭拉·特沃斯基

*头脑视想法为对象。*

Tversky, 2019

##  元认知

**鉴于工作记忆的局限性，反思我们的思维将是一个巨大的挑战。但如果所有的想法就摆在你面前呢？**

### 关于元认知的认知

几年前，奥利弗与教育捐赠基金会的亚历克斯·奎格利和埃莉诺·斯特林格合作，绘制了描述元认知对话的图像。它呈现了元认知知识和元认知调节这两个主要领域及其各自包括的三个方面，形成了九种不同的对话主题。这样一来，外显的构成要素就一目了然了。我们也使用这种形式来反思我们的群体思维。

领域 **2**  方面 **6**

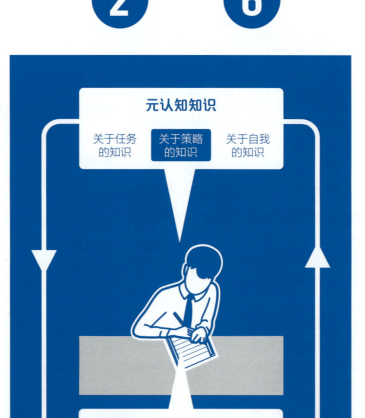

元认知知识

关于任务的知识　关于策略的知识　关于自我的知识

计划　监督　评价

元认知调节

对话 **9**

### 九种元认知对话

几十年来，我们满腔热忱地对元认知的力量进行了一系列重新探索，但这些探索往往过于抽象。现在，随着九种可能的对话（如下图所示）的发现，教师终于有了可以支持学生关注元认知、践行元认知的实用工具。

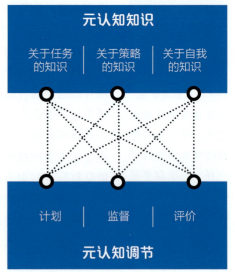

元认知知识

关于任务的知识　关于策略的知识　关于自我的知识

计划　监督　评价

元认知调节

点

# 3

点

# 42

第42点是……

## 三点沟通

教师能够极大地促进学生的元认知发展。这需要对话，或许还需要探索性问题。但学生被问到这样的问题时往往会觉得不安，结果会适得其反。这就到了三点沟通发挥作用的时候了。不要面对学生，而要坐或站在学生旁边。这时你的评论便直接指向学生的想法，即第三点（如上图所示）。这样一来，评论变得更客观，信息与传递信息的人分离，情绪不再阻碍反思。

## 外部记忆空间

上图描绘的是奥利弗最津津乐道的一个笑话。路人无意中听到两个哲学家在散步时的对话，其中一位说："第42点是……"笑点在于，普通人无法记住这么多的信息（即工作记忆）。如果想拥有达尔文所说的"更长的思考链"，就要把想法记录在纸上或屏幕上，并保持在视线之内。回到默林·唐纳德的外部记忆空间。看到思维在视线中以半永久的方式展开，对我们的反思很有帮助。

外部记忆空间提供了外部视觉空间画板，从而避免了内部记忆空间过载。投射出的想法会在认知回路中提供反馈，元认知过程和体验由此生成。

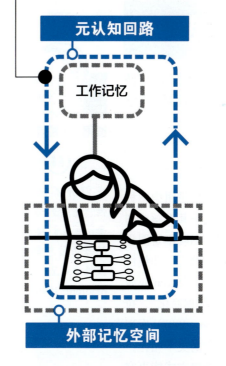

元认知回路

工作记忆

外部记忆空间

**接下来** | 对思维的觉察，使我们认识到思维的本质是非线性结构。

**玛丽－皮埃尔·雪佛龙**

概念图是非常有助于组织知识的元认知工具。
Chevron, 2014

## → 非线性格式

词语图解提供了一种描述概念的替代和补充方式，有助于增加每个学生获取知识的机会。

### 非线性不是非言语

在本书中，我们有时也将信息组织图称为词语图解，以避免人们将其误解成图文不兼容。虽然信息组织图既不是图也不是句子，但完全由词语填充。非线性格式使它成为斯滕宁和莱蒙（Stenning & Lemon，2001）所说的"数据简化"。拉金和西蒙（Larkin & Simon，1987）发现这让推理更简单。和复杂的文本相比，词语在空间中的分组或排序方式能更容易、更快速地展现其意义。

**彼得·布拉德福德**

*我们并不是以线性、连续的方式思考，但我们接收到的每条信息都是以线性方式呈现的。*

Bradford, 1990

### 卫星导航还是地图

斯蒂芬·阿克森等人2012年的研究表明，当卫星导航成为不变的选择时，传统的地图技能就会退化，我们对所处环境的了解也会少得多。如右边的带状地图所示，线性格式已经被尝试过了（Smith，1826）。每种格式都有其优缺点。

### 带状地图
（约克郡，1826年）

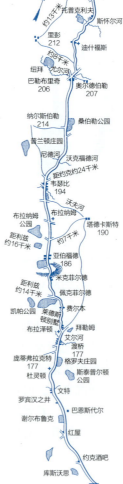

桑德哈顿
约13千米·托普克利夫
斯怀尔河
里彭 212
迪什福斯
约18千米
纽拜 尤尔河
巴勒布里奇 206
奥尔德伯勒 207
纳尔斯伯勒 214
桑伯勒公园
蒲兰顿庄园
尼德河 沃克福德河
距约克约24千米
韦瑟比 194
沃夫河
布拉纳姆
布拉纳姆公园
塔德卡斯特 190
距利兹约16千米 约克河
亚伯福德 186
米克菲尔德
距利兹约14千米
佩克菲尔德
凯帕公园
莱德斯顿别墅 费尔本
布拉泽顿 拜勒姆
艾尔河渡桥 177
庞蒂弗拉克特 177 格罗夫庄园
杜灵顿 斯泰普尔顿公园
文特
罗宾汉之井 巴恩斯代尔
谢尔布鲁克
红屋
约克酒吧
库斯沃思

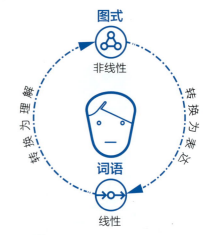

图式
非线性
转换为表达
转换为理解
词语
线性

**约瑟夫·诺瓦克**

*从某种程度上说，从线性结构到层级结构，然后再回到线性结构，就是基本的教育问题。*

Novak & Symington, 1982

### 转换回路

在课堂的外部线性世界和非线性图式形成的内部世界之间会发生认知转换回路。概念图的发明人约瑟夫·诺瓦克是我们所知道的唯一一位认识到这一点的人。

莎士比亚被认为是英国经典文学的核心人物。相比之下，20世纪60年代那位脾气暴躁的剧作家乔·奥顿被许多人视为边缘人物——在公认的伟大作家队伍中，没有他的名字；即便可以勉强列入，也只是处于边缘。

英国经典文学

**接下来 | 研究**
图式的非线性本质。

我们教师（也许是全人类）正处于巨大的错觉中。我们以为我们可以根据长期经验和熟悉程度在头脑中构建一幅图、一个结构、一个工作模型，然后通过把这个模型转化为一串词语，来将它整体移植到别人的头脑中。也许一千次里有一次，讲者讲得好，听者也有经验，擅于把线性语言变成非言语的现实，并且讲者和听者有很多共同的经历。在这种情况下，沟通过程就会顺利，一些真正的意义才能被沟通。

**约翰·霍尔特**
Holt，1967

## 概念和语言

奥利弗只向老师们展示了左上角的图片，以及与莎士比亚和奥顿有关的文本，并问大家是否可以把这个概念教给他以前所在的特殊学校的学生。当用上方的数据简化图来表示这个概念时，这个想法似乎更可行。柯尔斯滕·布彻（Butcher，2014）在《多媒体原则》一文中指出："言语内容的空间布局可以提供重要的概念信息。"她所指的言语内容包括语义空间显示，即词语图解。换言之，坚持奥卡姆剃刀原则，可以确保词语图解中不必要的细节都如诺瓦克（Novak，1998）说的那样被"谨慎地删除"。

## 线性/非线性讨论并不新鲜

艾伦·佩维奥（Paivio，1990）提到了哲学家伯克利和穆勒关于我们如何处理想法的辩论：是同时的还是依次的。哲学家罗素（Russell，1923）比较了从文本中提取意义和从图解中提取意义。20世纪40年代，心理学家托尔曼研究了迷宫中的老鼠是否能建构认知地图。

**毕晓普·伯克利**

**詹姆斯·穆勒**

**伯特兰·罗素**

**爱德华·托尔曼**

**苏珊·戈尔丁–梅多**

*语言是一维的，而意义是多维的。*
Goldin-Meadow，2014

右图是埃莉诺·罗施关于鸟类的经典例子——知更鸟作为原型处于中心位置，其他鸟与知更鸟的距离取决于它们和知更鸟的相似程度。

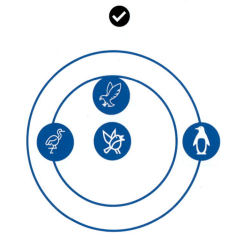

左图代表了我们对分类所持的共同观点，即概念化。哲学家就是用这种方式描述集合论的。

# → 图式

**毫无疑问，抽象模型与现实不同。图式理论被证明对教师是有用的，但这并不意味着它是真实的。**

## 了解图式

20 世纪 80 年代，对图式理论的研究曾一度停止，因为其含义太抽象、笼统，几乎没有意义。随着神经科学的发展，它又重获学术价值和地位。"图式"这个词也回到了教师的词典中。就信息组织图的使用和理解而言，图式理论是有用的参考。但任何时候我们都需要认识到它只是一种模型，现实远没有那么合理。

**埃莉诺·罗施**

*在我的研究之前，从哲学上来说，分类和概念被简单地假定为明确的和正式的。*

Rosch, 1999

## 原型理论与分类

我们通常认为，人类是按照从亚里士多德到洛克和其他哲学家传下来的逻辑方式进行分类的，但是埃莉诺·罗施（Rosch，1974）在新几内亚岛的实地研究中开始怀疑这个看法。她发现这个看法从根本上是错误的。对于事物是否属于某个明确界定的类别，我们不会定义详细的标准。相反，她发现我们会将该类别的最典型例子放在中心位置，随后根据相似程度，将其他例子以放射状排列。

## 赶走亚里士多德

古希腊人对思想的客观看法仍然存在。我们没有按照古典哲学所主张的方式进行分类。但是，心理学家可能仍然会采用这种假设，而他们的研究正是我们汲取知识的来源。

**乔治·拉科夫**

*如果古典分类理论倒下了，那些哲学观点也会随之轰然崩塌。*

Lakoff, 1987

**道格拉斯·霍夫施塔特**
**画的"航空枢纽观念"简图**

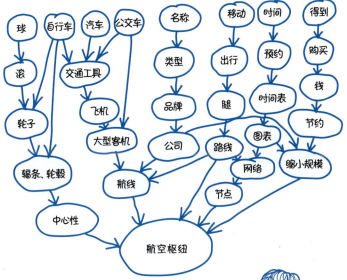

游戏：**玫瑰花环**

游戏：**古典式摔跤**

**接下来｜总结**
到目前为止我
们提到的理论
要点。

## 图式：个人且独特的组织

道格拉斯·霍夫施塔特写了很多关于类比在思维中的中心地位的文章。上图表明了他的观点，即思维本质上是联想的，也如右图所示的那样是层级化的。我们可以发现，个人图式和公共图式存在差异。个人图式比有效传播知识所需的图式要混乱和模糊得多。学生可以从创建正式的公共图式中获益。

**道格拉斯·霍夫施塔特**

*我们的思维可以无限组块。*
Hofstadter, 2009

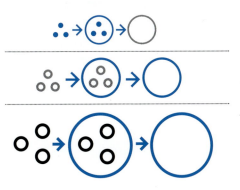

## 语言游戏

路德维希·维特根斯坦对语言及其与思维的关系的研究包括对"游戏"这个名词的分析。他发现"所有我们称为游戏的东西都没有共性"。规则、技能、竞技和娱乐可能具有的共性并不能将上图两个游戏统一起来。就算国际象棋和跳棋也没什么共性。唯一统一的概念是"家族相似性"（family resemblances），它比严格的分类要模糊得多。

**路德维希·维特根斯坦**

*我想不出比家族相似性更好的表达来描述这些类似之处。*
Wittgenstein, 1953

# 理论：要点

理论是用来思考新教学方法的工具。它们有助于你组织你的经验和反思。

## 库尔特·勒温

没有什么比好的理论更实际的了。

Lewin, 1951

## 马尔科姆·格拉德威尔

人们经验丰富，但理论贫乏。

Gladwell, 2018

## 双重编码故事2

**图像不是关键，空间才是关键**

佩维奥研究的双重编码理论涉及图文混合。由于图像在词语图解中不是必需的，理解其视觉空间结构就很关键。与连续的文本不同，在空间中排列词语，是为了创造连接和意义。

## 词语图解

**在空间中组织词语**

关系是通过空间连接和定位来描述的。与语法不同，空间连接明确且直接。拉金和西蒙于1987年的研究表明，借助自然推论，理解有空间连接和定位的文本通常比理解复杂的文本更容易、更快速。

## 外部记忆空间

**将想法外显，从而更好地思考**

唐纳德指出，生理记忆是有限的。工作记忆受到严格限制。但是通过将想法投射到纸上或屏幕上，我们就构建了外部记忆空间。在这个空间中，更长、更复杂的思考得以发生。

## 分布式认知

**手势追踪可以增强记忆**

虽然工作记忆是有限的，但最近的研究表明，有方法可以扩充其容量。利用我们的身体，例如手指，我们可以收集有关信息组织图的信息。这样做可以在不占用多少工作记忆的情况下，将信息储存到工作记忆中。

## 具身认知

**运用手势增进理解**

手势有助于我们理解机制和结构。研究显示，与限制这种自然反应的对照组相比，没有限制自然反应的实验组的成绩更佳。手势有助于整合空间关系。

| 空间隐喻 | 位置和网格细胞 | 组织想法 | 组织格式 | 数据简化 | 线性格式 |
|---|---|---|---|---|---|
| 我们主要用图解表达 | 位置、记忆和想法 | 组织是中心，而不是外围 | 并非所有格式都一样有效 | 注意你的语言 | 尝试易于表现图式的格式 |

我们大多数的抽象思维都是基于从物质世界中得来的前语言经验。我们对物质世界的空间属性的认识，体现在讨论概念的方式上：中心、外围、部分、概述、内部、边界、平台、基础。

诺贝尔奖获得者的研究表明，我们记忆去过的地方的机制与记忆的存储机制相同。网格细胞可以投射出两者具体的位置。现在越来越多的人一致认为，这也是想法存储和提取的方式。

组织这项技能常常被贬低为秘书才做的工作。但菲奥雷拉和梅耶将其置于"选择—组织—整合"这一学习模式的中心。在现实生活中思维也是如此：当思维得到清晰组织时，我们就更有可能发现它们。

弗雷德里克·里夫对信息结构进行了从无效到有效的分类。清单对某些任务有用，但对其他任务用处不大。树状图对分组很有用，并且适用于对内容不同但机制相同的事物分组。这种排列让内容更容易被记住。

如果图解通常优于言语解释（口头的或书面的），那么我们可以得出这样的结论：图解的数据简化对教学是有用的。就像戴维·奥苏贝尔的"先行组织者"（advance organiser），先提供主要概念，再进一步讨论细节。

学生往往被铺天盖地的线性解释所淹没，而图式本质上是非线性的。在心理学图书中，图式总以网络的形式出现。因此，如果新信息本身是非线性的，那么将新信息连接到现有图式会更容易。

**接下来** | 概念流可以帮助我们抓住理论要点背后的基本推理思路。

**约吉·贝拉**

*在理论上，理论和实践没有区别。在实践中，理论和实践才有区别。*

41

## → 理论：概念流

在外部记忆空间中观察我们想法的能力，为许多不同的理论添加了重要性和连贯性。

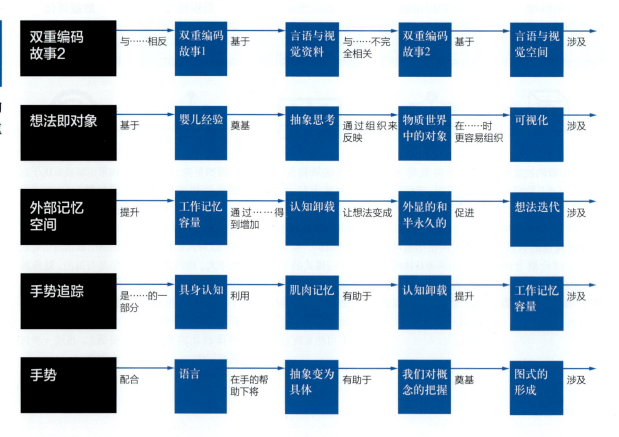

| 双重编码故事2 | 与……相反 | 双重编码故事1 | 基于 | 言语与视觉资料 | 与……不完全相关 | 双重编码故事2 | 基于 | 言语与视觉空间 | 涉及 |
| 想法即对象 | 基于 | 婴儿经验 | 奠基 | 抽象思考 | 通过组织来反映 | 物质世界中的对象 | 在……时更容易组织 | 可视化 | 涉及 |
| 外部记忆空间 | 提升 | 工作记忆容量 | 通过……得到增加 | 认知卸载 | 让想法变成 | 外显的和半永久的 | 促进 | 想法迭代 | 涉及 |
| 手势追踪 | 是……的一部分 | 具身认知 | 利用 | 肌肉记忆 | 有助于 | 认知卸载 | 提升 | 工作记忆容量 | 涉及 |
| 手势 | 配合 | 语言 | 在手的帮助下将 | 抽象变为具体 | 有助于 | 我们对概念的把握 | 奠基 | 图式的形成 | 涉及 |

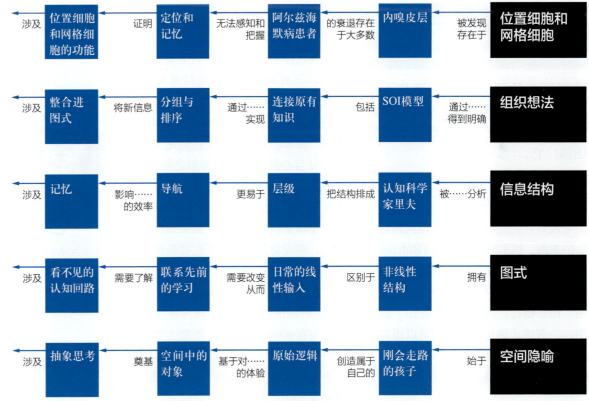

工作记忆

延展心智

外部记忆空间

分布式认知

| | | | | | | | | | |
|---|---|---|---|---|---|---|---|---|---|
| 涉及 | 位置细胞和网格细胞的功能 | 证明 | 定位和记忆 | 无法感知和把握 | 阿尔兹海默病患者 | 的衰退存在于大多数 | 内嗅皮层 | 被发现存在于 | 位置细胞和网格细胞 |
| 涉及 | 整合进图式 | 将新信息 | 分组与排序 | 通过……实现 | 连接原有知识 | 包括 | SOI模型 | 通过……得到明确 | 组织想法 |
| 涉及 | 记忆 | 影响……的效率 | 导航 | 更易于 | 层级 | 把结构排成 | 认知科学家里夫 | 被……分析 | 信息结构 |
| 涉及 | 看不见的认知回路 | 需要了解 | 联系先前的学习 | 需要改变从而 | 日常的线性输入 | 区别于 | 非线性结构 | 拥有 | 图式 |
| 涉及 | 抽象思考 | 奠基 | 空间中的对象 | 基于对……的体验 | 原始逻辑 | 创造属于自己的 | 刚会走路的孩子 | 始于 | 空间隐喻 |

# → 证据：问题

**证据很有价值。但是，这并不意味着人们可以很容易地发现或理解它，甚至信任它，进而超越其边界地推广它。**

## 修正标签：第一步

如果没有共同的标签，就很难找到你想要的东西。柯尔斯滕·布彻（Butcher，2014）在对"语义的空间展现"的研究综述中提到以下同义词：知识图、概念图、图形概述、因果图、论证图、链状图、心智模式结构。我们还可以添加：信息组织图、语义网络、可视化工具、结构化概述，等等。

## 可复制：重复研究结果

查理·泰森（Tyson，2014）写道："在教育领域排名前 100 的期刊上发表的文章中，只有 0.13% 的研究结果是可复制的。"彼时他刚刚读到马修·梅克尔和乔纳森·普拉克（Makel & Plucker，2014）发表的有关这个主题的论文。教育研究与心理学研究的相似之处在于，其可复制水平低得难以想象，远不及医学研究等领域。此外，在复制研究时，即使是真正独立的研究，如果原作者未参与，则成功复制的水平也要低得多。

在非教育领域，心理学家丹尼尔·卡尼曼（Kahneman，2012）向同事发送了一封很有名的电子邮件，提醒大家警惕难以复制的问题。他的解决方案是建立一个由重复研究组成的"环状链条"，来确保条件一致并检查研究结果。

**丹尼尔·卡尼曼**

*确保方法的每个细节都被记录下来且可以被他人复制。*
Kahneman, 2012

## 将工具类型与内容及任务匹配

鲁斯·科尔文·克拉克和乔贝塔·莱昂斯（Clark & Lyons，2004）在长达 450 页的研究综述中指出，成功使用视觉材料的关键因素是选择合适的类型。更具体地说，需要准确地将信息组织图的类型（功能不同）与内容（知识的结构方式不同）及任务（认知目标不同）匹配，否则对任何一项具体研究的概括都是不可靠的，很可能不会成功。

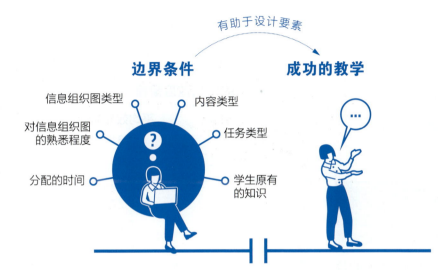

有助于设计要素

**边界条件**　　　　**成功的教学**

信息组织图类型　　　内容类型

对信息组织图
的熟悉程度　　　　　任务类型

分配的时间　　　　　学生原有
的知识

接下来 | 边界条件有助于我们更专注地阅读论文，并明确这些发现与我们自己的情境有多相近。

## 元分析：数量庞大的诱惑

约翰·哈蒂（Hattie，2009）收集了大量数据，引起了英国教育界的极大关注。但此前罗伯特·马扎诺等人（Marzano et al，2001）的元分析却被忽视。与哈蒂相比，马扎诺等人的研究要少得多，这使他们得以进行更深入的比较，并将证据与理论和实践结合起来。在马扎诺等人选择的九种策略中，非言语表征处于中等水平，平均效应量为 0.77。

**罗伯特·斯莱文**

*哈蒂大错特错了。他仅仅将包含大量偏见的元分析纳入反映相同偏见的元分析中。*
Slavin, 2018

## 修正的边界条件

菲奥雷拉和梅耶于 2015 年出版的《学习作为生成活动》一书在英国得到了充分宣传，但它的突破性贡献，即边界条件的使用并不为人熟知。通过 25—35 项精心设计的研究，有意义的对比得以形成。此外，视觉策略被分为概念图、知识图和信息组织图。由此我们了解了它们对不同年龄和能力的学生所能产生的不同影响。这些细节对教师来说至关重要。

**克里斯蒂安·巴斯**

*边界条件的探索有助于理论的发展，能够增强研究的有效性，缩小研究和实践的差距。*
Busse et al, 2016

## → 证据：发现

词语图解提供了一种描述概念的替代和补充方式，有助于增加每个学生获取知识的机会。

### 哈蒂的发现

2009 年，在《可见的学习》一书中，哈蒂提到概念图的平均效应量是 0.57。奇怪的是，他用"概念图"这一术语表示所有"语义的空间展现"（Butcher，2014）。而 2012 年哈蒂在其他地方表明，组织和转换的效应量是 0.85。既然组织和转换可以用来精准定义概念图的认知部分，如何区别二者？如果如他所说可见的学习效果更好，为什么会出现这种差别？

### 马扎诺的平均效应量排名

| 排名 | 分类 | 平均效应量 |
| --- | --- | --- |
| 1 | 识别异同 | 1.61 |
| 2 | 总结及做笔记 | 1.00 |
| 3 | 强调努力并给予认可 | 0.80 |
| 4 | 家庭作业与练习 | 0.77 |
| 5 | 非言语表征 | 0.75 |
| 6 | 合作学习 | 0.73 |
| 7 | 制定目标并提供反馈 | 0.61 |
| 8 | 生成和检验假设 | 0.61 |
| 9 | 问题、提示和先行组织者 | 0.59 |

### 马扎诺等人的发现

马扎诺及其团队（Marzano et al，2001）使用"非言语表征"来涵盖词语图解、物理模型、图画和运动。这与佩维奥（Paivio，1990）的解释一致，即所谓的视觉通道是所有非言语信息的通道。有趣但尚未被承认的是，这种非言语表征策略需要与其他识别异同的策略（如维恩图）和先行组织者策略（图示形式）结合才能发挥作用。

**罗伯特·马扎诺**

*也许最没有得到充分利用的非言语表征教学策略，可以帮助学生以一种全新的方式理解内容。*

Marzano et al, 2001

### 菲奥雷拉和梅耶的边界条件

《学习作为生成活动》一书检视了八种有效的学习策略。我们认为这是唯一通过边界条件来筛选结果的研究。这样一来，读者就可以了解到一些改变技术有效性的变量。其中结构映射（mapping）这一策略包括三种不同类型：概念图（既用于特定意义，也作为通用术语）、知识图（定义非常粗略，没有举例）和信息组织图。

## 三种类型图示的边界条件

### 概念图

| | | |
|---|---|---|
| 效应量 | 0.62 | |
| 效应范围 | -0.09 | 2.65 |
| 研究数量 | 25 | |

**总结**

不擅长阅读或能力较弱的学生构建了最佳的概念图。

### 知识图

| | | |
|---|---|---|
| 效应量 | 0.43 | |
| 效应范围 | -0.35 | 0.91 |
| 研究数量 | 6 | |

**总结**

预先构建的知识图越多，对能力较弱的学生产生的影响就越大。

### 信息组织图

| | | |
|---|---|---|
| 效应量 | 1.07 | |
| 效应范围 | 0.46 | 1.82 |
| 研究数量 | 8 | |

**总结**

所有选定的研究都使用了矩阵或比较和对比的结构。测量的是回忆、理解和迁移。

元分析的元分析

非言语表征 = 图片

单项研究

概括

不明确的图解类型

差异

难以复制

**彼得·程**

*一般来说，文献中关于图解的说法只来源于对单一类型图解的研究，我们应该谨慎对待。*

Cheng et al, 2001

## 马扎诺等人的发现

尽管菲奥雷拉和梅耶的工作开了好头，但关于边界条件还有许多工作要做。两人发现能力较弱的学生受益最多，但柯尔斯滕·布彻（Butcher, 2014）指出，"对原有知识掌握较好的学生确实从图文中获益良多，他们无论使用的是简单的图解还是更详细的图解，都学得一样好（这与对原有知识掌握较差的学生不同）"。这一点还需要进一步明确。

**柯尔斯滕·布彻**

*在对原有知识掌握较好的学生所做的研究中，存在不一致的发现，这些发现有些难以调和。*

Butcher, 2014

**接下来** | 在研究中发现不一致是令人沮丧的，我们不妨寻找一些有意义且受欢迎的主题。

## ➔ 证据：持续

**当研究论文围绕如何改变实践或验证实践等主题进行探讨时，它们对教师更有用。**

**季清华**

> 能用自己的话进行解释的学生，比不能解释的学生学得更好。
>
> Chi et al, 1994

**计算效率**

信息组织图比纯文本有优势，它更容易理解。但是这种轻松会对学习产生不利影响吗？

拉金和西蒙（Larkin & Simon，1987）在论文中表明，理解信息组织图比理解文本更简单、更快速。这种"计算效率"（computational efficiency）是通过词语的空间定位实现的，而这在文本中只能靠推理才能获得。但正如丹尼尔·罗宾逊和格雷戈里·施劳（Robinson & Schraw，1994）的疑问，这种"视觉论证"（visual argument；Waller，1981）是否要付出代价？信息组织图可能太有效了：花更少的时间和精力就能理解。如果学习是思维的产物（Willingham，2009），那么这可能是个问题。但毕竟教师不是只给出信息组织图就可以了，学生还要努力完成辅助活动，例如口头或书面表达、回答问题、填写信息组织图，这样问题就可以避免。

**信息组织图让谁受益最多**

据说表现较差的学生或者原有知识掌握较少的学生受益最多。这个说法是否始终成立？

哈蒂（Hattie，2009）的报告指出，金爱华和同事（Kim et al，2004）的研究表明，信息组织图可以帮助阅读理解有困难的学生。约翰·内斯比特和奥鲁苏拉·阿德索普等人（Nesbit & Adesope，2006）认为，言语能力较弱的学生从这种更高阶的概念中获益更多。菲奥雷拉和梅耶（Fiorella & Mayer，2015）也发现，以效应量大小来衡量，信息组织图对表现较差的学生产生的影响明显更大。这可能会导致教师给更有能力的学生提供了更多冗余信息。但这是错误的，正如布彻（Butcher，2014）解释的："对原有知识掌握较好的学生确实从图文中受益良多。"似乎这一切取决于将信息复杂程度与学生水平相匹配。

**接下来 | 边界**
条件有助于我们更专注地阅读论文，并确定如何将研究结果应用于我们自己的情境。

### 自主创建信息组织图

新手不会组织新的信息，而自主创建信息组织图能深化学习。有没有什么办法可以突破这个困境？

认知科学家弗雷德里克·里夫（Reif，2008）说，新手显然不会组织新的、不熟悉的材料。而内斯比特和阿德索普（Nesbit & Adesope，2006）发现，当学生自己建构图示而不是只研究教师的图示时，学习效果更好。约翰·安德森（Anderson，1990）解释说，这是由于学生需要付出努力才能详细阐述。菲利普·霍顿等人（Horton et al，1993）又发现，教师在学生的基础上完善图示最有效。菲奥雷拉和梅耶（Fiorella & Mayer，2015）也解释说，有些学习者在绘图过程中需要指导。但布彻（Butcher，2014）提醒道，"新手学习者可能不总是受益于适度的生成需求"以及"学生在非生成条件下学得更多"。

### 元认知：看见自己的想法

元认知听起来很抽象，但当你能看见自己的想法时，就更容易改善想法。

我们粗疏的记忆（porous memory；Sutton，2003）不足以应对元认知的挑战。因此，应用默林·唐纳德（Donald，1991）提出的外部记忆空间（即外显想法），是从根源上解决认知负荷问题（即信息转瞬即逝）的方法（Sweller et al，2011）。我们可以将这个观点加以扩展，使之包括我们的思维和外部交流。因此，2018年教育捐赠基金会强调将信息组织图作为支持元认知的有效工具，也就不足为奇了。玛丽-皮埃尔·雪佛龙（Chevron，2014）在关于概念图的元认知可视性的论文中表示，概念图有助于我们"意识到自身表征的演化"。

**玛丽-皮埃尔·雪佛龙**

*可以用概念图组织知识，这是一个有用的元认知工具，有助于教师和学习者集中注意力并付出努力。*

Chevron, 2014

## ⊙ 证据：应用

**最好的选择是明智的选择。** 信息组织图在教与学的不同阶段，有着不同的用途。

### 此模型并非建议

右侧的模型并非必须遵循的顺序，也不是一节课的流程。不要认为其中的阶段是不变的、必要的或位置固定的。该模型尝试突出在教与学的交互中信息组织图可能会发挥作用的时刻。我们不是说时时处处都要使用信息组织图。这取决于教师——借助模型，他们可以有更多明智的选择。

| **工具选择** | **工具选择** | **工具选择** | **工具选择** | **工具选择** |
|---|---|---|---|---|
| 正如我们知道的，信息组织图会激活先前的图式（Clark & Lyons, 2004），它是一种启动学习的很好选择。 | 图形化的先行组织者能够明确主要想法之间的关键关系，对建构意义来说至关重要。 | 信息组织图可能成为单选题的一部分，为常用的信息提取策略提供替代方案。 | 先行组织者的视觉结构可以激发学生对未来学习内容的预测，并为这种预测提供详尽阐述的空间。 | 细致有序地展示信息组织图，有助于弥补教师口头解释的转瞬即逝。 |
| **基本的原有知识**<br>**重新连接原有知识** | **使用先行组织者**<br>**获得知识全貌** | **对原有知识进行提问**<br>**提取原有知识** | **对新内容进行预测**<br>**预测新内容的细节** | **解释新内容并检查掌握情况**<br>**倾听，观察，回答问题** |
| **教师** | **教师** | **教师** | **教师** | **教师** |
| 正如詹姆斯·谢伊（Shea, 2021）所述，在进行信息提取测试之前启动图式效果更好。就像疫苗一样，"第一次注射是让身体接受并为打强针做好准备"。 | 先行组织者具有说明性、叙述性、图形化、概览性等特征。它以缩小的全景图开始，将构成内容性质的主要原则展示出来。 | 测试效果强化了记忆和学习，还向教师和学生揭示了还存在哪些知识差距，以便稍后加以解决。 | 重温先行组织者中的主要思想，要求学生预测它将如何发展，提取原有知识并与之建立联系。 | 将内容进行切分和排序，可以避免认知过载，这使教师能够检查学生的理解情况，并将其作为解释的一个组成部分。 |
| **学生** | **学生** | **学生** | **学生** | **学生** |
| 正如谢伊所述，在进行信息提取测试之前启动图式效果更好。这样，学生就做好了更准确、更全面地提取信息的准备。 | 所有学生都了解内容的要点，这创造了包容性的课堂。先行组织者明确了关键思想，这有助于学生吸收后续细节。 | 通过回答问题，学生就会从长时记忆中"下载"内容，并在这个过程中加强记忆。大脑会自动开始连接先行组织者中的内容。 | 将先行组织者中的思想与自己提取到的知识联系起来，学生将据此对未来的学习内容做出假设。马扎诺等人（Marzano et al, 2001）认为，这对学习会产生非常大的影响。 | 可控的信息流、半永久的可视化形式和教师的提问，能够帮助学生消化并吸收新的信息。 |

| **工具选择** | **工具选择** | **工具选择** | **工具选择** | **工具选择** | **工具选择** | **工具选择** |
|---|---|---|---|---|---|---|
| 同时观察两个信息组织图，可以直接比较预测的内容和后来的发现。 | 信息组织图可以作为说和听的框架，确保重点突出并为表达想法提供脚手架。 | 信息组织图在解释内容之间的联系的过程中，可以找出学生产生误解的确切原因。 | 流程放射图有助于学生独立工作，因为顺序和成功标准都被视觉化地整合在一起。 | 练习结束后，可使用同一张流程放射图对过程中的步骤及其结果进行检查。 | 一前一后都连接到信息组织图，能让学生清晰地进行比较。 | 在这个阶段，信息组织图是如何发挥作用的？为什么能发挥作用？ |
| **分享意图，检查预测** **完善预测** | **思考—配对—分享** **练习做出自己的解释** | **检查理解程度** **解释并从反馈中学习** | **布置练习** **运用理解** | **检查练习并反馈** **解释，调整，学习** | **回顾之前的预测** **重新评估之前的预测** | **针对内容提问** **提取知识内容** |
| **教师** | **教师** | **教师** | **教师** | **教师** | **教师** | **教师** |
| 解释现在能够与建构意义产生共鸣的学习意图，因为它们基于前面的阶段，有助于加强与学生图式的联系。 | 指导学生为即将到来的公开问答环节练习自己的回答。提醒学生为解释自己为什么这样回答做好准备。 | 问学生如何组织自己选择的信息，如连接、比较、排序、厘清因果依赖关系等，以此来了解学生的理解程度。 | 示范行动背后的思考过程，然后提供必要的脚手架和清晰的指令，这有助于学生练习时获得成功。 | 直接反馈，继续使用相同的指令，帮助学生发现自己的错误，进行反思并自动纠正：这就是元认知的成果。 | 将发展的知识与之前的预测进行对比，促使学生检查自己初始思考和初始假设的基础。 | 提取问题。 |
| **学生** | **学生** | **学生** | **学生** | **学生** | **学生** | **学生** |
| 正如埃弗拉特·弗斯特 (Furst, 2019) 所言，预测非常有助于建构意义，它是记忆的发动机。正视误解有助于学生思想的发展。 | 学生两人一组或三人一组，练习答案的选择、组织和表达。利用这个机会练习下一阶段如何回答。 | 学生的目标是通过解释答案的准确性和有效性来说服别人。要想做到这一点，学生需要明确自己是如何组织推理的。 | 明确成功的结果是什么样子，以及过程中的详细步骤，有助于学生不断建立元认知链，从而获得独立练习的能力。 | 为学生提供清晰的成功路线图，学生就会自行参考，而不是被动地等待教师指导。路线图的设计要考虑学生的独立性。 | 通过检查预测与所学内容的异同，学生得以理解差异。在建构意义的过程中也建立了新的联系。 | 这就是我们要说的，信息组织图如何帮助教师以及为什么能帮助教师。也可能与信息组织图的类型或者用途有关。 |

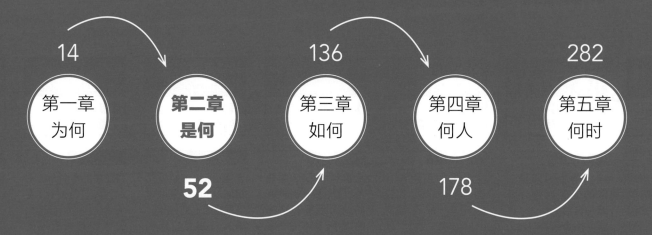

14

第一章
为何

第二章
**是何**

52

第三章
如何

136

第四章
何人

178

第五章
何时

282

使用信息组织图时最容易出现的问题是选择了错误的类型。不要从你自己的喜好出发来选择，而要始终从问题中的信息以及你的目的出发，选择相应类型的信息组织图。

# 引言

## 组织信息组织图

整理信息组织图。

**理解知识背后的结构，就是在加深对所讨论话题的理解。这将有助于知识迁移的发生。**

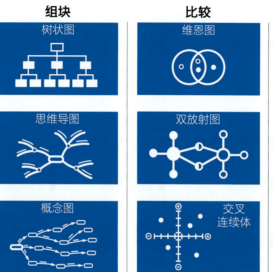

|  组块  |  比较  |  排序  |  因果  |
|--------|--------|--------|--------|
| 树状图 | 维恩图 | 流程图 | 输入输出图 |
| 思维导图 | 双放射图 | 循环图 | 鱼骨图 |
| 概念图 | 交叉连续体 | 流程放射图 | 关系图 |

### 分类的重要性

人们往往把分类看成没有技术含量的工作，而事实并非如此。没有对信息的分类做基础，就不会有理论和实践的进步（Levitin, 2014）。

### 信息组织图需要分类

如果没有好的分类，信息组织图就只是缺少总体目标的工具列表，可能有用，也可能无用。有了好的分类，信息组织图就变成理解、吸收和创造意义的工具。这样的知识工具，对知识交流和元认知具有决定性价值。

### 理解知识

浅尝辄止、死记硬背的学习是割裂的，很难迁移到新的情境中（Fiorella & Mayer, 2015）。聚焦学科知识、关注学科知识背后的结构，可以提升教师的讲解能力和学生的元认知能力。

### 边界

在考虑模型的有效性时，我们不应该忽视有关分类边界模糊性的研究（Rosch, 1978）。确实存在无法为某些信息组织图明确归类的情况，但这不是说模型无效，只是说分类边界的确存在模糊性。

### 奥利弗的挑战

20多年前，奥利弗构建了上图的模型（Caviglioli et al, 2002）。他常常向参加自己课程的教师问这样的问题：在学科教学中是否存在这个模型不能覆盖的情况？结果是，从幼儿学校到继续教育学院，从特殊教育学校到私立学校和文法学校，各类学校都没有遇到这个模型不能覆盖的情况。

考虑元认知的可能性，一开始就要明确教授的主题是什么类型的知识。如果知识是重要的，那么知识背后的结构也会引人入胜且对理解知识有帮助。

| | 容器模型 | | 路径模型 | | | |
|---|---|---|---|---|---|---|
| 乔治·拉科夫与马克·约翰逊《肉身哲学》1999 | | | | | | |
| 罗伯特·皮尔逊和彼得·登纳《语义组织者》1989 | 静态（集群） | | 动态（顺序） | | | |
| 贾妮尔·库珀《思考与连接》1979 | 分类 | 比较与对比 | 排序 | 因果 | | |
| 罗萨琳德·沃克《句子与知识网络》2018 | 类别 | 比较 | 时间顺序 | 因果 | 建立联系 | |
| 罗伯特·马扎诺等人《有效课堂教学》2001 | 概念 通用原则 | | 时间顺序 | 过程因／果 片段 | 描述规律 | |
| 戴维·海尔勒《构建知识的可视化工具》1996 | 分类 部分和整体 | 比较与对比 | 排序 | 因果 | 情境中定义 | 描述特征 |
| 爱德华·康拉德·雷格与乔治·布朗《解释》1993 | 概念 | | 过程 步骤 | 因果 后果 | 目的与对象 | 关系 |
| 伯纳德·默汉《语言与内容》1986 | 分类 | 评价 描述 | 排序 | 原则 | 选择 | |
| 奥利弗·卡维格利奥里《双重编码教师》2019 | 组块 | 比较 | 排序 | 因果 | | |

# 引言

## 选择信息组织图

工具有不同的功能。选择恰当的工具至关重要。

选择信息组织图，不能从它的表面特征或受欢迎程度出发，而要从工作的目的出发，做出明智的选择。

**鲁斯·科尔文·克拉克**

**乔贝塔·莱昂斯**

*根据功能（而不是表面特征）选择视觉材料，你将获得最佳结果。*

Clark & Lyons, 2004

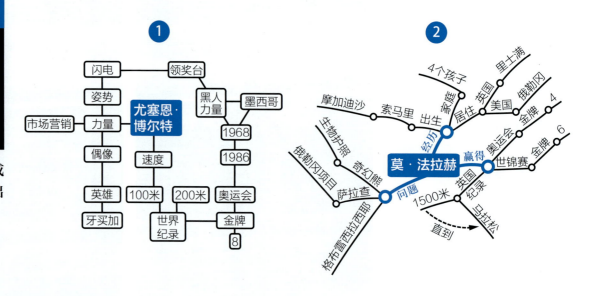

### 比较三张图

在本页的三张图中，你认为哪两张最相似？给出答案的同时也请给出理由。正如克拉克和莱昂斯所说，教师在进行双重编码时，最常见的错误是选择了不适合的视觉材料类型。对信息组织图的选择也是如此。

---

图 2 和图 3 最"神似"，因为它们表示的都是层级结构；而图 1 和图 3 只是"形似"，图 1 表示的是网状联系。

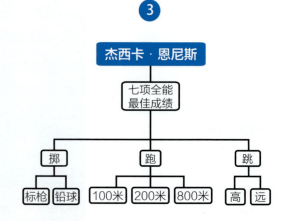

**乔治·拉科夫**　　**马克·约翰逊**

我们用具体的东西将抽象的东西概念化。

Lakoff & Johnson, 1980

**容器**　　　　　**路径**

一提到抽象的分类，我们就会想到空间隐喻，就好像它们是容器一样。

Lakoff & Johnson, 1999

路径图式是最常见的结构之一，它源于我们持续的身体机能。

Johnson, 1987

| 容器模型 | | 路径模型 | |
|---|---|---|---|
| 组块 | 比较 | 排序 | 因果 |
|  |  |  |  |

**测测自己能否选择正确类型的信息组织图**

请根据以下三个步骤来分析后面的四个问题，找出适合的信息组织图类型。

**第一步** | 决定所需知识类型的关键词是什么？

**第二步** | 关键词指向哪种模型（容器还是路径）？
是内容（容器）还是过程（路径）？

**第三步** | 综合以上情况，应该选择哪种类型的信息组织图？

**四个问题**

1 | 2019 新型冠状病毒到底是什么？

2 | 之前的 SARS 病毒是如何传播的？

3 | 2019 新型冠状病毒与 SARS 病毒在哪些方面相似？

4 | SARS 病毒对全球经济有什么影响？

---

1 | 关键词是"**是**"和"**什么**"。模型是"**容器**"。信息组织图选择"**组块**"。

2 | 关键词是"**传播**"。模型是"**路径**"。信息组织图选择"**排序**"。

3 | 关键词是"**相似**"。模型是"**容器**"。信息组织图选择"**比较**"。

4 | 关键词是"**影响**"。模型是"**路径**"。信息组织图选择"**因果**"。

# 引言

## 检验模型

理论和模型都需要检验。本模型已经有20多年的历史。

20多年前，奥利弗曾要求参加自己课程的教师检验所教学科是否完全可以用他的框架进行分析。下面是其中一个故事。

**乔治·拉科夫**

思想不会飘在空中。
Lakoff, 2013

**芭芭拉·特沃斯基**

头脑视想法为对象。
Tversky, 2019

麦克白夫人

### 1 明确挑战

有一次，有位教师问奥利弗，如何用四种类型的信息分析框架来解释莎士比亚戏剧中麦克白夫人从开场到终场的心理变化。在右边，你可以看到奥利弗的做法。

组块

放射图　　　放射图

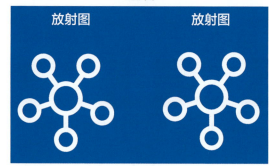

戏剧开场的画像　　　　戏剧终场的画像

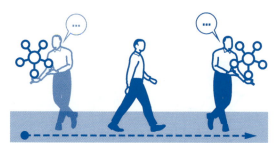

### 2 明确两张画像

在比较之前，奥利弗首先需要确定两个对象的特征。因此，他需要判断麦克白夫人在戏剧开场和终场分别拥有怎样的心理特征。为了表示时间跨度，他在两端各画了一张放射图。

| 比较 | 排序 | 因果 |
|---|---|---|
| 双放射图 | 流程放射图 | 输入输出图 |

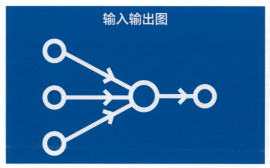

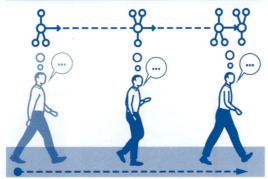

## 3 比较两张画像

有了两张独立的画像，奥利弗就能直接进行比较。他用中间的双放射图来表明开场和终场的心理画像是如何联系的，从而识别异同（马扎诺于 2001 年列出的清单里排名第一的策略）。

## 4 辨别发生了什么

要想理解麦克白夫人的心理变化，需要对重要事件进行梳理。奥利弗再次从左到右描述了主要故事线，并解释了流程放射图是如何为剖析重要事件提供机会的。

## 5 选择标志性事件

最终奥利弗回顾全部情节，并将重要的叙事转折与麦克白夫人前后心理画像的变化联系起来。因果关系很少是线性的，而输入输出图正好可以呈现多种因果关系。

## 引言

# 组织过程

**成功完成信息组织图所需的步骤。**

**心理学家都认为组织信息是学习过程的核心。但是很少有人提出切实可行的实施策略。**

### SOI 模型

著名认知科学家菲奥雷拉和梅耶将认知的 SOI 模型作为 2015 年《学习作为生成活动》一书的核心内容。它强调了死记硬背式学习方法的局限性。积极的认知过程对有意义的学习至关重要，它可以加深学生的理解，使学生能够"将所学知识迁移到新情境中"。提倡生成性学习不是对死记硬背式学习的简单否定，关键在于不要在两者之间制造非黑即白的争论。

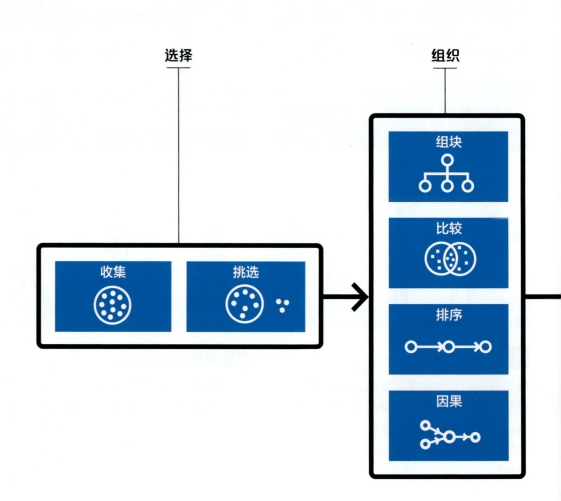

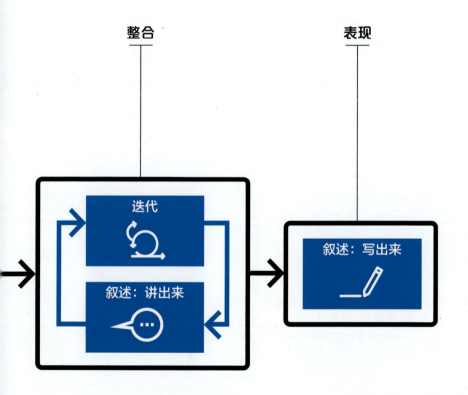

整合

表现

**洛根·菲奥雷拉和理查德·梅耶**

*SOI模型对教学的重要意义是，教师不仅要提供信息，还要确保学生在学习中参与恰当的信息加工过程，包括选择、组织和整合。*

Fiorella & Mayer, 2015

## 组织的关键作用

我们在激动地了解到 SOI 模型及其促进意义创造的总体原则（Furst，2019）的同时，也应注意到，我们几乎没有什么培养学生信息组织能力的实用策略。芭芭拉·特沃斯基（Tversky，2019）敏锐地洞察到，信息组织图通过将想法视为对象，让信息组织的过程变得一目了然。除此之外，我们还应该注意到，学生的内部认知加工过程是显而易见的，因为这一切都发生在外部记忆空间（Donald，1991）。

# 容器：组块

## 目的

在定义讨论的话题时，这些信息组织图都以不同的方式着眼于整体与部分的关系。因此，你将看到层级结构以及连接与边界。

## 词汇

每一类信息组织图都代表一种推理类型。因此，每一类信息组织图自然都会有一系列相关的词汇和短语。教师在讨论并解释信息组织图，再将其转化为文本时，意识到这些词汇并在适当的时候提供给学生是很有帮助的。

联系 | 连接 | 链接 | 内部 | 部分 | 排除 | 全景 | 放大 | 缩小 | 细节 | 属性 | 特征 | 关联 | 类别 | 分类 |
分级 | 整体 | 规律 | 概念 | 组成 | 概述 | 主题 | 理念 | 上位 | 下位 | 层级 | 层次 | 定义 | 高阶 | 低阶 |
嵌套 | 网状 | 网络 | 矩阵 | 内在 | 固有 | 阐述 | 例证 | 说明 | 深入 | 水平 | 吸收 | 包含 | 共性 | 要素 |
阐明 | 优势 | 劣势 | 特点 | 单元 | 标准

## 放射图
**64**

开启思考的工具。能够在组织想法之前,非线性地呈现想法。

## 目标图
**66**

在更大的情境中,确定话题包含的要素,排除不包含的要素。

## 集群
**68**

一个通过激发联想来进行创意写作的策略,与其他工具形成了鲜明的对比。

## 隶属图
**70**

常常与便利贴一起使用,目的是将单独的对象分组,从而形成新的组合。

## 集合图
**72**

一种纯粹的容器模型,根据共性或共有的组成部分建立边界。

## 树状图
**74**

一种通过将各部分进行分组、分层,形成嵌套结构,来描述层级关系的经典方法。

## 思维导图
**76**

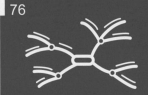

以放射状且节省空间的方式呈现内容,本质上是反映不同层级关系的树状图。

## 归纳塔
**78**

一种自下而上的归纳方法,从单个信息单元到层级关系,再到最终的总标题。

## 概念图
**80**

由简短的中心句组成,将各个组成部分连接起来,形成连贯的、相关的叙述。

## 创意盒
**82**

基于达·芬奇法,列出所有可能的变化,激发人们探索不同的组合。

类型 | **组块**

# 放射图

一种在组织想法之前捕捉想法的工具。

**在思考发生之前，你需要先收集一大堆想法用于组织。这是一个捕捉想法、事实、观点和判断的简易工具。**

## 组织过程

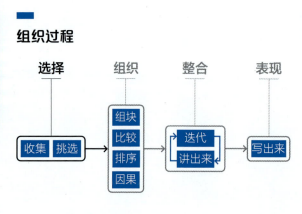

## 无特定内容的放射图

### 名称

我们之所以用"放射图"这个名称，是因为"放射"这个词有种未经组织的感觉，或者说是组织之前的感觉。该工具又名气泡图或者单气泡。

### 目的

在将想法进行排列之前，需要准备好一大堆想法。该工具旨在收集想法，让思考具备前提条件。从这个意义上说，放射图不是组织工具，而是组织之前的收集工具。

■

## 《三只小猪》放射图

■

## 清单

- 砖头
- 木头
- 驱赶
- 妈妈
- 气喘吁吁
- 害怕
- 愚蠢
- 有规划
- 冲动
- 狼
- 耐心
- 稻草

**戴维·艾伦**

*你的大脑是用来产生想法，而非保存想法的。*
Allen, 2015

■

## 成效

作家说，把创作与编辑分开是非常有效的做法，因为编辑会限制创作。该工具让人能够聚焦于产生和捕捉想法。我们的工作记忆非常有限，如果先把想法记录在纸上或者屏幕上，那么记忆想法和处理想法就会变得更加有效。

■

## 提示

- 回想你知道的任何事。
- 打开思路，想象与……有关的所有事。
- 找出与……有关的 20 个事项。
- 与同伴合作，找出与……有关的至少 20 个事项。

## 类型 | 组块

# 目标图

用于挑选、聚焦放射图收集的想法，并将其情境化的工具。

识别话题不包含的想法，有助于明确话题本身的性质。这样一来，我们自然就可以在话题边界内建立相关层次。

### 无特定内容的目标图

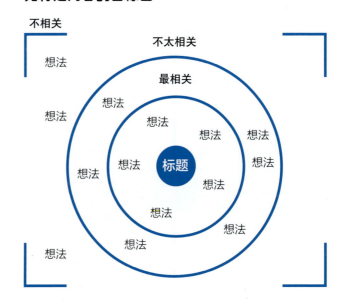

**具体说明**
参见第138—139页

**名称**

该工具又名圆圈图或单集合图。

**目的**

旨在通过识别属性来确定话题的边界，以便分辨是否包含，进而更精细地区分相关程度。

■ **《白雪公主》目标图**

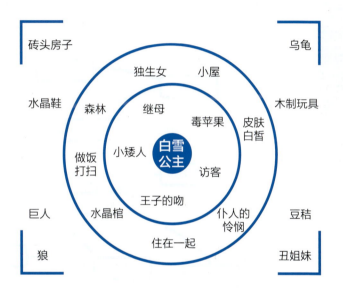

**卢敏玲**

*根据变易理论，意义并非主要来源于同一，而是来源于差异。*

Lo, 2012

■ **成效**

解决问题的关键任务，是在寻找解决方案之前分析问题。同样，在探究任何话题之前，也需要充分定义话题的边界。

■ **提示**

- 你能找到非例（non-examples）吗？
- 想想那些看起来相关但实际不相关的事情。
- 你在哪里划分最相关、不太相关、不相关的边界？
- 如果你必须把一个话题简化为几件事，会是哪几件事？

类型 | **组块**

# 集群

用于产生想法的创意写作工具。

我们的图式更多地建立在联系之上。挖掘这些联系，使我们得以组织它们，进而划分层级结构。

**无特定内容的集群**

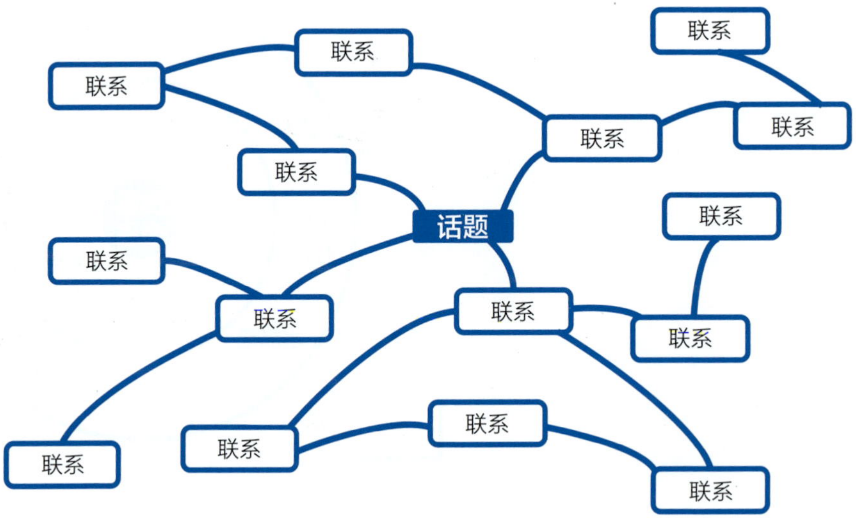

## 名称

该工具又名蛛网图、网格图、网络图、中心思想图、概念网。

## 目的

旨在挖掘深层联系。这个简单的工具最初是为创意写作课而设计的，也被很多人称为头脑风暴。仅仅基于联系来呈现信息是无效的，在这个过程中产生的关联，会为随后的想法组织提供更成熟的内容。

## 《三只小猪》**集群**

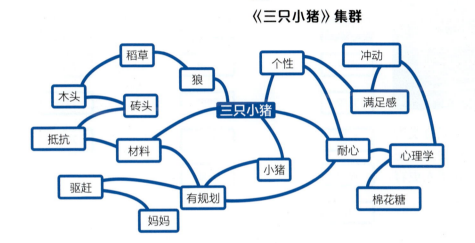

**加布里埃尔·里科**

*在混乱中，事物是不稳定的，足以开始形成具有建设性的形式和模式供我们使用。*

Rico, 1991

## 成效

学生往往低估自己真正知道的信息数量。这个工具可以把所有联系梳理在纸上或者屏幕上。在初始阶段缺乏判断力的情况下，学生可以更自由地专注于产生更多的想法。

## 提示

- 打开思路，记录所有灵感。
- 你能想到哪些可能的联系？
- 当你认为已经完成时，再建立一些新联系。
- 关于……你还能发掘出什么？

类型 | **组块**

## 隶属图

一种将若干对象进行有意义的分组的方法。

发现规律听起来颇为抽象，它是以分类为基础的。将事物分类就需要识别共性，正如幼儿园的孩子所做的那样。成年人更容易明确共性和可替代的分类方式。

**无特定内容的隶属图**

| 组标题 | 组标题 | 组标题 | 组标题 |
|--------|--------|--------|--------|
| 对象 | 对象 | 对象 | 对象 |
| 对象 | 对象 | 对象 | 对象 |
| 对象 | 对象 | 对象 | 对象 |
| 对象 | 对象 | | 对象 |
| 对象 | | | 对象 |

**具体说明**
参见第140—141页

**名称**

该工具又名隶属表、分组、KJ法（以开发者川喜田二郎命名）、名义分组技术。

**目的**

旨在通过分组、减少工作对象来创建秩序和意义。在小组中，当小组成员解释分组背后的原因时，共同的理解就形成了。

## 《三只小猪》隶属图

| 房子 |
|------|
| 稻草 |
| 木头 |
| 砖头 |

| 角色 | |
|------|------|
| 狼 | 卖稻草的 |
| 猪妈妈 | 卖木头的 |
| 小猪一 | 卖砖头的 |
| 小猪二 | |
| 小猪三 | |

| 特质 |
|------|
| 冲动 |
| 懒惰 |
| 有规划 |
| 细致 |
| 大方 |

| 教训 |
|------|
| 仔细 |
| 有规划 |
| 努力 |
| 慷慨 |

**戴夫·格雷**

*隶属图使用有意义的空间，将大量对象分成若干常见的主题，是一种常用的方法。*

Gray et al, 2010

## 成效

专注于推理过程而放缓细节组织的做法是有益的。当学生必须阐明自己的推理和每组对象的共性时，误解就很容易暴露出来。

## 提示

- 这些事物是如何被分在一起的？
- 也许可以从配对开始，然后将这些配对联系起来。
- 想想为什么要这样分组。
- 你会给每组取什么名称？

类型 | **组块**

# 集合图

一种明确重叠关系的边界定义图。

更严格地说，集合图在非数学领域，主要用于明确整体和共有组成部分的关系。有时候它也用于分析论点。年龄很小的学生也能画集合图，因为简单逻辑原本就是幼儿数学课程的一部分。

## 无特定内容的集合图

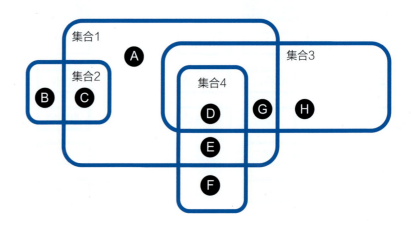

### 名称

该工具又名欧拉图或斑点图。

### 目的

旨在明确和建立边界——事物由什么组成，以及是否与其他事物存在共有组成部分。

**不列颠群岛集合图**

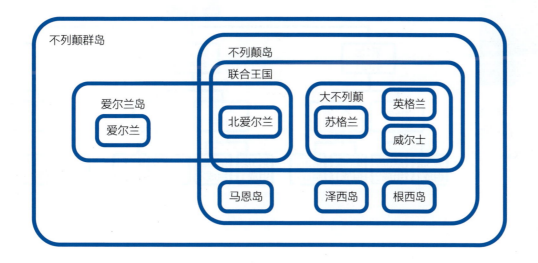

**唐·莫耶**

斑点图很适合区分边界和展示内外部关系。重叠的斑点图是展示并存关系的简易方法。

Moyer, 2010

## 成效

作为解释的手段和检测学生理解程度的方法，它是一个绝佳的策略。我们在必须判断一个或几个事物的从属关系时，容易产生误解。

## 提示

- 它属于这个部分吗？为什么？
- 它是否同时属于另一个部分？
- 是否每个事物都各得其所？
- 向你的同伴解释这样排布的原因。

类型│**组块**

# 树状图

以分支的形式自上而下排布的经典层级结构。

从通俗分类法到亚里士多德的正式分类法，信息主要是以层级的方式组织的。确定层级结构，就可以确定话题的构成。

**无特定内容的树状图**

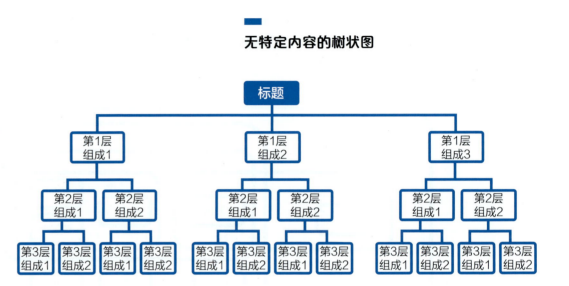

**具体说明**
参见第142—143页

**名称**

该工具又名大括号图、树形图、分支图、家谱图。

**目的**

旨在确定构成话题的内容层次，把较上层的概括与较下层的细节连接起来，展示知识体系整体与部分的关系。

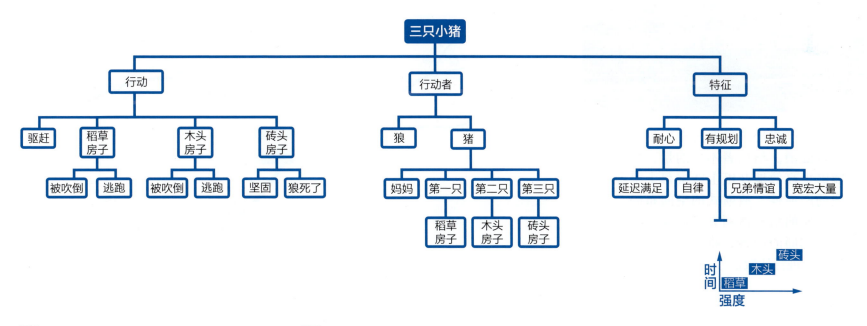

**《三只小猪》树状图**

## 成效

思考的第一个阶段是对话题进行定义和描述。了解了从最下层的细节到最上层的抽象概念之间的联系，学生就可以看到知识的全貌。这既有助于理解，又如里夫所说，有助于记忆。

## 提示

- 它是这组的一部分吗？
- 这组在那组的下一层还是上一层？
- 你给这组起个什么标题？

**弗雷德里克·里夫**

具体信息可以从顶层知识（树根）开始，然后沿着树枝依次展开。
Reif, 2008

类型│**组块**

# 思维导图

一个常常被误解的工具，本质上与树状图相同。

人们常常将思维导图与激发创意的集群工具混淆。与后者不同的是，思维导图能够更高效地在纸上或屏幕上呈现树状图的严谨性。放射式的空间布局，使较低层次的结构得到充分展现。我们可以针对相同的内容，将思维导图与前面的树状图进行比较。

**具体说明**
参见第144—149页

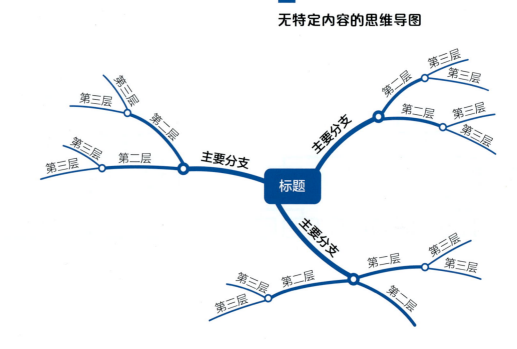

**无特定内容的思维导图**

**名称**

该工具又名蛛网图、网络图、网格图、记忆图、节点图。

**目的**

旨在对信息进行分类。东尼·博赞用 BOI（basic ordering ideas，基本分类概念）来解释以上层抽象概念（更靠近中心的分支）为首的层级。

## 《三只小猪》思维导图

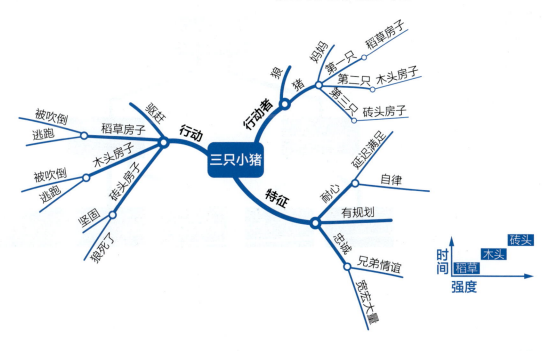

**东尼·博赞**

思维导图是一种基于记忆力、创造力和理解力的技术。

### 成效

放射式排列更容易在相应层次逐步增加相应内容，这也是思维迭代的过程。手绘思维导图是非常个性化的，加上图画和颜色，更有助于记忆。尽管博赞声明，思维导图并不是什么神奇的魔法和独一无二的组织工具，但它确实有用。

### 提示

- 这个词适合放在哪里？
- 把分支当成俄罗斯套娃，分支下还有分支。
- 决定是从中心开始（从概括到细节），还是从细节开始，通过逐步概括来确立意义。

类型 ｜ 组块

# 归纳塔

通过对不断增加的抽象层次进行分组来推动意义的发展。

虽然教师主导的演绎思维已被证明是最有效的，但仍然有培养学生归纳推理能力的空间。这包括从经验到概念、抽象，再到原理。佛蒙特大学的约翰·克拉克开发的归纳塔就是实现这种思维方式的工具。

**名称**

无其他名称。

**无特定内容的归纳塔**

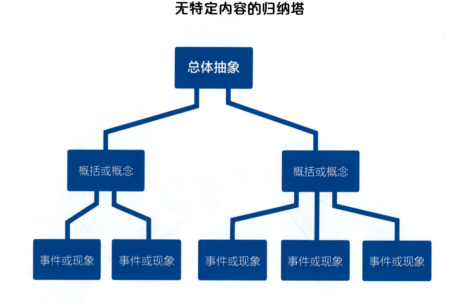

**具体说明**
参见第150—151页

**目的**

要想构建这一工具的结构，学生需要在分组中提炼共性。为了给这些组命名，学生需要使用高阶抽象词汇来加深他们的理解，提高他们运用这些词汇的能力。

**成效**

它清晰地呈现了经验和事实之间的层级关系及其抽象描述。将具体与抽象联系起来，是"学习科学家"（The Learning Scientists）网站明确的认知科学六大策略之一（Weinstein & Sumeracki，2018）。

**全球变暖归纳塔**

## 提示

- 你怎么给这些事件或现象命名？
- 你的分组原因是什么？
- 你怎么命名这些组？
- 一个事件或现象是否属于不同的组？
- 你能用一两句话描述一下这些组吗？

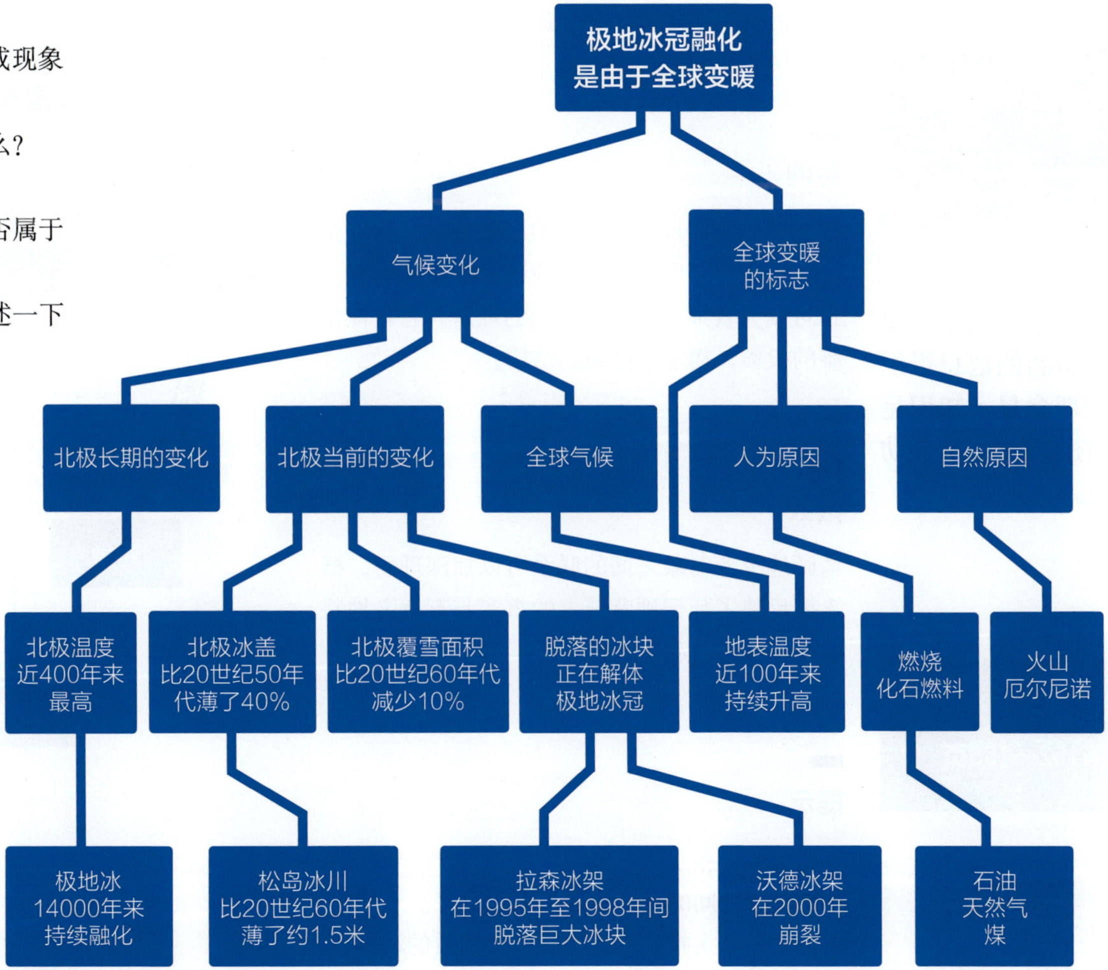

**希尔达·塔巴**

"

能将有些事项归入同一组吗？……能将有些事项归入不同的组吗？

Taba, 1962

**极地冰冠融化是由于全球变暖**

气候变化

全球变暖的标志

北极长期的变化

北极当前的变化

全球气候

人为原因

自然原因

北极温度近400年来最高

北极冰盖比20世纪50年代薄了40%

北极覆雪面积比20世纪60年代减少10%

脱落的冰块正在解体极地冰冠

地表温度近100年来持续升高

燃烧化石燃料

火山厄尔尼诺

极地冰14000年来持续融化

松岛冰川比20世纪60年代薄了约1.5米

拉森冰架在1995年至1998年间脱落巨大冰块

沃德冰架在2000年崩裂

石油天然气煤

图片由《教学时报》提供

## 类型 ｜ 组块

# 概念图

最古老的信息组织图之一，最具研究基础，可能也是最难绘制的。

约瑟夫·诺瓦克于20世纪60年代早期开发了概念图，并与教育心理学家戴维·奥苏贝尔共同完善。它是最著名的信息组织工具。其设计原则依据的理念是：知识是围绕命题（也就是概念图中的对象—动词—对象的结构）构建的。

### 具体说明
参见第152—155页

### 名称

该工具又名语义网、知识地图、概念网。

### 目的

概念图的建构反映了命题的网状特性，这就是一种图式。它既可以呈现教师对学生的解释，也可以为教师呈现学生最初的理解。它就像思维的投影，揭示了隐藏的结构。

### 成效

清晰地思考对象之间的联系可以加深理解。概念图反映了死记硬背孤立的事实与有意义地将这些事实整合起来的区别。

### 提示

- 列出所有涉及的对象。
- 把对象之间的联系用箭头表示出来。
- 为每个箭头找到最能代表连接性质的动词。
- 将所有连接起来的对象排列成连贯的图。

### 无特定内容的概念图

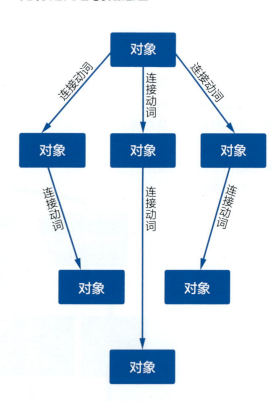

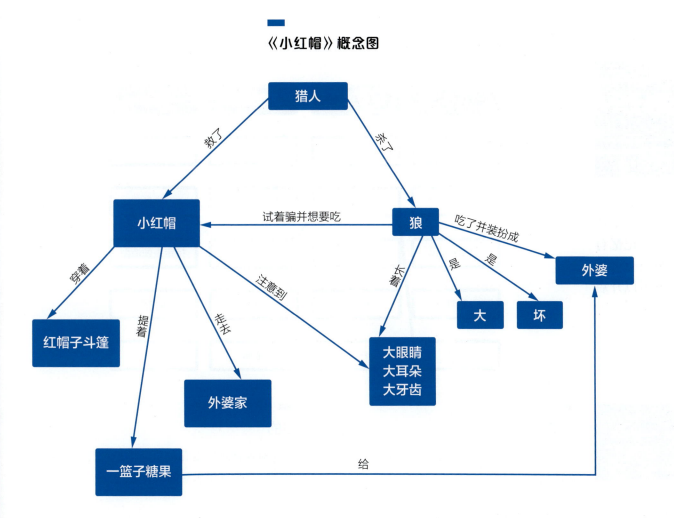

《小红帽》概念图

**约瑟夫·诺瓦克**

*我认为概念图是教育者可以使用的最强大的评价工具，但前提一定是先教会学生如何使用它。*

*Novak, 1998*

## 类型 ｜ **组块**

### 创意盒

打开创意源泉的简易方法——不同联系的无限排列。

这个策略并不是把创造力看成神秘的，而是揭示了创造力的基本组成——把新事物用新奇的方法组合起来。由于工作记忆有限，在大脑中这样做会受限。将所有可能的变化投射到外部记忆空间，就可以开启难以估量的创新。

**具体说明**
参见第156—157页

**运用创意盒来设计灯具，来自thinkspeak.com。**

| 风格 | 位置 | 表面材质 | 形状 |
|---|---|---|---|
| 现代 | 桌子 | 上漆 | 圆形 |
| 经典 | 地板 | 木质 | 方形 |
| 波希米亚风 | 墙 | 可循环利用 | 特定主题造型 |
| 随性 | 天花板 | 自然 | 半球形 |
| 复古 | 户外 | 金属 | 圆柱形 |

**名称**

该工具又名形态分析、达·芬奇法、属性矩阵。

**目的**

旨在对连接不同变化的可能性进行几乎无限次尝试，直到获得满意的组合方式。

**瑞士防空洞的原始形态分析，共计 2304 种可能的解决方案。**

| 地理优先 | 功能优先 | 规模与拥挤度 | 新建项目 | 维护 | 基本理念 |
|---|---|---|---|---|---|
| 大都市 | 所有社会技术功能 | 大且不拥挤 | 全新建造 | 经常维护 | 所有人得到同样防护 |
| 5万人以上城市 | 技术支持系统 | 大但拥挤 | 只是补建 | 保持当前频率 | 所有人冒同样风险 |
| 郊区和乡村 | 人道主义目标 | 小但不拥挤 | 仅新建防御工事 | 不维护 | 关键人物优先 |
| 没有地理优先 | 居住功能 | 小且拥挤 | | | 有需要的人优先 |

**弗里茨·兹维基**

*形态分析就是一种观察事物的有序方式。*
Zwicky, 1948

**迈克尔·迈克尔科**

*创造是矛盾的。要创造必须有知识，也必须忘记知识，必须看到事物间意想不到的联系，但又不会导致认知错乱。*
Michalko, 2011

## 成效

在外部记忆空间展示大量选项，可以突破工作记忆的限制。当一个人很容易就能发现新的组合时，任何关于他创造力有限的论断都将不攻自破。

## 提示

- 组成……的要素是什么？
- 对每一个要素，你能想到多少种变化？
- 逼自己写下当下不需要的选项。
- 尽情探索所有可能的排列方式。

# 容器：比较

## 目的

比较和对比是这些信息组织图的重点。它们通过一系列不同的空间结构来呈现异同，从而完成比较和对比。

## 词汇

每一类信息组织图都代表一种推理类型，因此，每一类信息组织图自然都会有一系列相关的词汇和短语。教师在讨论并解释信息组织图，再将其转化为文本时，意识到这些词汇并在适当的时候提供给学生是很有帮助的。

---

独特｜相似｜相似点｜差异｜不同点｜对比｜比较｜同一｜共享｜特征｜相反｜共同｜离散｜区分｜然而｜一样｜另外｜并行｜类似｜可是｜就像｜如同｜此外｜同时｜尽管｜其间｜不过｜不像｜相对｜即便｜但是｜同等｜也是｜不是｜还有｜都是｜相向｜区别｜虽然｜相比｜相异于｜正如｜少于｜同样｜另一方面｜对立｜反倒｜反面｜反过来｜除外

### 维恩图
86

有助于通过共有部分和独有部分的边界位置来明确异同。

### 双放射图
88

两张放射图的结合，明确了相似点（中间）和不同点（外围）。

### 矩阵
90

在矩阵中对若干特征进行分类，有助于识别多个话题的共同模式和不同模式。

### 力场分析
92

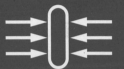

有助于逐一比较每种影响，以区分某项有关改变的计划的支持力量和反对力量。

### SWOT分析
94

识别和比较优势、劣势、机会和威胁的商业工具。

### 桥梁图
96

如同

这个简单的工具可用于类比，它重点呈现关系模式，补充缺失的类比模式。

### 连续体
98

这条简易的标记线，用于确定不同比较对象的相对位置。

### 交叉连续体
100

在两个维度都使用了标记线，用于对对象进行更复杂的比较。

类型 | **比较**

# 维恩图

作为最早、最经典的比较工具，维恩图广为人知，并得到了广泛应用。

重叠的圆圈对比强烈，清晰地展现了共有的属性和独有的属性。然而在实践中，学生往往觉得圆圈重叠部分的大小就代表相似程度，从而导致理解出现问题。

**无特定内容的维恩图**

通用版本

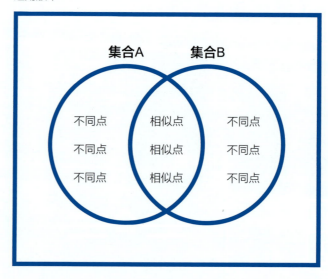

**名称**

虽然"维恩图"这个名字已被普遍采用，但是后续还有几种变体。例如，爱德华兹—维恩图就巧妙地设计出了六个集合重叠的形式。

**目的**

旨在比较两个对象的异同。

# 《三只小猪》维恩图

《三只小猪》中的角色

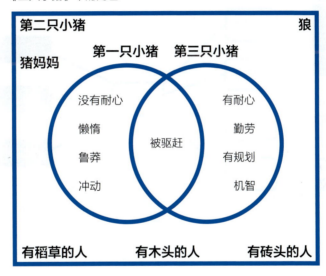

第二只小猪     狼

猪妈妈     第一只小猪    第三只小猪

没有耐心     有耐心

懒惰     勤劳

被驱赶

鲁莽     有规划

冲动     机智

有稻草的人    有木头的人    有砖头的人

## 约翰·维恩

*我们不仅需要通过视觉辅助推理，而且在某种程度上要保证美观，因此我们尽量只使用对称的图形。*

*Venn, 1881*

## 成效

明确对象的组成部分，对建立理解至关重要。意识到概念是有边界的，而边界决定了组成部分的归属，这是培养更高阶思维的坚实基础。

## 提示

- 两者有什么共同之处？
- 你认为两者各自的独特性是什么？
- 中间共属于两者的部分是什么？
- 你这么确定归属的理由是什么？

类型 ｜ 比较

# 双放射图

维恩图的替代工具，用于比较。

先绘制两张单独的放射图，这对比较的帮助非常大。再把两张图放在一起，就能明确地找到中间的相似点与外围的不同点。它避免了维恩图使用过程中的问题，即学生往往觉得维恩图圆圈重叠部分的大小就代表相似程度。

**无特定内容的双放射图**

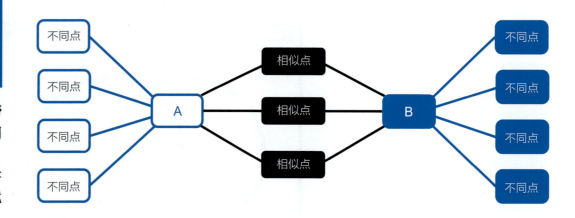

### 具体说明
参见第158—159页

### 名称
该工具又名双气泡、双气泡图。

### 目的
旨在找出两个对象之间的异同。识别两个对象的属性并分析其异同，会导致认知过载。因此我们可以先绘制单独的放射图，这会让比较的任务更容易进行。

## 《杰克与魔豆》和《匹诺曹》的双放射图

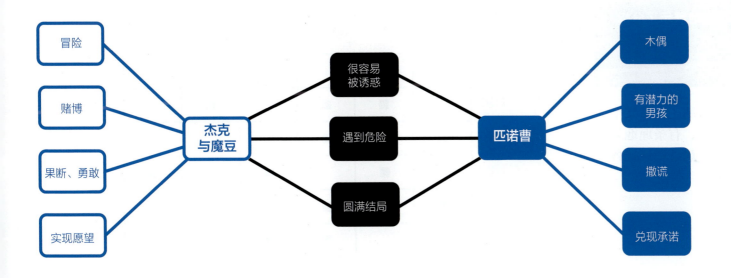

**贝萨妮·里特尔-约翰逊**

### 成效

比较可能是最基本的学习策略。要想做出解释，比较的重要性不言而喻。双放射图把比较的过程清楚地拆解成两个阶段，为学生更清晰地理解抽象概念奠定了基础。

### 提示

- 两者在哪些方面相似？
- 两者有什么共同的特征？
- 两者究竟有什么不同？
- 两者在哪些具体方面不同？

*比较是一个重要的学习过程，已被用于改进各个领域的学习。*

Rittle-Johnson & Star, 2011

类型｜比较

# 矩阵

通用表格或矩阵一目了然地展示了分析的所有元素。

矩阵突破了工作记忆的限制。它将某个话题的所有组成要素有组织、有条理地呈现出来，使读者可以专注于观察和连接各种要素。

**无特定内容的矩阵**

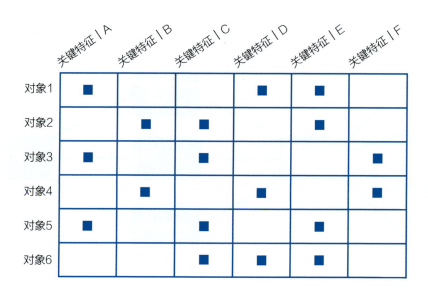

### 名称

该工具又名表格、收集网格、决策图、比较和对比图。

### 目的

旨在呈现多种潜在的联系，从而进行比较。这主要通过横向或纵向观察来实现。《如何研究矩阵》一文表明，横向观察以及横向—纵向观察的方法效果最好（Jairam et al, 2012）。

## 《三只小猪》故事矩阵

|  | 果断 | 不动脑筋 | 冲动 | 计划周密 | 慷慨 | 投机取巧 |
|---|---|---|---|---|---|---|
| 猪妈妈 | ■ |  |  |  |  |  |
| 第一只小猪 |  | ■ | ■ |  |  |  |
| 第二只小猪 |  | ■ | ■ |  |  |  |
| 第三只小猪 | ■ |  |  | ■ | ■ |  |
| 狼 | ■ |  |  |  |  | ■ |

**达尔马南达·杰拉姆**

怎样观察矩阵更好？53名被试者分别使用纵向观察、横向观察、纵横同时观察三种方式研究一个矩阵。结果表明，从在关系和事实测验中的表现、研究材料的满意度、联想策略的使用三方面来看，后两种方法优于前一种方法。

Jairam et al, 2012

### 成效

对多元素的多个属性进行比较，很容易受工作记忆的限制。表格的形式可以避免这个问题。这种视觉形式让直接比较和判断变得容易。

### 提示

■ 从横向上看有哪些异同？

■ 浏览整个矩阵，你发现了什么规律？

■ 某行和上下相邻两行是否有相似之处？

■ 哪些行与众不同？为什么？

## 类型｜比较

# 力场分析

一种理性的尝试，用来判断实施某项计划的可行性，并避免许多无意识的偏见。

库尔特·勒温在 20 世纪 40 年代开发了这个工具，最初的目的是用它来帮自己完成社会心理学的研究工作。现在，人们用它来评估组织和个人实施某项计划的可行性。明确支持力量和反对力量，并加以权衡，使人们能够客观分析成功的可能性。

**具体说明**
参见第160—161页

**无特定内容的力场分析**

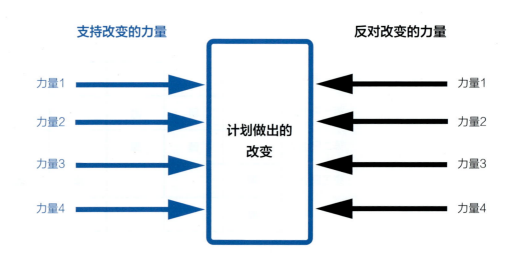

支持改变的力量 → 计划做出的改变 ← 反对改变的力量

力量1　力量2　力量3　力量4

计划做出的改变

力量1　力量2　力量3　力量4

**名称**

无其他名称。

**目的**

旨在针对某项有关改变的计划，调查和权衡能够产生影响的两股相互冲突的力量。权衡时需要给出判断理由，进一步考虑未经审视的偏见。

## 匹诺曹性格发展的力场分析

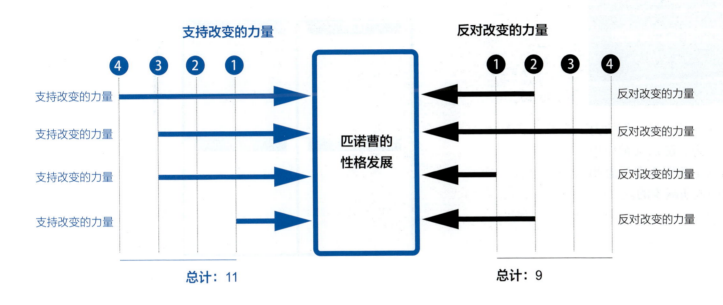

支持改变的力量　　　　　　　　　反对改变的力量

④ ③ ② ①　　　　　　① ② ③ ④

支持改变的力量　　　　　　　　　反对改变的力量

支持改变的力量　　　匹诺曹的　　　反对改变的力量

支持改变的力量　　　性格发展　　　反对改变的力量

支持改变的力量　　　　　　　　　反对改变的力量

总计：11　　　　　　　　总计：9

### 成效

力场分析为系统地分析不同力量的平衡提供了机会。注意到反对改变的力量，有助于做出理性的、非情绪化的回应。同时，这也可以避免对事情过于乐观、过于幼稚的估计。

### 提示

- 什么力量使计划难以实现？
- 计划的哪个方面有东风之助？
- 什么力量使计划有可能成功？
- 如果要比较这些力量的大小，你能把它们从1到4排列吗？

**库尔特·勒温**

*我们的行为是有目的的；我们生活的空间不仅包括我们的物理和社会环境，还包括当前不存在的想象状态。*

Lewin, 1948

类型｜比较

# SWOT分析

一种用来分析决定成功的积极和消极因素的商业工具。

该工具由阿尔伯特·汉弗莱开发，很快为所有财富 500 强公司熟悉，随后又被应用于治疗和辅导。分析四个象限需要反思和坦诚，这是盲目乐观的人所缺少的。

**无特定内容的SWOT分析**

### 名称

该工具与SVOR（指优势、弱势、机会、风险）类似，又被称为WOTS-UP和TOWS。

### 目的

旨在剥离公司的四个维度，以便做出更好的决策。同样，对个人来说，该工具需要一定程度的坦诚，这也会让人不那么舒服。

## 《匹诺曹》SWOT分析

| 优势 | 劣势 |
|---|---|
| ■ 承诺 | ■ 撒谎<br>■ 容易被诱惑 |
| **机会** | **威胁** |
| ■ 有潜力的男孩 | ■ 被操控<br>■ 被诱惑 |

**阿尔伯特·汉弗莱**

通过将SWOT问题归为6个计划类别，一个人可以确定短期和长期优先事项。对必须完成目标工作的人们来说，这种方法可以呈现他们的共识和承诺。

Humphrey, 2005

### 成效

与所有旨在获得理性、客观、全面观点的尝试一样，使用该工具能带来更好的思考和决策。

### 提示

■ 如果让别人来总结你的优势，他们会说什么？

■ 如果让一个中立的旁观者列出你的劣势，他们会写什么？

■ 什么可能威胁到你的成功？

■ 你从图中看到了什么机会？

类型｜比较

# 桥梁图

一种支持类比和类比思维的方法。

对部分学生来说，把两个相关的比较对象直接放在一起，就能激发他们对两者关系的理解。这种理解可以转化成右边的平行结构。

**无特定内容的桥梁图**

## 名称

无其他名称。

## 目的

旨在直观地表现关系（只是关系），从而促进理解，并将理解迁移到其他类似的关系中。

## 桥梁图示例

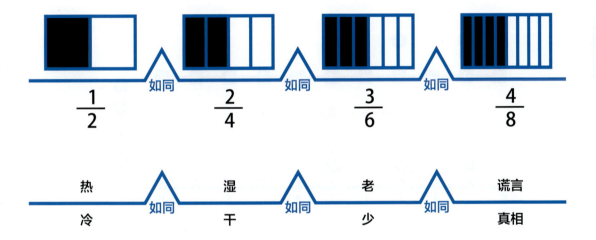

$$\frac{1}{2} \quad 如同 \quad \frac{2}{4} \quad 如同 \quad \frac{3}{6} \quad 如同 \quad \frac{4}{8}$$

| 热 | 如同 | 湿 | 如同 | 老 | 如同 | 谎言 |
|----|------|----|------|----|------|------|
| 冷 |      | 干 |      | 少 |      | 真相 |

**戴维·海尔勒**

*用于观察类比的桥梁图可以水平或垂直延伸，以类比方式连接概念，并延伸形成具有多层次关系的隐喻。*

*Hyerle，1959*

### 成效

桥梁图有助于识别需要进行细微比较的关系，能够实现透过表面细节看本质的分析。

### 提示

■ 这些对象是如何关联的？

■ 这种关系在别的地方以什么方式表现出来？

■ 你能找到多少这种关系的例子？

类型 | 比较

# 连续体

一种用来标记两个端点之间连续状态的简易图示。

学生在沿着某个连续体排列被比较的对象时，可以进行更多细致入微的判断。整条线的标记刻度可以不同。

## 无特定内容的连续体

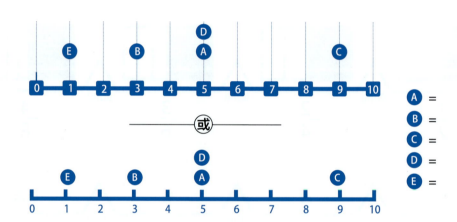

### 名称

无其他名称。

### 目的

由于两个端点之间有一条带标记、有刻度的线，比起简单地往两个端点归类，在连续体上定位通常需要更周全的思考。

## 《三只小猪》连续体

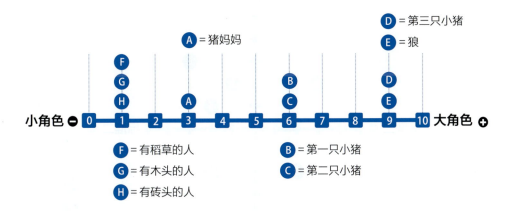

A = 猪妈妈
D = 第三只小猪
E = 狼

小角色 ⊖ 0 — 1 — 2 — 3 — 4 — 5 — 6 — 7 — 8 — 9 — 10 大角色 ⊕

F = 有稻草的人
G = 有木头的人
H = 有砖头的人

B = 第一只小猪
C = 第二只小猪

## 成效

学生必须想出证据和例子来证明自己的判断。这能让学生避免非黑即白的简单思维。

## 提示

■ 你为什么认为将某个对象放在某个位置是正确的？

■ 你把这个位置和什么比较？

■ 符合什么条件才能在刻度线上更进一步？

**斯蒂芬·杰伊·古尔德**

*我们生活的世界是复杂的。有些界限是明确的，可以清晰地区分，但自然（也包括连续体）是不能被明确分成是与否的。*

Gould, 2006

类型 | **比较**

# 交叉连续体

一种从两个维度做出判断的方法。

连续体虽然超越了两极化的观点，但有时深度有限。将两个连续体交叉，就需要做出更精准的判断，从而对关注的对象产生更丰富的理解。

**具体说明**
参见第162—163页

## 无特定内容的交叉连续体

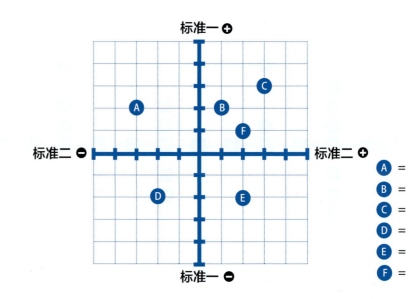

**名称**

该工具又名优先级网格（因为常常用于商业时间管理）。

**目的**

旨在更深入地评价讨论话题，引发更具评价性的回应。

## 《三只小猪》交叉连续体

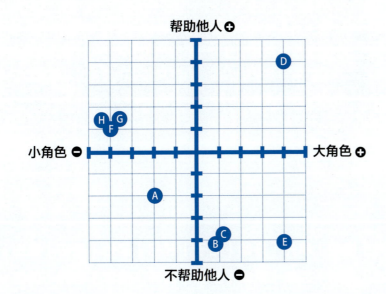

帮助他人 ⊕

小角色 ⊖ ——————————————— 大角色 ⊕

不帮助他人 ⊖

A = 猪妈妈

B = 第一只小猪

C = 第二只小猪

D = 第三只小猪

E = 狼

F = 有稻草的人

G = 有木头的人

H = 有砖头的人

**杰夫·佩蒂**

*连续体可以交叉，来表示两个独立的标准。*
Petty, 2006

### 成效

观察各个话题在交叉连续体中的位置，就可以知道他们的相对评价。这就是多维度带来的好处。创建交叉连续体，可以促使学生发现更多细微差异，从而做出更全面的判断。

### 提示

■ 每次只关注一个连续体。

■ 判断第二个连续体时，尽量不受第一个连续体的影响。

■ 判断这样的位置是否反映了你的意见。

■ 如果需要，做出相应调整。

# 路径：排序

## 目的

将过去梳理成一个客观的次序，或为完成一个项目而计划一系列行动，都离不开一套工具。排序类信息组织图以不同的方式和目的来做这件事。

## 词汇

每一类信息组织图都代表一种推理类型，因此，每一类信息组织图自然都会有一系列相关的词汇和短语。教师在讨论并解释信息组织图，再将其转化为文本时，意识到这些词汇并在适当的时候提供给学生是很有帮助的。

之前｜早于｜先前｜首先｜前述｜直到｜预先｜提前｜事先｜开始｜始于｜起初｜起始｜最初｜最先｜开启｜随后｜之后｜其后｜稍后｜往后｜依次｜跟随｜后续｜阶段｜步骤｜循环｜偶尔｜有时｜偶然｜间歇｜连续｜很少｜罕见｜周期｜间或｜最终｜完成｜末尾｜最后｜总结｜概括｜终归｜结尾｜同时｜同步｜立刻｜不久｜最近｜随时｜经常｜频繁｜断断续续｜接下来

## 时间轴
### 104

将过去的事件或未来的项目按时间顺序排列，只需要一条线就能表示时间的流逝。

## 流程图
### 106

用于为过去或未来的流程建立事件链，是很多人喜欢的工具。

## 流程放射图
### 108

当流程中的事件很多时，流程放射图会把它们组成包含诸多细节的连贯单元。

## 循环图
### 110

有些流程会转变成循环模式。我们最好把它视为重复出现的流程图。

## 循环放射图
### 112

与流程放射图类似，循环放射图将步骤组成更大的环节，以便更好地兼容细节。

## 故事板
### 114

主要用于规划未来的故事，可以把它看作一个纯粹的图画流程图。

## 甘特图
### 116

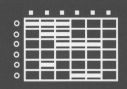

用于分配任务的完成顺序、完成者、完成时间以及是否存在依赖关系的规划工具。

## 泳道图
### 118

以人为中心组织起来的流程图，聚焦于行动之间的前后依赖关系。

类型｜排序

# 时间轴

沿时间线标记事件正确顺序的图解。

时间轴有助于人们理解并解释过去发生的事件。按照发生的时间顺序排列事件本身就是一门科学。

**无特定内容的时间轴**

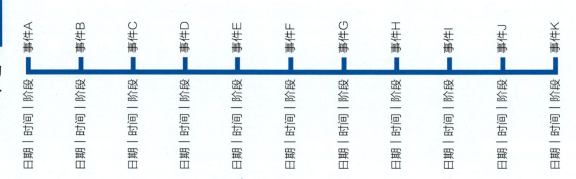

**名称**

无其他名称。

**目的**

时间轴虽然与流程图类似，但是它为一系列事件标记了具体的日期或时间。这种准确性有助于人们对前因后果进行研究。

**拿破仑军事行动时间轴**

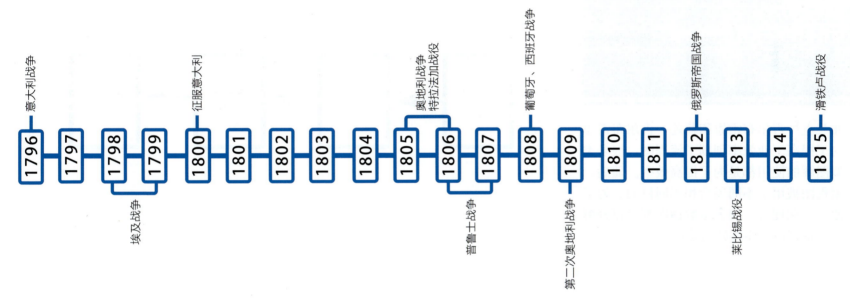

## 成效

在某些情境中，时间关系（发生了什么、何时发生）可能并不明确。去掉语法和复杂的语言表达有助于梳理时间轴，可以把抽象的语言转化成具体的、可视化的表达。

## 提示

- 查看讨论的话题，确定时间轴的范围。
- 然后确定时间轴上的标记——刻度。
- 研究相关话题并选出你想要标识的事件。
- 按照正确顺序将事件绘制在时间轴上。

**约瑟夫·斯卡利格**

*1583年就有了年代学。*

Richards, 1998

## 类型｜排序

# 流程图

用箭头连接一系列动作的图解。

弗兰克·吉尔布雷思和莉莲·吉尔布雷思为了提高工业效率创制了流程图，很多类似图解的使用都是为了提高效率。随后，流程图被用于不同场合和不同目的。为了便于沟通理解，绝大多数话题都可以分解为一系列按顺序排列的动作。

### 具体说明

参见第164—165页

**无特定内容的流程图**

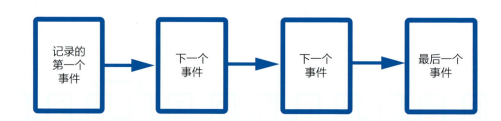

### 名称

该工具最广为人知的名称是流程图，但可能也有以下名称：事件链、情节图、流程地图、次序图。

### 目的

它的目的很简单，即确定已经发生或将要发生的事件的次序。

## 《小红帽》流程图

| 小红帽走去外婆家 | → | 小红帽在森林里与狼对话 | → | 狼吃了外婆 | → | 小红帽到了外婆家 | → | 狼吃了小红帽 | → | 猎人到了外婆家 | → | 猎人杀了狼，救了小红帽 |

### 成效

确定事件的正确顺序，非常有助于理清思路，并从许多不同的对象中得出准确的结论。对未来的事件，流程图将重点放在确保所有事件有效展开所必需的准备上。

### 提示

■ 最开始的事件是什么？

■ 你打算把所有的小事件依次排列，还是把它们组成更大的单元？

■ 收集讨论的事件，然后依次排列。

弗兰克·吉尔布雷思　莉莲·吉尔布雷思

*动作研究是能够永久且切实消除浪费的方法，因此是进行充分的、具有建设性和累积性有效准备的前提。*

Gilbreth & Gilbreth, 1917

## 类型 ｜ 排序

# 流程放射图

组块的流程图，减少了环节数量并把相关部分连接起来。

对大多数学生来说，把事件分成小的组成部分是有益的，但也可能导致学生消化不了过多的非结构化信息。而将事件组块，形成较大的环节，则可能解决这个问题，还可以围绕每个环节归集从属的细节。

**具体说明**
参见第166—167页

### 无特定内容的流程放射图

细节 — 特征或动作 … 环节1 → 环节2 → 环节3 → 环节4 …

（流程放射图：每个"环节"上下连接着"特征或动作"方框，这些方框再连接"细节""例子""非例"等；各环节由箭头依次相连。）

### 名称

该工具又名环节集群、流程气泡。

### 目的

与所有组块方式一样，流程放射图的目的是减轻认知负荷，并通过相同的结构建立意义。组块并不是随意的，而是围绕关键事件或环节集群来强化意义边界的。由此形成的这些分组小图就成为小事件、细节和例子聚集的中心。

## 《白雪公主》流程放射图

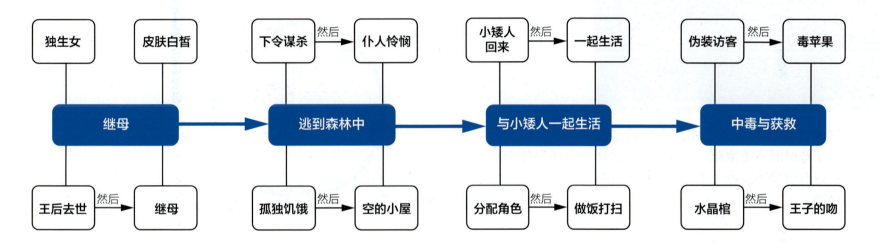

### 成效

兼顾全局和细节，既见森林又见树木。学生由此学到，通过掌控时间，可以更好地理解发生了什么；或者反过来，学生可以更好地规划自己的期望。

### 提示

- 如何将这些动作分组？
- 将哪些细节和某一环节相连会更有意义？
- 可以添加哪些例子来增添意义？
- 有哪些非例可以强化理解且避免误解？

**罗伯特·皮尔逊**

集群通常是环节组织的一部分。通常每个环节都会用一系列动作集群来描述，有时候既包括静态描述，也包括时间顺序。

Pehrsson & Denner, 1989

类型｜**排序**

# 循环图

时间或过程重复出现，就形成循环图。

循环图作为一种模型，实际上扭曲了现实，毕竟时间不能倒流。尽管如此，循环图可以有效描述流程中重复出现相似环节的规律。

**无特定内容的循环图**

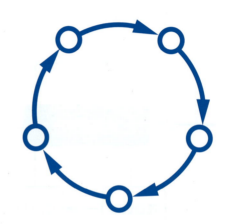

### 名称

该工具最广为人知的名称是循环图，但有时也被称为循环表、循环地图。

### 目的

旨在描述重复发生的周期性规律。虽然西方认为时间是一种单向的线性现象，但也承认存在重复的动作模式或阶段。循环图清晰地展示了这种重复及其细节。

■
## 六道轮回的循环图

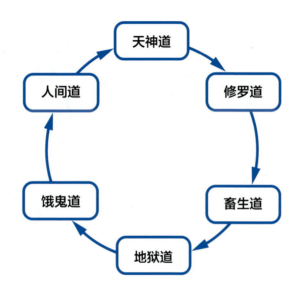

■
## 成效

教师可以用循环图来帮助学生认识到，循环规律虽然不可见，却可以被识别、捕捉和表达。循环图是实现这一目标的完美且简易的方法。

■
## 提示

- 首先将循环中的所有动作或阶段用一张列表或一组简单的便签记录下来。
- 然后把记录内容或便签按循环模式排布，注意顺序。
- 最后确保循环的重复性是明显的、有意义的、符合现实的。

**马克·约翰逊**

*最根本的是，循环图是时间循环。但圆形的循环图并不能充分反映事情发展的起承转合。*

Johnson, 1987

111

类型 | 排序

# 循环放射图

包括更小的、组块的动作及其特征的循环图。

虽然将事物组块的做法已经广为人知并得到了广泛应用，但是将时间或者事件组块却并不为人熟知。循环放射图的组块方式与流程放射图类似。将动作组成更大的事件，可以兼顾全局和细节。

**无特定内容的循环放射图**

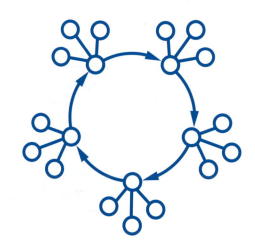

## 名称

无其他名称。

## 目的

教师可以用它先呈现循环的全局，等到学生在头脑中建立起整体概念以后再放大细节，从而避免学生认知过载。

**六道轮回的循环放射图**

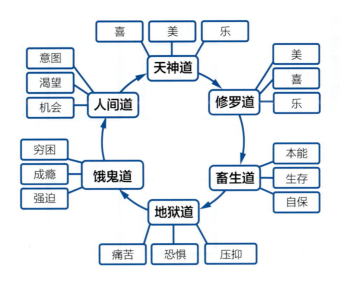

## 成效

使用循环放射图可以帮助教师避免这样的困境：要么给学生提供大量难以理解的细节，要么限制教学内容。循环放射图可以将主要的循环动态作为框架，然后增加相应的细节。

## 提示

- 如何将所有动作分成若干较大的阶段或层次？
- 将较小的动作添加到相应的阶段。
- 发掘各阶段的特性，并把它们连接起来。

**乔迪·福诺洛萨**

通过将一系列元素拆分重组，人们更容易记忆信息的正确顺序。

Fonollosa et al, 2015

## 类型 ｜ 排序

# 故事板

电影制作和动画制作的关键工具，也可以用于课堂，以说明情节的发展。

小学生拿到故事板时，就获得了可以更好地理解话题中的细节的导览设备。故事板的适用性较强，无论由教师创建还是由学生创建，它都能确保所有人抓住要点。

## 无特定内容的故事板

| 片段1 | 片段2 | 片段3 | 片段4 |
|---|---|---|---|
| 简要描述 | 简要描述 | 简要描述 | 简要描述 |

| 片段5 | 片段6 | 片段7 | 片段8 |
|---|---|---|---|
| 简要描述 | 简要描述 | 简要描述 | 简要描述 |

### 名称

无其他名称。

### 目的

故事板可以为学生提供故事导览，帮助他们记忆故事。实际上任何记叙文本，无论是虚构的还是非虚构的，都可用故事板来呈现。如果学生自己制作故事板，它还可以帮助学生尝试将一个想法发展成故事。

## 《小红帽》故事板

#### 片段1

小红帽和妈妈
住在小屋里

#### 片段2

妈妈让她送些
吃的给外婆

#### 片段3

小红帽穿过
森林去外婆家

#### 片段4

森林里住着
猎人和狼

#### 片段5

狼跟着小红帽
去找外婆

#### 片段6

狼吃了外婆，
还假装成外婆

#### 片段7

小红帽到了
外婆家

#### 片段8

猎人杀了狼

### 成效

故事板将创造力与组织结合起来。它通过聚焦情节来关注观众的预期反应。最重要的是，它将想象力转化为具体的视觉故事。

### 提示

- 不要关注画得怎样，而要多关注创意。
- 画在便签上，试着变动位置，直到找到满意的顺序。
- 主要场景是什么？
- 考虑创造一些扣人心弦的时刻。
- 把故事讲给朋友听，看他是否理解或有兴趣。

**派·科比特**

*每个故事都要有一个故事图或故事板作为视觉提示。*

Corbett, 2008

115

类型 │ 排序

# 甘特图

**根据谁在做什么以及何时做来确定依赖关系。**

它由亨利·甘特在 20 世纪早期开发。这种规划图的出现，反映了那个时代对工业效率的关注。此后它被应用于不同的行业。尽管这些行业的目标各不相同，但使用它都是为了更有效地完成任务。

**无特定内容的甘特图**

| | 第1周 | 第2周 | 第3周 | 第4周 | 第5周 | 第6周 | 第7周 | 第8周 |
| --- | --- | --- | --- | --- | --- | --- | --- | --- |
| 任务1 | ▇ | ▇ | | | | | | |
| 任务2 | | ▇ | | | | | | |
| 任务3 | | | ▇ | ▇ | | | | |
| 任务4 | | | | ▇ | | | | |
| 任务5 | | | | | ▇ | ▇ | ▇ | |
| 任务6 | | | | ▇ | | | | |
| 任务7 | | | | | ▇ | | | |
| 任务8 | | | | | | ▇ | ▇ | |
| 任务9 | | | | | | | ▇ | ▇ |

**名称**

该工具又名计划表、任务进度表。

**目的**

旨在以最经济的方式协调工作和资源。从本质上说，这需要确定依赖关系。有依赖关系的任务是指后一个任务必须在前一个任务完成后才能开始。当然，无依赖关系就意味着有些任务是否开始，与其他任务是否完成无关。

## 做早餐的甘特图

| 任务｜分钟 | 1 | 2 | 3 | 4 | 5 | 6 | 7 | 8 | 9 | 10 | 11 | 12 | 13 | 14 | 15 |
|---|---|---|---|---|---|---|---|---|---|---|---|---|---|---|---|
| 准备配料 | ■ | ■ | | | | | | | | | | | | | |
| 准备炊具 | | ■ | | | | | | | | | | | | | |
| 准备餐具 | | | ■ | ■ | | | | | | | | | | | |
| 加热烤盘 | | | | ■ | ■ | ■ | ■ | ■ | ■ | ■ | ■ | ■ | ■ | ■ | |
| 烤培根 | | | | | ■ | ■ | ■ | ■ | ■ | ■ | ■ | ■ | ■ | ■ | |
| 烤番茄 | | | | | ■ | ■ | | | | | | | | | |
| 铺桌子 | | | | | | | ■ | ■ | ■ | ■ | ■ | ■ | | | |
| 煎香肠 | | | | | ■ | ■ | ■ | ■ | ■ | ■ | ■ | ■ | ■ | | |
| 烤吐司面包 | | | | | | | ■ | ■ | ■ | ■ | | | | | |
| 煎鸡蛋 | | | | | | | | ■ | ■ | ■ | ■ | ■ | ■ | ■ | |
| 端上桌 | | | | | | | | | | | | | | | ■ |

### 成效

仅用文本很难识别和沟通甘特图所能呈现的细节。通过甘特图拆解任务非常实用，并且让完成任务变得可能。甘特图还可以用于重新设计项目，分析哪些地方效率低，甚至出了问题，以及如何避免这些问题。

### 提示

- 先将所有任务写在便签上。
- 创建日历、负责人和任务的矩阵，以便暂时放置便签。
- 重新排列任务便签，直到你和团队成员找到公认最有效的执行顺序。

**亨利·甘特**

*今天摆在工程师和管理人员面前的最大问题是人力的有效利用。*
Gantt, 1919

类型 | **排序**

# 泳道图

一种制订行动计划的方法，明确谁做什么以及按什么顺序做。

20世纪40年代，它以"多通道流程图"的形式第一次出现，其正式名称"泳道图"是由吉尔里·拉姆勒和艾伦·布拉奇在20世纪90年代提出的。与其他工业规划工具一样，泳道图可以用来分析若干虚构或非虚构事件的顺序。

**无特定内容的泳道图**

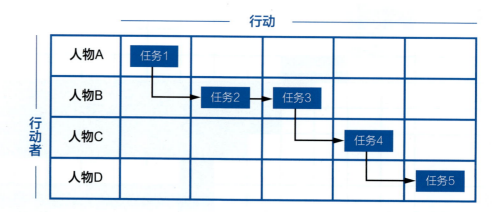

### 名称

该工具又名泳道图表、功能条、拉姆勒—布拉奇图、泳道过程图。

### 目的

旨在补充流程图中缺失的操作细节。每个行动者的责任都体现在各自的泳道中，因此它特别适用追踪和问责。泳道图按照任务的依赖关系和时间的并行关系进行排序。

## 《三只小猪》泳道图

| | 行动 | | | | | | |
|---|---|---|---|---|---|---|---|
| **猪妈妈** | 赶走儿子 | | | | | | |
| **第一只小猪** | | 买稻草 | 盖房子 | 住新房 | 被狼吹倒 | | |
| **第二只小猪** | | 买木头 | 盖木头房子 | | 住新房 | 被狼吹倒 | |
| **第三只小猪** | | 买砖头 | 盖砖头房子 | | | 住新房 | 狼被烧死 |

（行动者）

**吉尔里·拉姆勒**

泳道图的设计适用于80%的情况，并为例外的情况构建了单独的泳道。消除或减少低价值步骤的影响，简化复杂步骤，整合简单的步骤……尽可能利用并行泳道。

Rummler & Brache, 1990

### 成效

个人责任及其依赖关系一目了然。这种清晰的呈现有助于达成共识。

### 提示

■ 计划中的行动者有哪些人？

■ 成功所需的行动是什么？

■ 给每人分配一个泳道，制定最有效的行动方案。

■ 确定依赖关系并尝试利用可能的并行行动。

# 路径：因果

## 目的

这些工具可能是四类信息组织图中最具挑战性的，它们要求条件和结果之间有明确的联系。因果思维往往基于使用其他类型的信息组织图所掌握的知识。

## 词汇

每一类信息组织图都代表一种推理类型，因此，每一类信息组织图自然都会有一系列相关的词汇和短语。教师在讨论并解释信息组织图，再将其转化为文本时，意识到这些词汇并在适当的时候提供给学生是很有帮助的。

因为｜由于｜原因｜错误｜催化｜缘由｜必然｜影响｜反响｜后果｜效果｜成因｜暗示｜前提｜诱发｜促使｜结局｜因此｜据此｜所以｜然而｜既然｜于是｜决定｜源于｜带来｜导致｜总结｜结果｜造成｜从而｜引起｜引发｜归因｜来自｜激发｜起源｜以致｜结果｜缘起｜诱因｜根源

### 鱼骨图
122

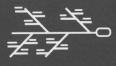

一种展示非线性因果关系的结构，也可以用来展示经过权衡得出的判断。

### 输入输出图
124

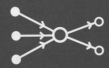

一种启发学生以输入输出的动态视角来思考因果关系的简洁实用的工具。

### 关系图
126

一种因果关系的更复杂排列，展示了主要的影响链。

### 关键路径分析
128

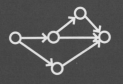

一种规划工具，用于在明确依赖关系的情况下，找到可能的和最快的完成路径。

### 算法图
130

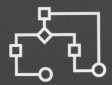

一种明确选择及其后续路线的决策工具，可用于规划或分析。

### 流程轴
132

一种具体的过程，旨在从更温和的、以价值为导向的视角，揭示特定情况的影响链。

### 后果图
134

一种揭示强化回路和平衡回路之间差异的系统思维工具。

类型｜因果

# 鱼骨图

分析特定情形背后的原因，又名石川工业工具。

石川馨创建的鱼骨图是日本"全面质量运动"的一部分。在教育领域，人们用它来分析历史、文学等学科中的各种情形。它非常清楚地展示了因果因素的类别。其进阶版本还可以展示影响的等级。

## 具体说明
参见第168—169页

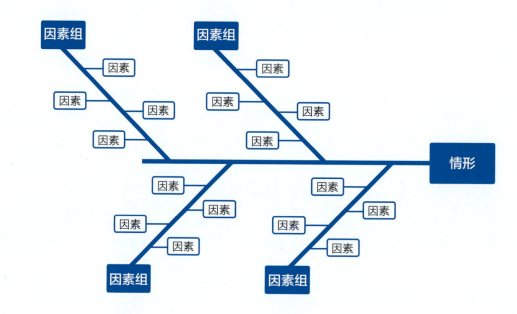

**无特定内容的鱼骨图**

## 名称

该工具又名石川工业工具、石川图。

## 目的

旨在分析特定情形背后的原因或者影响力。鱼骨图不仅仅是将这些因素罗列出来，更是把它们分组并按特定的格式排列，从而帮助人们更清晰地感知，更深刻地理解和洞察。

《灰姑娘》鱼骨图

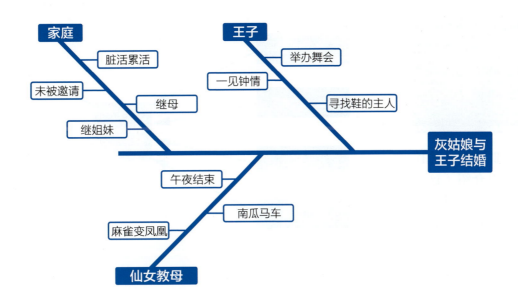

## 成效

对有些学生来说，分析往往显得相当抽象。将所有原因转化为有意义的模式，可以在学生的头脑中建立镜像图式。在鱼骨图中，因果关系似乎生动起来，能够引发更多有关因果关系的猜测和讨论。

## 提示

- 先收集所有可能的原因。
- 如果发现有共同特征的因素，就将它们放在同一组。
- 为这些组确定合适的名称。
- 按照鱼骨图的方式排列分组因素及名称。

### 石川馨

*找出影响问题的至少四个因素。看看某个因素改变，能否给你的探究带来不同的影响。*

类型 | **因果**

# 输入输出图

一种以关键事件为中心，绘制因果动态的工具。

1966 年，瓦西里·列昂季耶夫在其著作《投入产出经济学》中向世界介绍了这一工具。此后，该工具被广泛应用于各种情境。它的最大优势是简洁，它可以让人清晰地感知因果关系。

**无特定内容的输入输出图**

输入因素 → 中心点 → 输出效果
输入因素 → 中心点 → 输出效果
输入因素 → 中心点 → 输出效果
输入因素 → 中心点 → 输出效果

**具体说明**
参见第170—171页

**名称**

该工具又名SIPOC（供应商、输入、加工、输出、客户）、IPO（输入、加工、输出）。

**目的**

显而易见，其目的在于以关键事件为中心，确定若干原因（或影响）与结果之间的因果关系。

**环境管理的输入输出图**

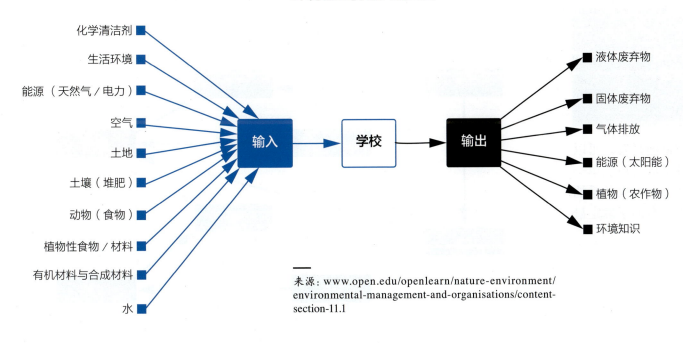

来源：www.open.edu/openlearn/nature-environment/
environmental-management-and-organisations/content-
section-11.1

## 成效

想让学生跳出一因一果的单路径思维很困难。输入输出图不是简单地把先于某个事件发生的事件定为原因，把其后续反应定为结果，而是展现了更复杂的全景图，且表述非常简洁。

## 提示

- 识别问题中的关键事件。
- 找出所有可能的原因（输入）。
- 评估这些原因，保留有效原因。
- 找出所有可能的结果（输出）。
- 评估这些结果，保留有效结果。
- 根据以上内容画图。

**瓦西里·列昂季耶夫**

*最复杂的统计调查如果不能符合一种坚实的理论框架，就只是提供了一堆堆不成形的原材料，毫无用处。*

Leontief, 1937

## 类型 ｜ 因果

# 关系图

一种呈现相互关系的工具，目的在于揭示某种情形下关系的复杂性质。

该工具由陈品山为分析数据而开发，可以帮助我们避免只盯着某种情形背后的单一原因。目的在于明确这些复杂因果关系的性质。描述这种影响网络，有助于确定最佳行动点。

**具体说明**
参见第172—173页

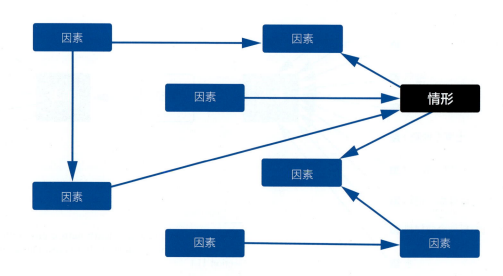

**无特定内容的关系图**

**名称**

该工具又名相互关系图、网络图、关系有向图、对象关系模型、意面图（spaghetti diagram）。

**目的**

旨在表明导致特定情形的多层影响网络。掌握这种影响网络，有助于我们进行有效分析并采取相应行动。

## 第三只小猪安全屋的关系图

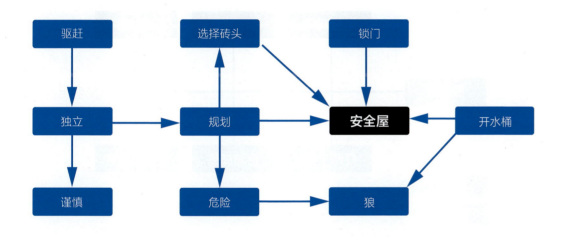

**陈品山**

*对象及其关系是组织实体和信息的一种自然方式，也是概念建模的基本原则。它已伴随我们几千年，并将一直伴随我们。*

Chen, 2004

## 成效

与所有因果关系类的信息组织图一样，使用关系图的目的是让学生超越简单的单路径思维。通过画图并讨论其中的联系，学生很快就能意识到情形表面看似简单，背后却很复杂。

## 提示

- 收集引发特定情形的所有可能因素。
- 用便签梳理这些因素，尽量避免箭头交叉。
- 当因素之间存在关联时，将它们连接起来。

类型 ｜ **因果**

# 关键路径分析

一种用于捕捉想法的预组织形式。

该工具类似于埃利亚胡·戈德拉特于 1984 年出版的《目标》一书中阐明的限制理论，其重点在于辨别关乎项目成功与否的决定因素。这通常需要计算项目各组成部分所需时长。该工具有助于描绘复杂项目的最佳路径。

## 简单关键路径分析

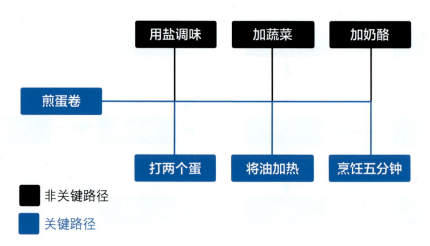

■ 非关键路径

■ 关键路径

来源：www.workamajig.com/blog/critical-path-method

## 名称

该工具又名关键路径方法。

## 目的

旨在通过项目的各组成部分辨别最有效路径。在完成任务的过程中，关键路径有助于我们了解并避免不必要的拖延。按顺序安排任务可以避免不必要的依赖关系，从而加快进程。

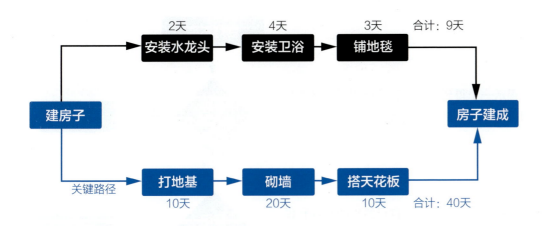

《三只小猪》关键路径分析

| | 2天 | 4天 | 3天 | 合计：9天 |

安装水龙头 → 安装卫浴 → 铺地毯

建房子

房子建成

关键路径 打地基 → 砌墙 → 搭天花板

| 10天 | 20天 | 10天 | 合计：40天 |

## 成效

该工具可以教学生分析过程的各个组成部分，让学生的成功之路更畅通、更便捷。

## 提示

■ 所有要完成的任务有哪些？

■ 每个任务需要多长时间？

■ 哪些任务必须在某个任务完成后才能进行（依赖关系）？

■ 按总时间从少到多的顺序排列任务。

詹姆斯·凯利     摩根·沃克

管理者必须收集相关信息，以完成以下任务：

1. 形成预测和规划的依据。

2. 评估实现目标的备选方案。

3. 对照当前计划和目标检查进度。

4. 形成获取事实的依据，以便做出决策进而完成工作。

Kelley & Walker, 1959

类型｜**因果**

## 算法图

生活可以被看作一系列决策。这些决策和相应行动可称为算法。

"算法"一词是波斯数学家穆罕默德·本·穆萨·阿尔·花拉子米名字的变体。虽然算法通常与数学相关，但是它也适用于任何决策过程（如创造某种东西或解决某个问题）。确定方案的过程本身就是算法。

### 名称

该工具又名决策树、程序、解决方案。

### 目的

旨在揭示一个得到成功执行的流程所涉及的步骤和决策，从而使工具有指导意义并可重复。

### 成效

教师可以用算法图来记录自己给出的解释和说明，以揭开流程执行的神秘面纱。思考的过程变得更清晰且不会转瞬即逝（不仅仅是口头表达），学生就可以在独立练习时继续用它作为参考。由于算法图可以提供这种持续的支持，它也被叫作虚拟教师。

### 提示

- 流程包括哪些行动？
- 你能把这些行动按最有效的顺序排列吗？
- 为了顺利完成整个过程，在什么时候必须做出哪些决策？

### 简单算法图

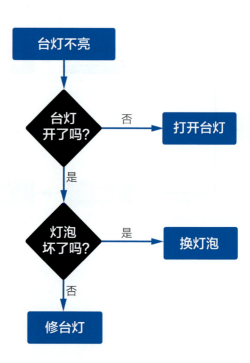

《三只小猪》算法图

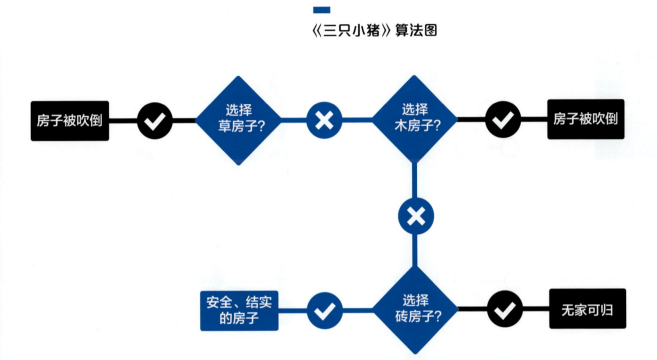

**穆罕默德·本·穆萨·阿尔·花拉子米**

*对科学的热爱……激励我完成这部关于计算的还原和对消方法的书，同时聚焦于算术中最简单、最有用的内容。*
Al-Khwārizmī，2009

类型 | **因果**

# 流程轴

一种巧妙的方法，能够弄清楚我们的各种感知是如何交织在一起，从而形成观点的。

它帮助人们识别自己的感知网络，从而更好地解决问题。这里我们将它作为一种额外策略，用于分析特定情况下的多种影响流（streams of influence）。对历史和文学来说，它可以提供另一种解释的框架。

**具体说明**
参见第174—175页

**影响的动态变化**

强化回路

稳定回路

聚集点

排序

## 无特定内容的流程轴

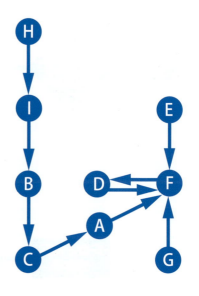

### 名称

虽然流程轴在形状上与关系图相似，但是在具体的绘制方法上与关系图的区别非常明显。

### 目的

旨在揭示人们潜意识的反应及相互关联的影响链。它的图形展现了主要的杠杆点。

**第三只小猪成功的流程轴**

| | |
|---|---|
| A | 驱赶 |
| B | 自律 |
| C | 有规划 |
| D | 耐心 |
| E | 勇气 |
| F | 建造技能 |
| G | 理解危险 |
| H | 独立思考 |
| I | 饥饿 |

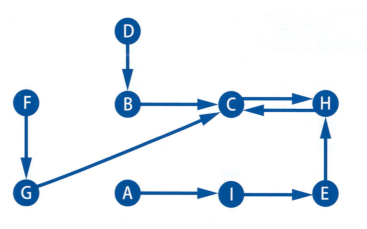

**爱德华·德博诺**

*我们是否可以看见自己对特定事物的感知？又能否改变这种感知？如果能，从哪里开始？*
De Bono, 1993

## 成效

分析是非常重要的能力，任何能够辅助分析过程的工具都非常有价值，可以提升学生的认知能力。

## 提示

■ 思考要素之间的流动或方向。

■ 不要花太多时间做决定，因为这个工具的目的是发现自己的无意识感知。

■ 没有绝对正确的答案，因为这个工具的意义在于反思自己的起心动念。

133

类型 ｜ 因果

# 后果图

一种能够反映决策后果链（通常无法预见）的信息组织结构。

**它让思考具有前瞻性，可以帮助使用者想象任何看似客观中立的决策可能带来的负面结果。也可以用于学生行为管理的三点沟通，帮助学生预见自己的负面行为可能产生的深远影响。**

**具体说明**
参见第176—177页

## 名称

无其他名称。

## 目的

虽然听起来有点夸大，但是后果图让人变得更加明智。它唯一的目的是预见未来，绘制出始终伴随设计决策和行为的后果链。

## 成效

定期使用该工具可以让学生有机会思考更周密的决策方法。它对鲁莽、冲动的行为是一种制约，也是更加周密的决策设计流程。

## 提示

- 为了达到目标，可能的策略是什么？
- 如果实施该策略，会发生什么？
- 随后可能会遇到的问题是什么？

## 无特定内容的后果图

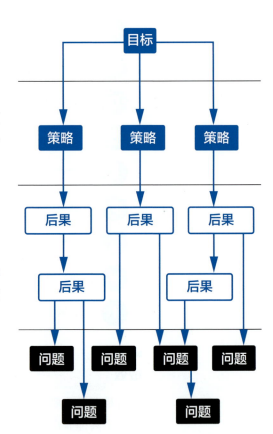

## 城市地铁设计的后果图

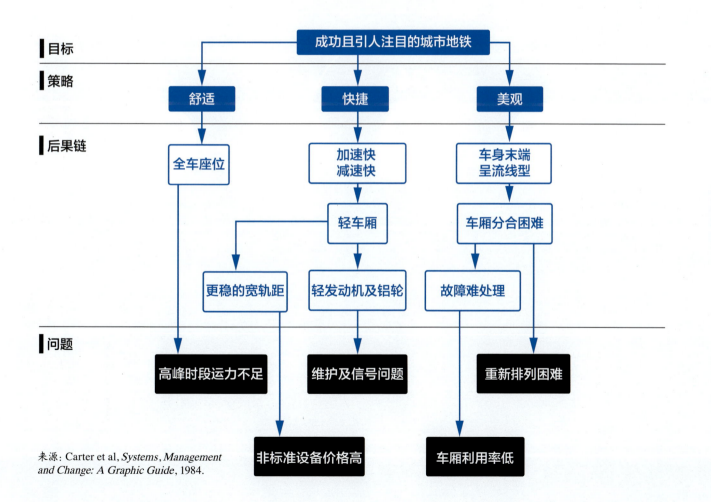

来源：Carter et al, *Systems, Management and Change: A Graphic Guide*, 1984.

**帕特·米伦达**

结果表明，针对可能性所做的口头提示（verbal contingency）没有产生什么影响，而可能性示意图（contingency mapping）却能立即、显著和持续地减少问题行为、增加可替代行为。
Brown & Mirenda, 2006

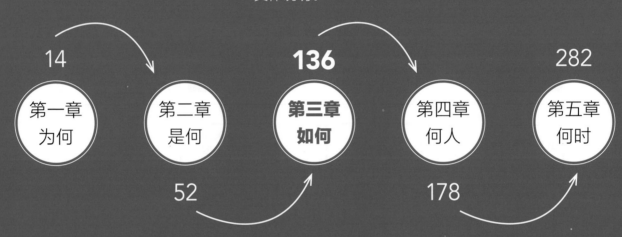

选择信息组织图的
具体说明。

14

136

282

第一章
为何

第二章
是何

第三章
如何

第四章
何人

第五章
何时

52

178

## 类型 | 组块

# 目标图

明确所讨论话题的性质和边界，有利于开展后续工作。

建立边界至关重要。如果边界不明确，学生可能会产生误解。列出定义中包含和不包含的内容，有助于加深理解。因此，本工具与常见的目标图不同，它的外部区域是专门留给非例的。确定排除在外的内容，有助于定义包括在内的内容。

**具体说明**

## 1 | 收集内容

### 目的

在进行分析性思考之前必须先有内容，因此这个阶段主要是创建材料。这项工作最好在编辑和分析之前完成。区分这些截然不同的思维模式是有用的。

### 行动

任何收集想法的方法都可以，如使用清单或放射图。清单的问题是，即使教师不做暗示，学生也会推断出某种层级关系。放射图的布局能够容纳新的材料，也会引发更多的思考。

## 2 | 明确不相关的部分

### 目的

旨在区分相关的部分和不相关的部分。或者根据直接教学法或变易理论，将例子与非例区分开来。

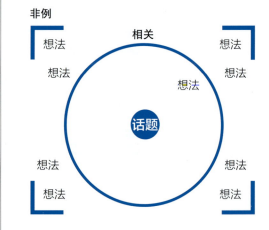

### 行动

思考那些可能被误认为是例子的非例，即边界附近的例子。你越是问学生为什么它们属于非例，他们对这个话题的理解就会越深刻。

## 3 | 添加相关的想法

### 目的

明确了不相关或不准确的内容后，学生就可以开始添加自己认为相关的内容了。

### 行动

现在，在圈内添加相关内容。持续对比内部的例子与外部的非例，是澄清内容的不竭源泉。

## 4 | 区分相关程度

### 目的

如果需要，可以细化相关程度。内圈有助于确定哪些想法或事实与话题最相关。

### 行动

画出内圈，按相关程度把内容分成相关的和最相关的。

## 5 | 完成后的目标图

类型｜**组块**

# 隶属图

分组（或概括）是我们创造意义的方式。该工具为分组提供了简易的方法。

概括是一个自然的思考过程，但它往往是人们在无意识中进行的。由于无意识，刻板印象就产生了。隶属图让这个思考过程一目了然，并将其分解为若干独立的步骤。与伙伴、团队、班级一起绘制隶属图，就是在建立共识。它是许多专业工作坊的支柱。

**具体说明**

## 1｜收集内容

### 目的

第一件事是收集你、你的同事或学生对当前话题的所有想法。将每个想法当作一个单独的对象。这个阶段不考虑分组。

### 行动

绘制隶属图需要反复调整，所以最好使用便签或类似的电子工具。在工作坊中，每个人读出自己的便签内容，然后贴好，一次贴一张。这个阶段没有讨论，只需要收集想法。

## 2｜配对

### 目的

虽然所有学生都会概括，但大多数学生的概括往往是无意识的。最佳策略是让学生熟悉概括过程并慢慢地配对，这样做最有可能让学生理解共性的含义。

话题

| 想法 | 想法 | 想法 | 想法 |
|---|---|---|---|
| 想法 | 想法 | 想法 | 想法 |
| 想法 | 想法 | 想法 | 想法 |
| 想法 | 想法 | 想法 | 想法 |
| 想法 | 想法 | 想法 | 想法 |

### 行动

教师示范或让学生两人一组，辨别便签上的文字，并为相似的两张便签配对。你可以举例说明为什么两者具有共性。只需将两张便签放在一起就可以完成配对，这往往能激发新的想法。

## 3｜分组

### 目的

现在需要将寻找相似性的工作扩大到分组。组的数量没有具体规定，通常是三至六组；如果超过六组，情况就会变得复杂。

### 行动

先选出一对便签，再找出与之最相似的另一对。相似性就是以共性为基础的。重复这一过程，直到形成更大的组。各组分配的便签数量不一定相同。

## 4｜给各组起标题

### 目的

总结各组的内容，寻找共性，并给各组起标题。这可能需要使用更概括、更抽象的词语。

### 行动

把各组的标题写在新便签上，并贴在各组的最上面。

## 5｜检视组合方式

### 目的

提醒学生检视，尤其是检视自己的思考过程，是非常有用的。在这里，便签的分组直接反映了学生的想法和决定。

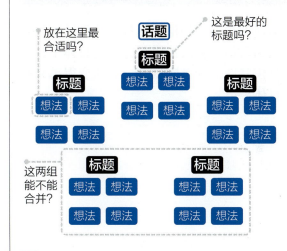

### 行动

如果用纸质便签，在重新组合之前，一定要拍照留存旧的组合。使用数字便签工具也是同理。要让学生解释自己为什么要这样组合。

类型 | **组块**

# 树状图

用于展示话题的层级结构。

树状图是典型的层级结构。这种结构使其成为对信息和想法进行分类的具体工具。从树状图的顶部到底部，想法变得越来越具体。

**具体说明**

## 1 | 收集想法

### 目的

用放射图把收集想法和组织想法分开。这样你在前期会得到更多的想法，在后期会得到更连贯的组织结构。放射图有助于扩充工作记忆。

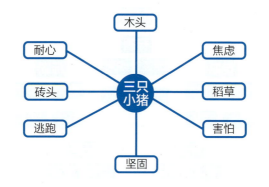

### 行动

列出与话题相关的所有观点和事实。用放射图或类似纸质便签、电子文本框这样的工具收集想法。需强调的是，第一步收集想法必须在外部记忆空间进行，这会让后续的组织想法更易成功。

## 2 | 把想法分组

### 目的

用隶属图有助于梳理话题的层级结构。把想法都写在便签上，想法就变成了对象，这样即使你改变了想法，也很容易重新排列。

### 行动

将便签或文本框分组，同时讲述自己的想法。然后给每组起个标题。通过让学生分组并说出理由来引导学生参与。如果需要，先从配对开始，然后再分成有共性的组。

## 3 | 分成更小的组

### 目的

用隶属图将大组分成小组，以呈现话题不同的结构层次。这有助于发现更多的想法和潜在的误解，同时也为绘制树状图做好了准备。

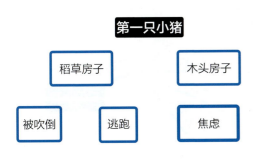

### 行动

将大组分成小组。把小组放在大组下面，并为小组加上标题。通过分组来引导学生参与，通过阐明每组的特征来检查学生的推理能力。

## 4 | 绘制树状图

### 目的

树状图是种常见工具，可用于家谱绘制、动物分类和管理等。虽然用途不同，但是结构一样。从底部更具体、更低阶的想法，到顶部更抽象、更高阶的标题，分支系统可以呈现想法是如何分类的。

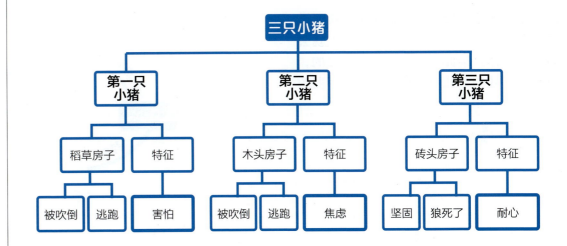

### 行动

绘制树状图时，应尽量确保层级结构的每一层都是实实在在的。手绘版或者电子版都可以。需要注意的是，树状图的底部更宽，如果是手绘，需要预留位置。别忘了边画树状图，边陈述自己的想法。此外，如果有机会，也可以继续修改自己的树状图。

类型 | 组块

# 思维导图：演绎法

从上到下演绎式地构建思维导图。

用演绎法构建思维导图需要从上到下进行。从中心开始向四周发散，想法就会越来越具体。因此思维导图是有层级的，它利用了我们婴儿时期把东西放进容器的经验。

**具体说明**

## 1 | 确定第一级分支

### 目的

思维导图就像地图呈现地势一样展示信息，但完整的思维导图会加重工作记忆的负担。逐步教学生构建思维导图，可以呈现话题的基本结构，从而避免学生在读图时耗费大量精力。

### 行动

将话题写在横向页面的最中心。向四周辐射，找到搭建话题组织结构的第一级标题（最高级分类）。为了充分利用思维导图的有效空间，把第一级标题写在相应分支的上方或两侧。

## 2 | 添加第二级分支

### 目的

层级结构是普遍存在的。在婴儿时期，我们的亚里士多德分类逻辑就开始发展。为什么知识会有所不同？添加第二级分支，可以挖掘话题的整体与部分的关系，即嵌套知识。

### 行动

将有共性的想法分组，从而把每个第一级分支分解成第二级分支。用纸质便签或电子文本框收集想法，这样排列起来会更清晰。与学生讨论什么样的分组是最好的，从而让他们参与进来。

144

# 3 | 分成更小的组

## 目的

到第三级分支时，空间就成为一种认知资源。根据共性将想法分组，就创建了嵌套知识——分类信息更容易提取。思维导图上的想法随着分支的展开而变得更加具体。

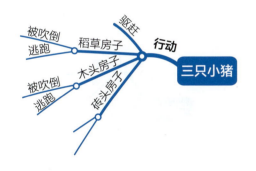

## 行动

如果需要，可以继续分组，形成第四级甚至更多级的分支。注意保持层级结构，详细解释你的想法。这样你可能就会发现，想法在慢慢积累，更进一步的联想就出现了。

# 4 | 完成思维导图

## 目的

将所有想法都分类并定位后，思考就变得清晰可见了。对你和你的学生来说，在外部记忆空间迭代组织想法的方式，比在大脑内部进行更容易成功。完整的思维导图提供了一个嵌套的分组系统，更便于寻找信息。这也适用于认知。

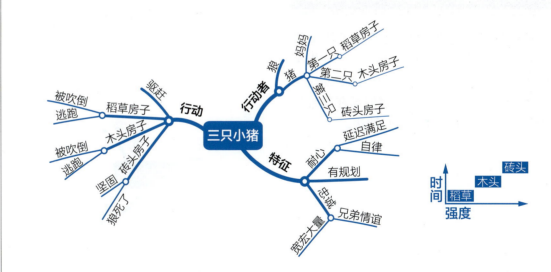

## 行动

在这个阶段，试着增加、修改或重新排列不符合常识的分支。你可以让学生独立完成思维导图，也可以与学生合作完成，以此引导他们参与。在讲解思维导图时，向学生示范你是如何用手指追踪每个分支的。这种额外的感官输入，有助于强化学生对话题内容的记忆。

类型 | **组块**

# 思维导图：先演绎后归纳

从演绎结构过渡到归纳结构。

**用归纳法构建思维导图需要从下往上进行。它要求学生收集和检查信息，并根据概念进行分组。因此，归纳法比演绎法更有挑战性。在这里，我们将展示在思维导图中如何从演绎法过渡到归纳法。**

具体说明

## 1 | 确定第一级分支

### 目的

条理分明的知识是可利用、可提取的。但如果没有明确的教学辅导和指导练习，学生在组织知识时就会迷茫。示范将想法组合成连贯结构的过程，有助于学生形成稳固的长时记忆。

### 行动

思维导图并不特殊，只是把想法排列成放射状的树状图而已。当层级更多时，思维导图就呈现出自身的特点。调整页面方向，把标题写在相应分支的上方或两侧，可以更有效地利用空间。

## 2 | 收集想法

### 目的

第一级分支提示了我们要组织的想法。如果让你列出仓库里的物品，你可能很容易就可以做到。但仓库里的物品是你熟悉的，比较容易区分，而对将要学习的内容，学生可能就不那么熟悉了。因此，在这一步只列出每个第一级分支的想法就好。

### 行动

针对每个第一级分支，记录有共性的想法和事实。问问学生还可以增加哪些想法和事实。让学生证明这样收集和分类的合理性，以此来检查学生的推理能力。

# 3 | 整理分支

## 目的

当我们开始"整理仓库"，根据共性进行分组时，我们就在引导学生进入元认知过程。随着外部记忆空间把最初的想法反映出来，修改和完善想法变得越来越容易——你可以把第一级分支分解成第二级分支甚至更多。

## 行动

这个时候的思维导图还只是放射图。使用纸质便签或电子文本框把想法分组。让学生参与这个迭代过程。表扬学生的参与，以此鼓励元认知对话。

# 4 | 继续绘制不同层级的小组

## 目的

和你的内部图式一样，思维导图也不应该是一成不变的。你始终可以根据新的信息来重新调整想法。但与内部图式不同的是，思维导图作为公共图式，提供了更有效的知识沟通方法。

## 行动

在学生的帮助下，继续整理思维导图的每个分支。在迭代的过程中，学生会产生新想法，这时要予以肯定。向学生强调：思维导图越有条理，就越能强化记忆，提升讨论自信，也越能提升写作水平。

类型 | **组块**

# 思维导图：归纳法

从下到上归纳式地构建思维导图。

**用归纳法构建思维导图和用演绎法构建思维导图正好相反。将具体的想法和事实分组并给出标题。这些标题随后将成为最靠近思维导图中心的分支。**

**具体说明**

## 1｜收集想法

### 目的

第一步是避免既收集想法又组织想法。即使是专家，这样的脑力任务也可能会压垮他们。放射图、纸质便签或者电子文本框可以帮助你在外部记忆空间捕捉最初的想法。

### 行动

明确所要绘制的思维导图的重点。使用放射图、纸质便签或者电子文本框捕捉想法。应当指出的是，第一步是在外部记忆空间捕捉想法，以便更自由地对想法进行分类。

## 2｜把想法分组

### 目的

使用隶属图，可以创建秩序和意义——识别模式。通常如果几个对象挨得很近，我们自然就会认为它们是相似的。利用这个现象，我们就可以为便签上的想法分组。

| 行动 | 行动者 | 特征 |
| --- | --- | --- |
| 驱赶 | 妈妈 | 自律 |
| 被吹倒 | 狼 | 耐心 |
| 逃跑 | 猪 | 兄弟情谊 |

### 行动

通过纸质便签或电子文本框创建隶属图。把具有共性的想法放在一组。让学生参与进来，问问学生为什么这样分组。通过让学生清楚地解释自己的分组来判断是否存在误解。

## 3 | 分成更小的组

### 目的

想法可见以后，就可以组织想法了，这就像用标题做拼字游戏。在不断分组的过程中，会出现更多新想法。你不是在头脑中尝试组织想法，因此不会使工作记忆过载，也就可以发现新想法。

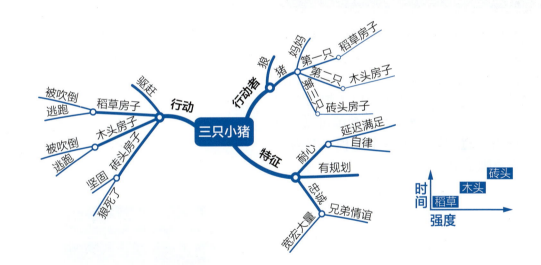

### 行动

将大组分成小组，然后把小组放在下面。在给想法分类时，解释你的决策过程，并且向学生指出组织想法是如何激活更多潜在想法的。

## 4 | 绘制不同层级的小组

### 目的

形成连贯的结构需要付出努力，努力的回报就是获得阅读、写作和讨论的工具。构建思维导图的过程提供了很多检查自己理解情况的机会。

### 行动

绘制思维导图时，保持你和学生已经确定的层级结构。按照我们概述的步骤操作：调整页面方向，把标题写在相应分支的上方或两侧，并不断优化。示范如何将思维导图的结构转换为口语和写作。解释使用思维导图对未来学习具有怎样的价值。

类型 | 组块

# 归纳塔

从底层细节到顶层抽象概念的分类方法。

**大多数教学都是教师把学科的原则直接教给学生。这没错。然而学生也应该有机会自己构建知识结构，或者至少看到知识的构建过程。这是从底层（细节）到顶层（抽象概念）的过程。教师可以利用归纳塔，直观地示范这个过程，并为学生搭建脚手架。**

具体说明

## 1 | 从底层事实开始

### 行动

为了以归纳的方式完成分组，我们需要将最详细、具体的元素排列在最底部。受版面限制，我们只展示了全球变暖归纳塔最左侧的内容。其他内容同理。在下图中，你可以看到两个事实（极地冰融化和松岛冰川变薄），是如何在更抽象的层面（即时间的维度）被描述的。

| 北极温度近400年来最高 | 北极冰盖比20世纪50年代薄了40% |
|---|---|

| 极地冰14000年来持续融化 | 松岛冰川比20世纪60年代薄了约1.5米 |
|---|---|

## 2 | 在更高层级继续

### 行动

在为底部的所有内容建立更高层级的描述后，继续往上，在相似的描述之间建立连接。

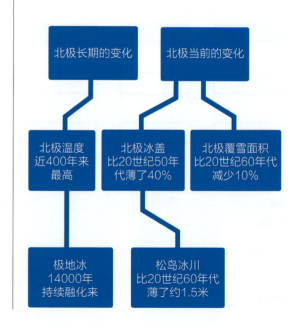

## 3 | 继续这个过程

### 目的

从底部逐层向上继续这个过程。注意：层级越靠近顶部，越需要抽象和概括。

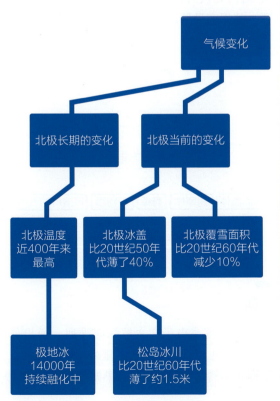

## 4 | 完成归纳塔

### 目的

整合归纳塔左右两侧的信息，找到最顶层的抽象概念。

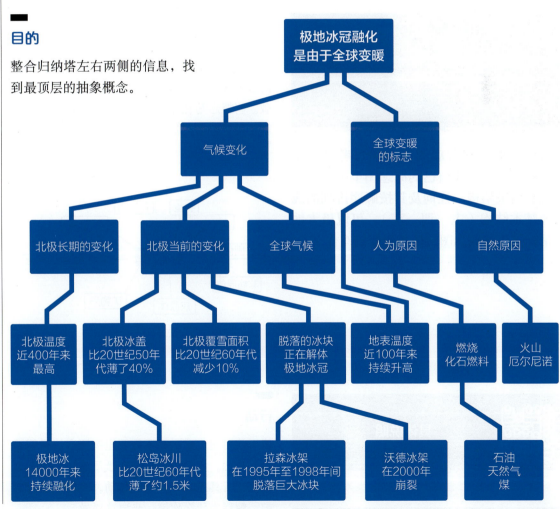

类型 | 组块

# 概念图

示范诺瓦克分层法。

对构建概念图背后的行为和思考进行示范，对学生创建自己的概念图至关重要。理解层级结构、连词及其按顺序排列的线性基本结构（主—谓—宾），可以极大地帮助学生将概念图转换成更好的写作。

**具体说明**

## 1 | 明确概念

**目的**

旨在将概念图的构建划分为不同的阶段。第一阶段只专注于收集相关概念，以避免认知过载。将概念写在处于外部记忆空间的便签上，就不用费心去记忆。

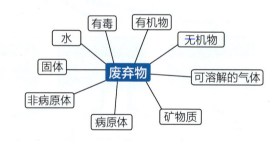

**行动**

使用放射图。这时候不需要组织概念，只需要收集概念。把相关概念写在纸质便签上或类似的电子工具上，方便随时移动。在组织概念之前，解释为什么你第一步要这样做。

## 2 | 排列概念

**目的**

旨在从放射图中找到想法的层级结构。为什么强调层级结构？因为概念图的发明者约瑟夫·诺瓦克认为，层级结构对知识结构至关重要。使用容易移动的便签，方便随时调整。

废弃物

固体　　水

有机物　　无机物

非病原体　病原体　有毒　矿物质　可溶解的气体

**行动**

将纸质便签或电子文本框纵向排列，说出你的理由。也可以让学生自己排列并说明理由。解释并举例说明其他更为人熟知的层级结构。

## 3 | 开始绘制

### 目的

示范的关键部分从创建具有概念图特征的中心句开始。先解释起连接作用的动词是如何把主语和谓语连接起来变成句子的。然后指出宾语是如何成为下一个句子的主语的。

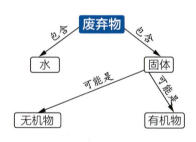

### 行动

你在黑板上创建中心句时，不管多显而易见，都要仔细说出你的思考过程。你可以为这些小句子举出其他例子。不断检查学生是否理解，让学生向最初可能没理解的同伴解释这个过程。

## 4 | 完成概念图

### 目的

重复相同的思考过程来构建后面的每一个中心句，能帮助学生巩固这种思维模式。

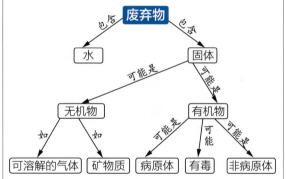

### 行动

继续相同的过程，直到概念图完成。需强调的是，每条连接线上都应该有箭头。箭头必须由句子的主语指向宾语。

## 5 | 解释概念图

### 目的

让学生明白，衡量概念图价值的标准，是将理解转化为口头或文字叙述的程度。因此在整个绘图过程中，学生应该非常清楚概念图的功能性和从属性对最终形成有效叙述的作用。

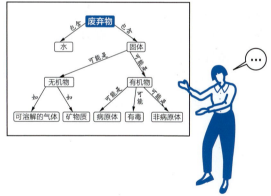

### 行动

既要演示如何用口头语言将简短的中心句拓展为更长、更复杂的形式，也要展示概念图的结构是如何引导叙述的。强调将概念图转化为叙述的努力，就是在为后续写作做好预演。

## 类型 | 组块

# 概念图：非层级结构

揭示概念组成及其相互关系。

**在构建概念图时，要一步一步地教学生思考和决策。层级结构不那么严格的概念图，可以为不太熟悉诺瓦克分层法的人提供入门的途径。**

**具体说明**

## 1 | 明确概念

### 目的

概念图可能是最难构建的信息组织图，但不要因此而退缩。仔细规划，努力就会获得回报。就如同生活中要想盖一栋房子，就需要先备好足够的砖瓦一样。在这里，砖瓦就是概念。

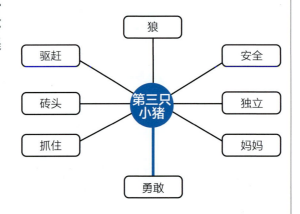

### 行动

收集所有你想绘入概念图的概念。可以使用放射图、纸质便签或者电子文本框。无论你决定使用哪种工具，都要单独记录每个概念，这样重新排列概念时就会更容易操作。

## 2 | 给概念配对

### 目的

概念图由中心句（这是我们的术语）组成。箭头和动词将两个概念连接起来，形成简短的主谓宾句。在创建中心句时，写在便签上的想法很容易重新排列。

### 行动

给意义相关的概念配对。找出某个配对与其他配对的联系，同时讲述推理的完整过程。你可以解释概念之间如何发生联系，也可以让学生解释自己对相关概念及其相互关系的理解。

## 3 | **构建中心句**

### 目的

中心句阐明了概念之间的关系。中心句的特点是用动词把主语和宾语连接起来。动词反映了概念之间的关系。

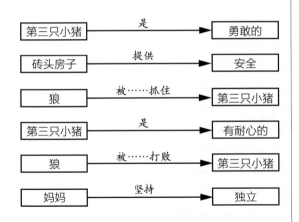

### 行动

边构建中心句，边讲述你的想法。在相关概念之间画一个箭头，箭头方向表示影响的方向。通过点名提问来检查学生是否理解，让学生详细说明联系的性质。

## 4 | **开始绘制概念图**

### 目的

了解概念之间的联系，可以加深理解。概念图使你得以揭开思维的神秘面纱，把你的图式明确展示给学生。努力就会有回报，如把握话题更准确，写作更清晰，讨论更自信、更有意义，以及长时记忆更牢固等。

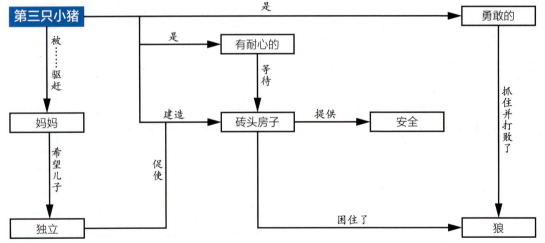

### 行动

通常来说，概念图是从上到下排列的，但层级化和非层级化概念图都可以从左到右排列。页面方向和概念排列取决于内容与连接的数量。与学生一起确定各中心句之间的联系。如果学生明确了如何改进，请一定表扬他们。在整个过程中，你都可以用概念图作为提示，检查学生的理解程度。将"思考—配对—分享"与概念图结合起来，严格检查学生对话题的掌握程度。

类型 ┃ **组块**

# 创意盒

**有时又名达·芬奇法。这种组合工具会让你投入创意过程。**

与其坐等创意降临（有些人会永远等下去），不如从这个方法开始。遵循以下步骤可以为创意打下基础，这些步骤总会引导你做出比自己想象中更具创意的选择。突破工作记忆的限制，利用外部记忆空间来获得更多的创意。

具体说明

## 1 ┃ 识别并选择参数

### ▬
### 目的

参数是指组成项目的所有要素的类别。以下是设计灯具这个项目所需要的参数（部分）。空白方框表示尚未定义的要素。

| 风格 | 位置 | 表面材质 | 形状 |
|------|------|----------|------|
|      |      |          |      |
|      |      |          |      |
|      |      |          |      |
|      |      |          |      |
|      |      |          |      |

### ▬
### 行动

每列的最上面写参数的名称。参数不宜太多，因为可能的组合数量会快速增加，例如 10 个参数和 10 个要素组合，就可以产生 100 亿种组合。

## 2 | 列出每个参数的变化

### 目的

完成创意框，准备好尝试组合的乐趣吧——这真的是一件有趣的事。要实现这一点，请考虑每个参数的所有可能变化。在这里，将每个参数包含的要素数限定为五个。

| 风格 | 位置 | 表面材质 | 形状 |
|---|---|---|---|
| 现代 | 桌子 | 上漆 | 圆形 |
| 经典 | 地板 | 木质 | 方形 |
| 波希米亚风 | 墙 | 可循环利用 | 特定主题造型 |
| 随性 | 天花板 | 自然 | 半球形 |
| 复古 | 户外 | 金属 | 圆柱形 |

### 行动

在空白方框中填入相应参数下不同类型的要素。灯具有多少种风格？可能会用什么类型的表面材质？顺着这些思路思考，以激发创意。

## 3 | 尝试不同的组合

### 目的

这时的乐趣在于不断发现灯具设计中可能存在的大量变化。以后的某一天，当你面对另一个创意项目时，你会想起这个练习。

| 风格 | 位置 | 表面材质 | 形状 |
|---|---|---|---|
| 现代 | 桌子 | 上漆 | 圆形 |
| 经典 | 地板 | 木质 | 方形 |
| 波希米亚风 | 墙 | 可循环利用 | 特定主题造型 |
| 随性 | 天花板 | 自然 | 半球形 |
| 复古 | 户外 | 金属 | 圆柱形 |

### 行动

为每个参数选择一个要素，以某种方式标记这些要素并将其连接起来。这个组合可能是个好创意，拍照记录下来。然后尝试新的要素组合。继续尝试，直到评出你最喜欢的组合。

类型｜比较

# 双放射图

两张放射图的结合，明确了两个话题之间的异同。

融合两张放射图，为"比较"这一基本学习策略提供了具体工具。构建双放射图促使你将想法的收集和想法的比较分开，从而减轻工作记忆的负担。相似性的空间排列和连接分支的使用，强调了两个话题之间的共性。

具体说明

## 1｜绘制话题A的放射图

### 目的

先要有内容，然后才能比较。双放射图是两张放射图的结合，因此绘制双放射图的前两个步骤就是绘制两张放射图。放射图是收集想法的首选，因为放射结构很利于添加要素，而且可以避免错误推断层级。放射图能够把内容的收集和组织分开，从而突破工作记忆的限制。

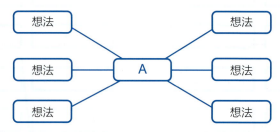

### 行动

收集有关话题 A 的想法并排列在放射图上。可以从以前学过的材料中收集想法。这样，放射图就成为有用的信息提取工具。也可以从一段文本中选择要比较的内容。

## 2｜绘制话题B的放射图

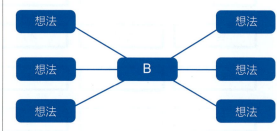

### 行动

针对话题 B，重复步骤 1。

# 3 | 连接两张放射图

## 目的

双放射图可以迫使你把想法的收集和比较分开。请记住，通常如果想法挨得近，我们自然就会认为他们是相似的。在双放射图中，垂直排列在中间的想法，与左右两个话题都会发生连接。分支在视觉上强调了连接，如果配合颜色使用，可以进一步凸显连接。

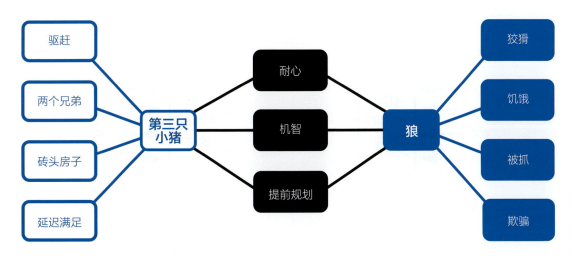

## 行动

绘制两张放射图以后，要完成双放射图，只需要一小步。从话题 A 和话题 B 中找出具有共性的想法，将它们排列在中间，并与话题 A 和话题 B 连接起来。在想法和话题之间，横向和纵向都要预留足够的空间，以便做注释（参见步骤 4）。将所有没有共性的想法排列在外围。横向对齐话题 A 和话题 B 中截然相反的想法。如上图所示，使用两到三种颜色来凸显异同。

# 4 | 在相似中寻找差别

## 目的

给中间连接相似想法的分支做注释，可以帮助我们发现更多细微差别。中间的想法是相似的，但在证据或者应用上是不同的。完成这样的注释就需要我们分析相似的程度。

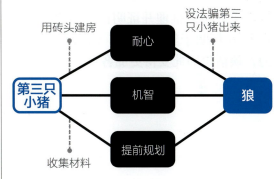

## 行动

分析相似程度，沿分支添加证据。问问学生：这些想法在哪些具体方面相似？有什么证据支持你的想法？使用点名提问和"思考—配对—分享"检查学生是否掌握了要点。

## 类型 | 比较

# 力场分析

一种对某个改变有多大成功机会的看法进行系统评估的工具。

通常用于讨论改变，也用于分析过去发生的事件。该工具可以更好地组织动态，因此学生就可以推理并证明自己的判断。视觉参考有助于聚焦对话，使人保持注意力，谈话也因此变得更加客观。

**具体说明**

## 1 | 列出支持改变的力量

### 目的

改变既有支持的力量，也有反对的力量。我们先从支持的力量开始。

**支持改变的力量**

### 行动

把支持改变的力量排在方框的左边，排成一列。它可以用来评估未来将要发生的改变或分析过去发生的事件。

## 2 | 列出反对改变的力量

### 目的

同样，把反对改变的力量也列出来。

**反对改变的力量**

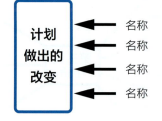

### 行动

在右边添加反对改变的力量，也排成一列，并与支持改变的力量横向对齐。当要比较它们的相对影响时，横向对齐有助于分析。

## 3 | 添加权重线

### 目的

使用权重线，对左右两侧的作用力清单进行更细致的判断。

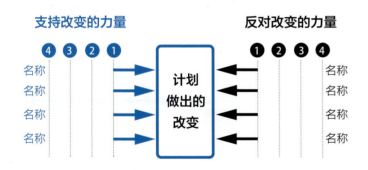

### 行动

这时要考虑正面力量和负面力量的相对作用力或潜在影响。你可以自行决定刻度（比如这里我们使用了四级），用箭头的长度来表示你认为的作用力的强度。

## 4 | 评估双方力量的总强度

### 目的

给不同的作用力赋值并加总，最后进行汇总评估。

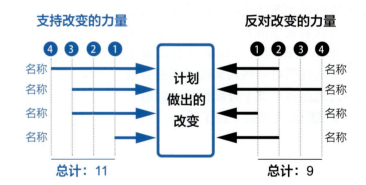

### 行动

在根据权重线画出箭头以后，将左右两侧箭头长度所代表的分值分别加总，最后进行汇总评估。

## 类型 | 比较

# 交叉连续体

这个工具可以帮助学生从两个维度做出判断，从而增加比较的深度。

当学生做出的判断涉及两套标准时，对学生的要求就会发生重大变化。这时就需要扩展思维来兼顾两者。如果没有视觉工具，这样的判断对一些人来说可能就会过于抽象。然而将其置于外部记忆空间时，这两个维度的思考就能一目了然。

具体说明

## 1 | 创建第一个维度的连续体

### 目的

创建交叉连续体的第一步，是先创建一个能够区分不同位置或状态的连续体。

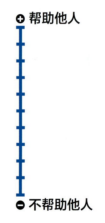

### 行动

考虑要比较的对象（如三只小猪），选择并创建一个有助于判断的单一的连续体。这里我们以是否帮助他人为标准，并通过刻度做好标记。

## 2 | 添加第二个维度的连续体

### 目的

添加第二个维度的连续体，创建可以从两个维度进行评估的工具。

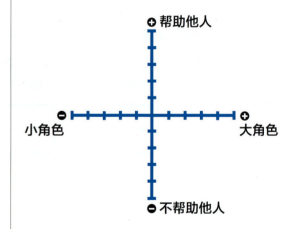

### 行动

添加第二个有刻度的连续体，与第一个连续体垂直。每个连续体的两端都是你做判断所依据的价值。大多数情况下，右侧和上方都是正向状态。

# 3｜添加背景网格

## 目的

有时空白背景的结构并不完整，因此需要添加有刻度标记的网格作为背景。

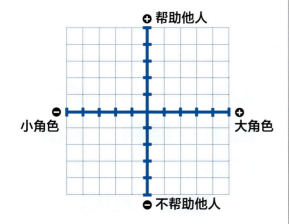

## 行动

使用比交叉连续体更细的线，根据刻度标记添加网格。这有助于使用者从两个维度准确定位对象。

# 4｜给对象定位

## 目的

这时的交叉连续体已经可以用来给角色定位了。

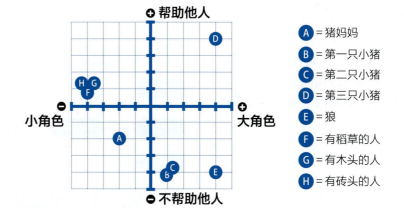

## 行动

如果把角色直接写在网格的对应位置，可能会导致一系列问题，如找不到准确位置、整体看起来一片混乱等。因此，应先在网格上标记关键点，然后在网格旁边写出关键点对应的角色名。如果有多个角色的位置相同，仍然可能出现类似的问题。

类型｜排序

# 流程图

明确步骤或事件的正确顺序。

流程图是一种相对简易的信息组织图。将流程或事件的各个步骤或阶段按正确的顺序排列，有助于我们得出结论并进行预测。不要因为流程图的结构简单就误以为构建流程图很容易。参照以下步骤可充分利用流程图。

**具体说明**

## 1｜收集步骤

### 目的

流程图简单的结构，会掩盖部分学生在构建流程图时遇到的挑战。为避免思考不准确和认知过载，我们可以先从流程图的组成要素入手。

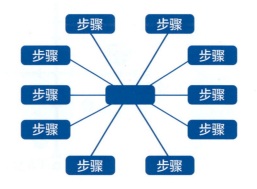

### 行动

使用放射图收集流程中的步骤。你可以用纸质便签或电子文本框，但你可能边写边想按顺序排列，请务必集中注意力去收集，不要在意顺序。

## 2｜删除

### 目的

当某个流程大约有八个或更多的步骤时，学生往往就难以掌握。在仔细考虑之后，尝试删除不必要的步骤。如果不能将步骤控制在七个以内，请考虑改用流程放射图。

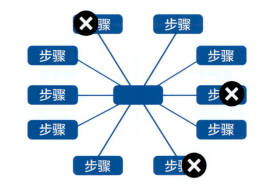

### 行动

删除不必要的步骤，可能有助于课堂讨论和检查学生的理解情况。

# 3 | 排序并绘制流程图

## 目的

现在可以构建流程图了。随着步骤的收集和删除，焦点便慢慢转移到了时间关系上。安排步骤的正确顺序，有助于得出有关过去事件的结论，并对未来事件做预测或准备。

## 行动

步骤需要按顺序排列。虽然把每个步骤都写在独立的便签上像是多余的，但是这样做可以使重新排列顺序变得很容易。想好第一步，写下来。决定好下一步，写下来。步骤与步骤之间用箭头连接。重复这个过程，直到画出所有步骤。

类型 ｜ 排序

# 流程放射图

将步骤组成小图，克服流程图的局限。

拆分内容有助于减轻认知负荷，但是如果独立的组成部分太多，学生在拆分内容的时候就会不知所措。流程放射图将流程或事件的步骤或阶段组成小图，可以有效避免认知过载。

具体说明

## 1 ｜ 选择关键步骤

**目的**

遵循构建流程图的步骤 1 和步骤 2（见第 164 页），如果你不能将步骤删减到七个以内，那么就需要把它们变成分组小图，改用流程放射图。

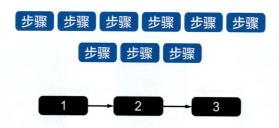

**行动**

探讨流程图中某个步骤是否比其他步骤更重要。创建一个较小的流程图，列出你认为重要的，通常不超过五个。暂时不考虑其他步骤。

## 2 ｜ 分组

**目的**

需要拆分内容的学生，可能就是那些容易信息过载的学生。流程放射图通过将流程或事件的步骤或阶段组块，从而形成分组小图，来减轻这些学生的压力。

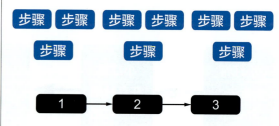

**行动**

将步骤或阶段分组，并找出能够概括每一个分组小图的名称。用这些名称来标记流程图的各部分，然后把分好组的步骤放在事件一侧。

## 3 ┃ **绘制流程放射图**

### 目的

通过将步骤组成小图，流程放射图克服了流程图的局限。流程放射图最中间的部分显示了最重要的事件。附属的事件使流程更明确，有助于你得出结论或做出预测。

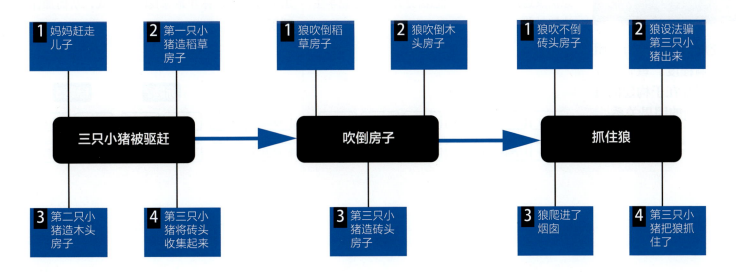

### 行动

将每个步骤与流程图最中间的重要事件连接起来。如果每个分组小图中的步骤都有特定的阅读顺序，就一定要用字母或者数字标记清楚。在讲解流程放射图的时候，也要遵循标记的顺序。记住，你将时间信息进行分组，就是为了避免学生工作记忆负担过重。所以不要一开始就直接展示完整的流程放射图，如果学生的工作记忆负担过重，你的努力就白费了。

类型 | **因果**

# 鱼骨图

**明确描述情形背后的原因及其影响程度。**

**从泛泛地列出原因，变成对原因进行分组并分析原因对结果的影响程度。鱼骨图在视觉上很简洁。它的价值存在于构建的过程中，它能够明确情形背后的因果关系。**

**具体说明**

## 1 | 列出原因

### 目的

与所有的工具一样，内容收集为信息提取或者从文本中选择材料提供了机会。最初要将收集想法或选择想法与组织想法分开，以避免学生认知过载。

| 原因 | 原因 | 原因 | 原因 | 原因 | 原因 |
|------|------|------|------|------|------|
| 原因 | 原因 | 原因 | 原因 | 原因 | 原因 |

### 行动

从收集你正在研究的情形的原因开始，将每个原因都写在单独的纸质便签上或电子文本框中。这样，你在后面的步骤中就会很容易地对原因分组。

## 2 | 对原因分组

### 目的

对原因分组可以让理解变得更透彻、更深入。为什么？因为你分析了原因之间的共性。在分组的过程中，你开始寻找因果模式，从而加深理解。

| 标题1 | | 标题2 | | 标题3 | |
|-------|------|-------|------|-------|------|
| 原因 | 原因 | 原因 | 原因 | 原因 | 原因 |
| 原因 | 原因 | 原因 | 原因 | 原因 | 原因 |

### 行动

用步骤1的纸质便签或电子文本框创建隶属图。把有共性的原因归在一组，给每组起个标题，并说明其共性。

# 3｜绘制鱼骨图

## 目的

鱼骨图看似简单，但与大多数工具一样，能够激发有意义学习的是绘图的过程，而不是图本身。完成的鱼骨图有助于扩展写作和课堂讨论。步骤4详细介绍了鱼骨图的高阶版本。

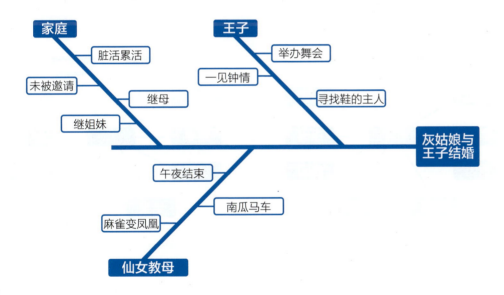

## 行动

通过绘制与分组的数量相等的斜线来构建鱼骨图。将斜线连接到最中间的横线上。把需要分析的结果放在中间横线的最右边。在每条斜线的末端，写上每组的标题。将每组的若干原因分别写在与每组斜线相连的横线旁边。

# 4｜高阶鱼骨图

## 目的

高阶版本的鱼骨图按影响程度排列原因。这种排列方法，需要你分析哪些原因对研究结果的影响最大。

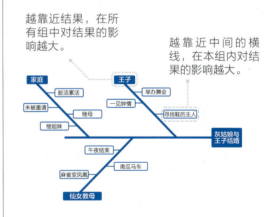

## 行动

确定哪个分组对结果的影响最大，将该组放在离结果最近的位置。在每组中，分析哪个具体原因的影响最大，将这个原因放在离中间的横线最近的位置。

类型 | 因果

# 输入输出图

描述因果动态及其围绕的关键诱因。

培养学生对因果动态的理解是一项挑战。确定关键诱因，会让描述复杂的因果关系变得容易。

**具体说明**

## 1 | 找出前面发生的事件

**目的**

分步找出原因和结果是有帮助的。首先，也是最显而易见的，这样做可以避免认知过载。其次，这样做也能使人更容易评估因果关系，并保留那些有效的原因。最后，这样做还能使人更关注因果链条上的关键事件。

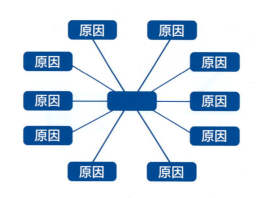

**行动**

确定要研究的关键事件。使用放射图，找出引发关键事件的所有潜在原因。专注于有因果关系的事件，不用考虑其他的事件。

## 2 | 找出后面发生的事件

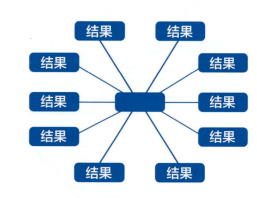

**行动**

使用放射图，找出关键事件之后发生的事件。不用考虑那些不依赖于关键事件的独立事件，专注于有因果关系的事件。

## 3｜绘制输入输出图

### 目的

输入输出图是一种简洁的视觉隐喻。它有助于你和学生识别关键事件的前后联系，有助于学生思考关键事件。

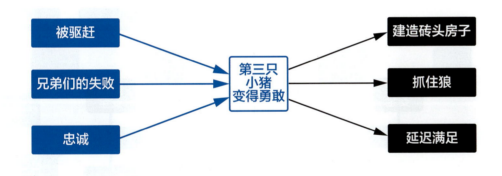

### 行动

把原因垂直列在左边。为了强调关键事件的重要性，把它放在最中间。使用不同的颜色，进一步凸显关键事件的重要性。用箭头把原因和关键事件连起来。把结果垂直列在右边。用箭头把关键事件和结果连起来。

类型｜因果

# 关系图

**各要素以不同于层级结构的多种方式相互关联。**

找出潜在原因或者影响因素并将它们联系在一起，是一个复杂过程，这会使工作记忆过载。把这个过程分解成三个不同的部分，使用三种不同的图解，就可以避免这个问题，并且找出因果关系网络。

**具体说明**

## 1｜创建一张放射图

### 目的

和大多数工具的绘制过程一样，收集想法在这里至关重要。放射图完美地实现了这一目的，触发的所有想法都从中心向外发散。除了放射图，清单也可以发挥同样的作用。

### 行动

从一个中心问题出发，以放射的方式收集浮现出来的想法。在这一阶段，不需要修改或评估，专注于收集想法即可。

## 2｜扩展为集群

### 目的

绘制完放射图后，现在的目的是扩展和发现所有相关的联系。

### 行动

重点仍然是生成内容，而不是评估内容。集群并没有层级结构，有助于激发更多的想法，学生在创意写作课上接触得较多。

# 3｜重新调整，形成关系图

## 目的

现在我们就要创建关系图了。随着内容不断扩充，重点逐渐变为因果关系。

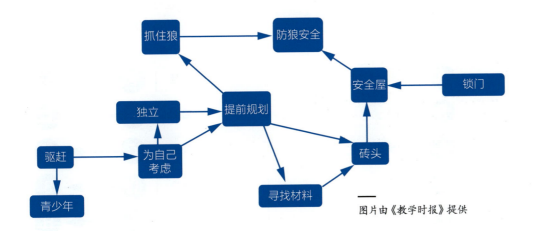

图片由《教学时报》提供

## 行动

将内容重新调整成因果关系网络，这需要我们思考要素与要素之间的因果关系。用箭头表示从
原因到结果的连接。便签在这个时候很有用，它能避免许多箭头交叉和图形混乱。

类型 ｜ 因果

# 流程轴

一种用于识别我们感知的来源与发展的新工具。

绘制流程轴的三个步骤，可以使我们深入理解感知和想法的结构，而这些感知和想法往往决定了我们的许多行为。它呈现了我们对环境和他人的反应。这些反应大多是无意识的，除非我们有意识地关注它们及其之间的关联。

具体说明

## 1｜明确要素

### 目的

针对你想要分析的特定情况，找出你的想法和感受有哪些要素。把它们列出来，并在旁边配上字母（或数字）。

- Ⓐ ｜ 驱赶
- Ⓑ ｜ 自律
- Ⓒ ｜ 有规划
- Ⓓ ｜ 耐心
- Ⓔ ｜ 勇气
- Ⓕ ｜ 建造技能
- Ⓖ ｜ 理解危险
- Ⓗ ｜ 独立思考
- Ⓘ ｜ 饥饿

## 2｜扩展为集群

### 目的

从第一个要素开始，思考它与哪个要素的相关性最高。就像爱德华·德博诺说的，这种关系必须是从一个到另一个的"流动"。然后以相同的方式继续处理清单中的第二个要素。需要注意的是，可以多次选择同一要素。

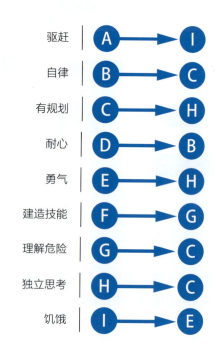

| 驱赶 | Ⓐ → Ⓘ |
| 自律 | Ⓑ → Ⓒ |
| 有规划 | Ⓒ → Ⓗ |
| 耐心 | Ⓓ → Ⓑ |
| 勇气 | Ⓔ → Ⓗ |
| 建造技能 | Ⓕ → Ⓖ |
| 理解危险 | Ⓖ → Ⓒ |
| 独立思考 | Ⓗ → Ⓒ |
| 饥饿 | Ⓘ → Ⓔ |

## 3｜用图表示这种关系

▬

### 目的

观察这些成对的关系，将它们画出来。由于某些要素可以（而且必然会）被多次选择，图示可能变得很复杂。为了避免图太混乱，从而清晰地展示模式的本质，可以使用便签或类似的电子工具。这有助于尝试不同的布局，避免出现交叉连线。流程轴虽然千差万别，但下图将几个典型的模式（如步骤4所述）呈现出来。

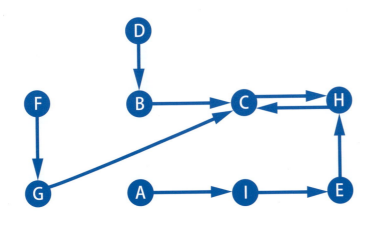

## 4｜读图

▬

### 目的

使用以下图例，可以解释流程轴中的典型模式。哪些要素处于若干箭头的中心？为什么有些要素似乎在循环往复？这个次序有什么意义？被双向箭头连接的两个要素有什么特性？

**影响的动态变化**

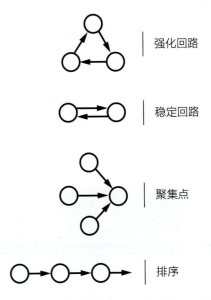

强化回路

稳定回路

聚集点

排序

## 类型 │ 因果

# 后果图

一种通过进一步预见可能的后果链来避免盲目的工具。

我们往往喜欢贬低所谓的悲观主义者，而实际上，我们应该接纳这种担忧。为实现目标，我们会选择某些策略，而这些策略通常会产生一系列连锁反应。后果图通过展现这样的连锁反应，来揭示所有的潜在问题。

**具体说明**

## 1 │ 确定实现目标的策略

■

### 目的

陈述为实现项目承诺而选择的具体策略。

■

### 行动

便签最适合在这个阶段使用。将策略放在顶部，下方用来预测会导致的一系列广泛后果。

## 2｜明确后果链

### 目的

下面开始真正的工作：预测这些策略引发的虽属无意但可以预见的后果链。

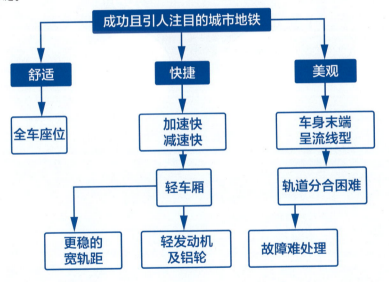

### 行动

系统且客观地预测未来，想象策略可能引发的一系列后果。把后果放在相应的策略下。如果后果还会导致若干后果，将它们都连接起来。

## 3｜明确由此产生的问题

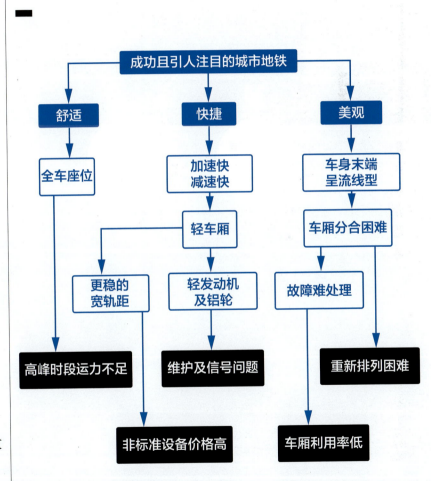

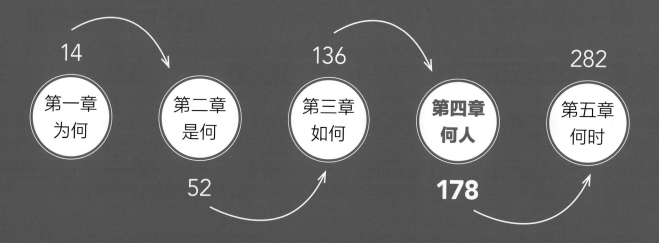

14

136

282

第一章
为何

第二章
是何

第三章
如何

第四章
何人

第五章
何时

52

178

不同学段、不同学科的教师正在使用各种各样的信息组织图。在真实的课堂上为何以及如何使用信息组织图，教师自己的故事就是最好的诠释。

180 阿耶利特·麦克唐奈

182 本·诺里斯

184 本·兰森

188 布雷特·金斯伯里

190 凯瑟琳·阿克顿

192 卡罗尔·哈里拉姆

194 夏洛特·霍索恩

196 克里斯蒂安·穆尔·安德森

198 克莱尔·马登

200 丹·罗德里格斯-克拉克

202 戴维·金

204 戴维·摩根

206 迪普·阿索克

208 埃利奥特·摩根

210 埃玛·斯莱德

212 伊芙·凯恩斯·沃兰斯

214 法希马·瓦希亚特

216 弗雷泽·索普

218 乔治·弗拉乔尼科利利斯

220 海伦·雷诺兹

222 詹克·邓恩

182 乔恩-乔·威尔逊

224 乔·伯克马

226 约翰·埃蒂

228 约翰·霍夫

230 贾斯廷·韦克菲尔德

232 凯利·佩平

234 路易斯·卡丝

236 卢克·泰勒

240 马德琳·埃文斯

242 马特·斯通

244 梅甘·鲍斯

246 妮基·布莱克福德

248 彼得·理查森

252 彼得·斯托科

254 瑞秋·汪

256 萨姆·斯蒂尔

258 萨拉·琼斯

260 萨拉·拉莉

262 萨拉·桑迪

264 塞利娜·查德威克

266 肖恩·史蒂文森

268 西蒙·比尔

270 西蒙·弗林

272 蒂姆·比蒂

274 汤姆·汉森

276 汤姆·奥迪

278 汤姆·西姆斯

280 泽夫·贝内特

## 阿耶利特·麦克唐奈(AM)

 **信息组织图有助于组织想法，建立和扩展联系，并将知识嵌入长时记忆。**

**职务：助理校长、六年级教师**
**学科：小学全科课程**
**学段：小学（7—11岁）**
**单位：哈特福德小学**

### 为何选择这种信息组织图

内容决定了信息组织图的类型。在这个案例中，我选择的信息组织图是思维导图，因为它能给学生提供完整的结构，明确学科中整体与部分的关系。通过将知识分解为若干关键组成部分并说明它们之间的联系，我们可以聚焦于学科中的不同领域。这样做可以减轻学生的认知负荷，帮助他们组织信息，增加信息被编码到长时记忆中的机会，让提取并使用工作记忆中的信息变得更容易。

### 如何把它教给学生

我的学生之前没有明确学过如何使用信息组织图。虽然他们以前可能遇到过各种各样的信息组织图，但是并不知道哪种图适用于哪种情况。我们需要让学生了解不同类型的信息组织图及其指导原则。思维导图就是我们向学生介绍的第一个信息组织图。

把思维导图完整介绍给学生，会导致认知过载，因此我们分别介绍了每个主要分支，并向学生解释了创建信息组织图的目的。我使用了奥利弗提出的策略，让学生在我展示每个元素的时候照着画出思维导图。我使用佩维奥的双重编码理论解释了思维导图的每一部分。复述图中信息的时候，我要求学生用食指追踪思维导图中的对应位置。每个分支的讲解我都会这样做，直到学生对整张图都有了丰富的理解。

*它能给学生提供完整的结构，明确学科中整体与部分的关系。*

*结果是人人都能写出高质量的文章，甚至包括那些认为自己不善于写作的学生。*

### 如何结合其他策略使用

最初我用思维导图进行信息提取练习，使用的是奥利弗在《双重编码教师》一书中提出的"复述与重画"策略。根据贝拉克·罗森海因（Rosenshine，2012）提出的每周和每月复习原则，我让学生每节课都重温思维导图，以便提取信息并进行复习。

经常重温信息组织图，能让学生提取信息变得越来越容易。我将信息组织图与朱迪思·霍克曼和纳塔莉·韦克斯勒于2017年出版的《写作革命》一书中的策略结合起来。这些策略可以帮助学生构建对信息组织图的解释。由于信息组织图可以整合新旧知识，学生得以专注于文章的组织和推理。结果是人人都能写出高质量的文章，甚至包括那些认为自己不善于写作的学生。

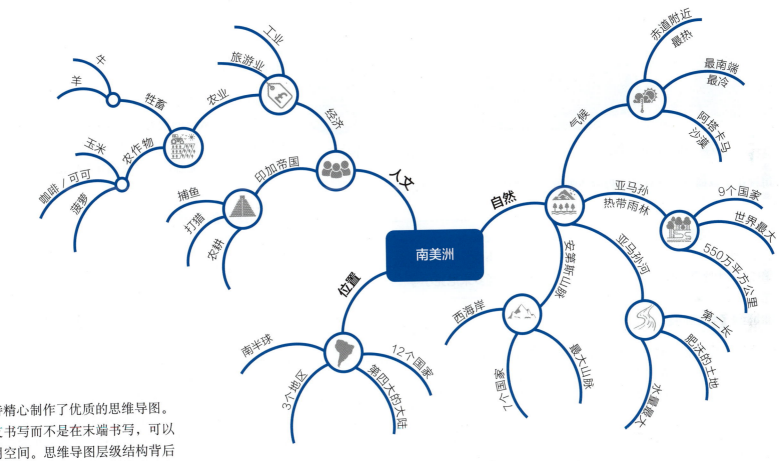

阿耶利特精心制作了优质的思维导图。沿着分支书写而不是在末端书写，可以充分利用空间。思维导图层级结构背后的推理也非常清晰。你注意到阿耶利特绘制的思维导图的三个分支是如何生发出来的吗？它们并非随意安排的，而是经过慎重分组的。知识经过组织之后，就更容易被记忆和使用。

## 本·诺里斯(BN)

## 乔恩-乔·威尔逊(JJW)

> 可视化工具通过提高复杂流程的清晰度，来增进合作中的共同理解。

| | |
|---|---|
| 职务: 学段负责人 | 职务: 校长 |
| 学段: 小学 | 学段: 小学 |
| 单位: 莎士比亚小学 | 单位: 圣多米尼克小学 |

## 你遇到了什么问题

和美国其他学校一样，我校一直在努力应对疫情带来的挑战。我们知道我们在支持学生学习新课程以及提供学习内容上面临的问题。无数决策和后勤问题影响着教学，尤其是在学校共同体各相关方的指导和需求不断变化的情况下。通过家长问卷调查，我们发现每个家庭的情况都不同，如没有宽带、缺乏可用设备、信心不足。我们需要全校性的解决方案，让学校共同体这个大家庭中的每个人都能接受、理解并尽到自己的责任。

我们设计的流程图旨在让所有使用者，包括学校领导、教师、家长，能够形成共同的解决方案。

## 为何选择这种信息组织图

我们面临的问题太复杂，要想让学校领导、教师、家长都能充分挖掘远程教学的潜力很不容易。我们设计的流程图旨在让所有使用者，包括学校领导、教师、家长，能够形成共同的解决方案。它能强调关键路径并举例说明。

## 如何构建你的信息组织图

为了清楚地表达我们的想法，我们使用便利贴让每个想法变成可处理的对象。通过一系列问题，想法变得不再抽象、更容易处理。简而言之，它能让我们突破工作记忆的限制，腾出空间来思考如何为学校和社区找到最佳的课程解决方案。

## 流程图如何支持远程学习方案的成功实施

我们制定了全校性解决方案，用流程图清晰地解释并付诸实施。流程图的好处是，每条路径都是独立的，可用于举例说明对特定孩子、班级和教师的期待。不断变化的环境意味着所有人都要为每种可能发生的情况做好准备。用流程图展示解决方案，让所有人都能理解自己在过程中的角色，以减少误解，并在孩子的学习环境发生变化时灵活调整。这让过渡到远程学习的过程更流程化、连贯且简明。这意味着无论学习环境如何，所有孩子在远程学习中都有机会学到新知识。

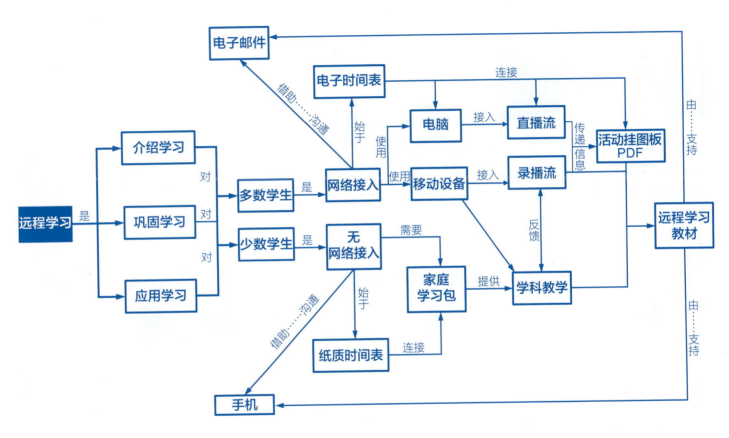

他们二人使用这种信息组织图来表示各种可能的备选路径。它可以帮助教师、学生和家长绕开远程学习的障碍，因为所有的挑战和解决方案都清晰地呈现在所有人面前。某条路径包含三到五个独立要素还好，如果包含更多，就超过了大多数人的认知能力。类似上面这样的流程图可以让读者从不同角度看待问题，并高效地找到问题的关键。

## 本·兰森(BR)

> 个人和社会之间存在的性别不平等的现实既混乱又复杂。关系图可以把有意义且可迁移的模型可视化。尽管如此，我们还是需要花时间将关系图一部分一部分地介绍给学生，并在这个过程中逐步构建知识、不断检查学生的理解程度。

**职务：** 助理校长
**学科：** 地理
**学段：** 中学（11—16岁）
**单位：** 埃及开罗埃尔阿尔松英国国际学校

### 你画的关系图不是很复杂吗

是的，但这正是问题所在。导致尼日利亚人口高速增长的因素是复杂且相互关联的。要想真正了解原因，需要做大量的整理工作。关系图是很好的工具，可以用来展示这些因素是如何相互影响，导致妇女的机会遭到系统限制，且童婚现象持续存在的。学生需要时间理解其中的原理。如果不能先弄清关系图中名词的含义，就不能理解完整的关系图。学生在工作记忆负担相对较小时，才有机会看到各部分是如何如拼图般组合在一起的。如果学生不理解什么是嫁妆或者什么是殖民遗产，那就意味着我们在避免认知过载方面做得还不够好。

### 你如何向学生介绍它

逐步展开，找到因果，以终为始。我们知道尼日利亚的生育率很高——这是可以测量的。我们也知道，尼日利亚并不是唯一的高生育率国家。因此，我们提出下列问题：

- 安全避孕将如何影响生育率？
- 降低受孕的可能性会降低生育率吗？
- 为什么我们会认为在那些年轻人接受了性教育和生殖健康教育的地区生育率会更低？
- 如果年轻人没有机会接受这种教育呢？
- 如果资助计划生育诊所事项在政府预算中不是高度优先事项，怎么办？
- 为什么政府部门中女性比例高，上述事项就有可能成为优先事项？

### 只有尼日利亚是这样吗

我们通过因果链条找到心智模式，将行动及其后果（无论有意还是无意）联系起来。我们向学生示范如何根据人口统计数据进行思考，帮助学生建构分析性别平等问题的框架。虽然性别不平等在尼日利亚表现为高生育率，但在其他地方可能会有不同的表现方式。为了参与人类更广泛的对话，学生需要一个源于但高于尼日利亚模式的信息组织图，来帮助自己分析更多地方的性别平等问题。

## 奥卢耶米·奥洛耶德

> 尼日利亚妇女在选举及任职上的平均参政比例为6.7%，远低于22.5%的全球平均水平。
> Oloyede, 2016

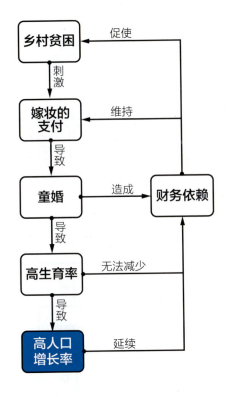

## 你如何挖掘信息组织图的价值

在能够从相互作用中建立意义之前，学生已经用了几个星期的时间来理解相关问题。在花时间设计整个关系图后，先使用单独的链条来帮助学生理解相关问题是非常有价值的。不平等、贫困、乡村孤立、政府优先事项、父权价值观和殖民遗产等概念既庞大又复杂。在不断引入因果链条的过程中介绍相关问题，提高了学生对名词进行视觉组织的熟悉程度。在整个规划过程中，信息组织图还充当了我的备忘录，便于我对每个链条进行教学反思。这节课我们需要从之前的经历中吸取什么经验？这有助于我思考排序问题，确保尽早引入想法，以便更好地回忆相关信息。

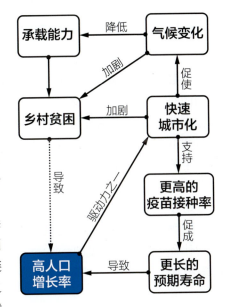

随着分组陆续增加，复杂性也在增加。但是他逐渐增加分组的做法，避免了学生认知过载。

## 当学生准备好了，你如何分享

为了让你更好地理解本的严谨设计，我们把他的关系图分成几组展现。他也是这样展现给学生的。

打印出来。关系图有大量信息需要处理。我们先观察结构。为什么将殖民遗产和父权价值观放在中间还加了蓝框？这表示其影响和意义吗？只要学生理解

了这张图从中心向外辐射并最终汇聚到高生育率上的原理，我们就可以开始分析某些想法及其关系。我通常会花一整节课的时间让学生在各自的图上做注释，我通过注释来检查他们的理解程度。

## 布局如何为检查学生的理解情况提供支持

针对每个连接动词都可以提出很多问题。首先是概念释义方面的问题。什么是乡村贫困？它的标志可能是什么？如何衡量它？它与城市贫困有何不同？然后我会问学生关于连接的问题。为什么乡村贫困会刺激人们支付嫁妆？为什么童婚会造成财务依赖？我可以针对连接动词设计具有挑战性的问题：为什么殖民遗产和父权价值观的影响延续了支付嫁妆的习俗，并助长了童婚现象？我发现在思考选择哪些连接动词时，可以进入奇妙的探究世界。助长和延续有何不同？还可以使用哪些同义词？我让学生对相似的主题进行分组，使他们认识到即使不考虑教育政策，结果仍然是相同的。如果完全依赖学生的工作记忆，就无法传递这样的想法。

## 学生能用这种理解做什么

理想的情况是，学生能够相信，男女都应该享有平等的权利和机会。从短期来看，学生可以借助关系图来完成写作。简单地说，为什么尼日利亚的人口增长率很高？图中的名词和动词，降低了写作结构的认知难度，释放了工作记忆，让学生能够专注于借助动词和名词来造句、扩句。结果是显而易见的。

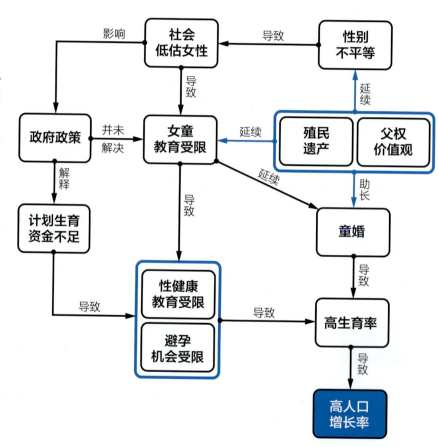

➡️

地理是一门建立在跨学科知识基础上的学科。使用信息组织图可以帮助学生识别并建构大概念之间的丰富联系。本以非常巧妙的方式在关系图中呈现了复杂的内容，令人赞叹。对他来说，使用关系图的过程比关系图本身更重要。的确应该如此。虽然有人担心这样的信息组织图将知识过度简化了，但请记住，我们的目的不是让学生学习这张图，而是把

## 尼日利亚的高人口增长率
## 来自本·兰森

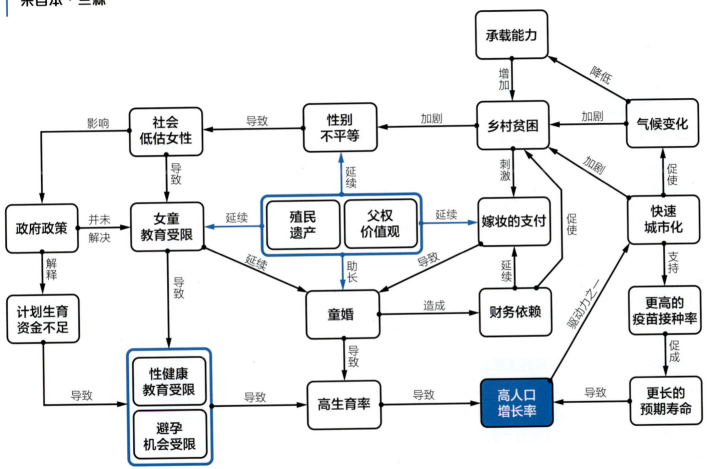

这张图变成理解意义的入口。考虑到大概念的复杂性和彼此间数不清的联系，学科专家之外的人在仅使用文字的情况下是很难理解这张图所传达的意义的。也就是说，关系图可以让本的学生深入理解知识是如何组织的。与每个花了大量时间思考如何构建信息组织图的人一样，本在绘制关系图的时候遵循了分割、组块、对齐和克制的原则。他在复杂信息组织图的平面设计方面眼光独到。

## 布雷特·金斯伯里(BK)

> 当学生提取最近获得的知识来选择合适的句子结构时，信息组织图有助于避免信息过载。

职务：科学学部副主任
学科：生物
学段：中学与继续教育（11—18岁）
单位：诺维奇市立学校

### 为何及如何选择这种信息组织图

比较是生物学中常见的知识组织方式，这既因为生物的巨大多样性，也因为生物是在大约39亿年前从共同祖先进化而来的。这就使生物有机体拥有了共同的生物组成部分，也产生了精准的差异，物种分类由此形成。从我的比较示例中可以看出，类似于现代鱼类所拥有的单循环系统，是鸟类和哺乳动物双循环系统的前身。它们都是循环系统，但又存在着单系统与双系统的关键区别。对这样的单一连续比较，维恩图或双放射图能发挥最佳作用。虽然大多数学生都熟悉维恩图，但我发现学生在使用维恩图时存在很多问题——从构图糟糕（如画出的圆圈太小，几乎无法重叠上，也写不下内容）到解释问题（有些学生就是不明白不同区域的含义）。双放射图是对维恩图的改进，原因有二。首先，用直线将异同点直接连接到比较的对象，这对学生来说更加具体。其次，层级关系或对应关系可以呈现更深层的异同。

### 如何在你的课堂上介绍它

生物学科中比较无处不在，这意味着像双放射图这样的信息组织图有很强的实用性，非常值得花时间教学生构建和解释它。我认为这是最容易教会学生独立使用的信息组织图之一，因为它的空间排列与我们熟悉的维恩图相同（中心相似点和外围不同点），只需要考虑两个对象的连接即可。最初，我会在教学阶段中分块创建双放射图，首先解释具体方面（心脏结构）的异同，然后再转到抽象方面（系统压的差异）。学生已经看到了创建并使用信息组织图的清晰示范，这意味着我可以在以后的教学过程或自测家庭作业中，用它进行信息提取练习。

### 信息组织图如何支持其他策略

除了最初的内容教学和后来的信息提取练习，我还利用双放射图的组成要素帮助学生写出比较句。图中对差异的排列，有利于我进行两两比较。我示范了如何用图来完成比较句，如：鱼类循环系统的心脏有两个腔室，人类的心脏有四个腔室。还可以给双放射图加上注释，来展示如何用词汇表达相似点（两者都、共同的、类似的）和不同点（然而、但是、可是）。

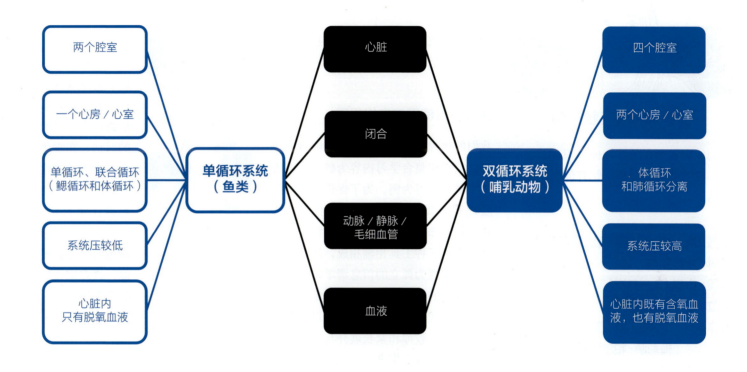

布雷特的双放射图设计精巧。双放射图展示了两个对象的异同，中间连起来的部分是相似之处。布雷特有效运用配色以凸显异同，还运用了对齐原则以便对比。这样，他就能帮助学生根据预期的学习目标（即写出比较句）来组织知识。

## 凯瑟琳·阿克顿(CA)

> 我们的家长正在关注如何组织孩子的学习，以帮助他们增强记忆并创造有趣的对话。

**职务：班主任、写作和语法课负责人**
**学科：社区参与**
**学段：小学（3—11岁）**
**单位：五月花社区学院**
**合作伙伴：伊莎拉·罗伯茨（高级助教）、**
**　　　　 梅莉萨·帕尔默（学校家长）**

### 为何把信息组织图介绍给家长

教师在学校使用信息组织图。这不是秘密，我们没有必要隐瞒。我们通过让家长理解有效学习的方法，实现家校合作，培养对学生成长共同负责的文化。把信息组织图介绍给家长，让我们的教学技术变得更加公开透明。这些技术能帮助学生把在学校学到的东西迁移到课外，甚至是家庭对话中。

### 家长如何使用信息组织图

我们的远程学习策略以学生能够自主选择、组织和整合学习内容为核心。以历史学科的学习为例。为了促进学生的深度理解，我们将信息组织图和另外两种工具（知识组织图和分层词汇表）结合起来。三种工具相辅相成，让学生不再把知识视为孤立的信息清单，而是主动寻找新的学习内容，并将其定位到跨学科的图式之中。这些工具可以激发学生、同伴、教师和家长展开与学科有关的对话。学校工作进一步扩展，通过量身定制的家长线上工作坊，家长得以支持自己的孩子在家中自主选择、组织和整合学习内容。

### 信息组织图是如何影响家长的

由于家长的积极参与，学生在家中能够以更大的信心记住远程学习某课程领域

**伊莎拉·罗伯茨**

**梅莉萨·帕尔默**

> 这些工具可以激发学生、同伴、教师和家长展开与学科有关的对话。

的学科知识，学生和家长的好奇心都被激发出来。家长已经意识到在纸上组织想法的重要性，了解到信息组织图能够把新旧知识联系起来。我们希望家长能借助这个工具鼓励孩子，并进行有意义的对话，在学生自主选择、组织和整合学习内容的过程中发挥积极的作用。最重要的是，将信息组织图介绍给家长，可以让家长和学校采用一致的方法支持学生，并把家校联系在一起。家长渐渐也有能力教授、分享自己掌握的新技能，许多家长现在已经准备好举办自己的工作坊了。

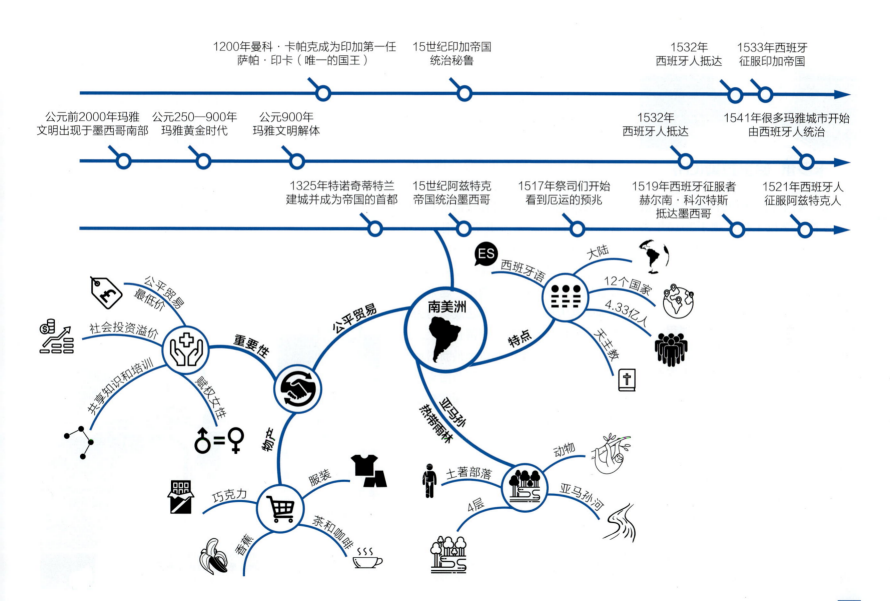

1200年曼科·卡帕克成为印加第一任
萨帕·印卡（唯一的国王）

15世纪印加帝国
统治秘鲁

1532年
西班牙人抵达

1533年西班牙
征服印加帝国

公元前2000年玛雅
文明出现于墨西哥南部

公元250—900年
玛雅黄金时代

公元900年
玛雅文明解体

1532年
西班牙人抵达

1541年很多玛雅城市开始
由西班牙人统治

1325年特诺奇蒂特兰
建城并成为帝国的首都

15世纪阿兹特克
帝国统治墨西哥

1517年祭司们开始
看到厄运的预兆

1519年西班牙征服者
赫尔南·科尔特斯
抵达墨西哥

1521年西班牙人
征服阿兹特克人

公平贸易
最低价
社会投资溢价
共享知识和培训
赋权女性
重要性

南美洲

ES
西班牙语
大陆
12个国家
4.33亿人
天主教
特点

公平贸易

物产

巧克力
香蕉
服装
茶和咖啡

亚马孙
热带雨林

土著部落
4层
动物
亚马孙河

## 卡罗尔·哈里拉姆(CH)

> 卡罗尔·哈里拉姆和奥利弗一起在伍德兰兹特殊学校工作。她于2016年去世。在此向既专业又无私的她致敬。

## 避免认知过载

卡罗尔教的是3—19岁全学段课程。下页的图就是她在教学时使用的。卡罗尔面临的问题是如何既覆盖和个人安全与卫生这一话题相关的所有内容，又避免学生认知过载。一个巧妙的解决方法是使用嵌套图。这张图的上半部分显示了个人安全与卫生将涉及哪些内容，下半部分是对某个话题（比如卫生）的详细阐述。通过这种方式，卡罗尔能够让学习内容缩放自如。

## 嵌套图

2008年，弗雷德里克·里夫的《认知科学在教育中的应用》一书，以地理地图为例，描述了我们是如何熟悉这一工具的。他解释说，先展示一张全国地图，指出需要进一步探索的行政区。然后展示行政区地图，指出目标村落所在的位置。最后展示村落及其周边细节的地图。卡罗尔用完全相同的方法，向学生展示了个人安全与卫生研究的大概念。接着她又展示了一系列图示，越来越具体地丰富大概念。这个方法成功的关键在于，她始终将这些图保留在墙上。这样一来，在与学生一起研究最新图示所呈现的细节时，她就能够不断回头参考先前展示的全景图，让学生探索并连接更多的信息。

## 先行组织者

卡罗尔的另一策略是运用戴维·奥苏贝尔（Ausubel, 1960）提出的先行组织者。他强调有意义的学习及其维持，论证并研究了一开始就给学生提供主要概念或原理的好处。这样一来，学生在遇到后续细节时，就可以将这些细节放在更适合的位置。这被称为"类属"（subsumption），它在意义上接近让·皮亚杰（Piaget, 1952）对图式发展的解释。

## 戴维·奥苏贝尔

> 先行组织者的目的在于支持有意义的学习。
> Ausubel, 1978

卡罗尔的学生用文字、符号和实物在魔术贴白板上画图。

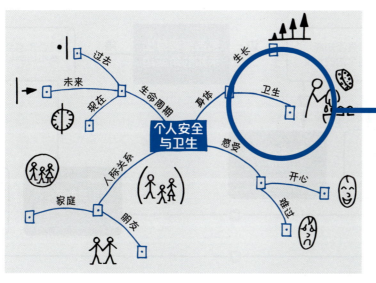

嵌套的知识结构

2006年，奥利弗和蒂娜·德特里奇在《特殊儿童》杂志的一篇文章中，讨论了特殊学校中符号的线性使用。但是卡罗尔的实践表明，符号在非线性使用中可能更有益。左图即是例证。

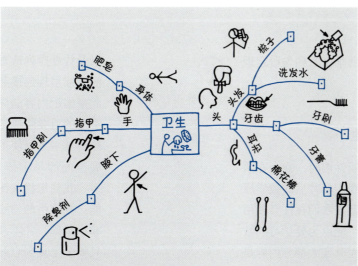

## 让想法变得生动

符号在特殊学校里已成为交流的支柱，也在越来越多的主流环境中占有一席之地。在这篇文章中，**奥利弗·卡维格利奥里**和**蒂娜·德特里奇**解释了原因，并讨论了在未来这些"可视化工具"将得到怎样的运用。

## 夏洛特·霍索恩(CH)

> 数学是一张巨大的相互联系的概念网，有时候你可以选取一小部分，向学生展示其间的联系。这就是信息组织图对数学教学非常有价值的地方。

---

**职务：副主任**
**学科：数学**
**学段：中学与继续教育（11—18岁）**
**单位：圣约翰·费舍尔天主教学校**

### 为何在你的课堂上使用信息组织图

虽然我不喜欢把数学之美简化成一系列过程，但是信息组织图对我来说并不是这样的"简化"，而是直观呈现有意义的过程、决策、比较的工具。数学的学习环环相扣，因此我选择用信息组织图向学生展示数学知识的联系，激发学生寻找并绘制自己的图解来连接相关内

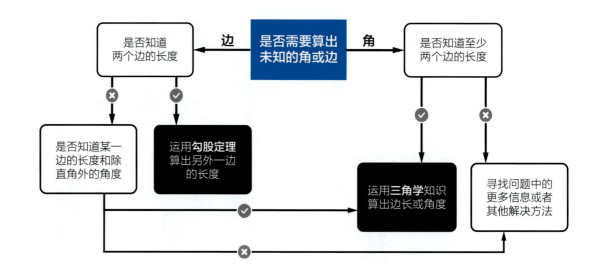

容。我用决策树帮助学生看到勾股定理和三角学的关系。

### 如何把它教给学生

在教授线性序列或线性图时，我会在两个要素之间画出连线。其背后的数学原理可能非常相似，但是我们往往会使用不同的术语。学生可能以为要学习的数学内容是不同的，而其实大部分内容是相同的。我使用了流程放射图的一部分

> 我选择用信息组织图向学生展示数学知识的联系。

以及线性序列或直线方程的示例，必要的时候呈现连接起来的流程放射图，以此来揭示内容的异同。方法选择是数学学习的重要组成部分，根据我的经验，绘制学生可以使用的、表述清晰且有扩展空间的基本信息组织图可谓好处多多。我使用树状图来培养学生的这种技能。我使用的勾股定理与三角学决策树非常基础，并不涉及复杂的细节，但是只要学生见到它并加以使用，就可以创建自己的决策树—— 一个用于学习勾

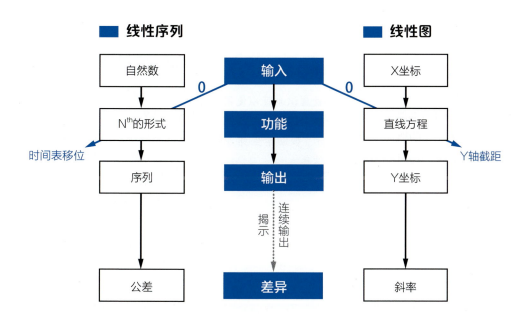

**线性序列**

自然数 → $N^{th}$的形式 → 序列 → 公差

时间表移位

**线性图**

X坐标 → 直线方程 → Y坐标 → 斜率

Y轴截距

输入 → 功能 → 输出 → 差异

0       0

揭示 / 连续输出

股定理，一个用于学习三角学。学生在练习或者考试时看到的问题，有时比三角形的问题要复杂。我鼓励学生思考如何在信息组织图中添加相应元素，以更好地求解三角函数。学生添加的元素往往包括矩形的对角线或者平行四边形的高。

## 如何及为何向学生介绍信息组织图及其结构

学生花时间讨论了相关内容后，我使用了前面提到的两种信息组织图。这些信息组织图并不那么明确或详细。它只是学生讨论的基础，用于帮助他们构建方法选择的思维过程，或凸显数学不同领域知识之间的联系。当我发现这是向学生传递专家思维的最佳方式时，我就会在课堂上手绘许多类似的图解。我的目标是让学生了解信息组织图的不同结构及功能，这样他们就能以自己的方式来使用它们。

夏洛特对我们说出了她的担忧：信息组织图传递想法的效率太高了。这也是我们多次听到的。但夏洛特有足够的经验，知道信息组织图是为学习过程服务的，它们并不是学习本身。她使用两种信息组织图帮助学生在外部记忆空间排列数学知识，因而学生可以自由地思考数学问题，不需要花力气去回忆步骤。这并不是说回忆步骤不重要，而是说要让信息组织图变成帮助学生学习的脚手架，等到他们能够按要求提取有关步骤的信息后再拆除。此外，夏洛特的信息组织图明确展示了两个不同数学内容的相似性。她在持续激活学生的原有知识，从而增加新知识在大脑中被成功编码的机会。夏洛特和学生分享的正是数学的专家思维。

# 克里斯蒂安·穆尔·安德森(CMA)

> 概念图让学生看见或反思的，不仅仅是联系，还有如何将某个概念纳入更基本、更广泛的概念。

---

**职务：** 教师
**学科：** 生物
**学段：** 中学与继续教育（11—18岁）
**单位：** 橡树屋学校

---

## 为何使用信息组织图

生物学科的内容非常多，尤其是生物体各组成部分的名称和功能，这会分散学生对潜在意义的注意。但是在考试中，学生往往又要靠这些细节拿分。所以我有两项主要压力：确保学生既学到新知识，又发现其中的意义。我认为概念图是非常棒的实用工具。

## 你如何创建概念图

约瑟夫·诺瓦克在试图理解戴维·奥苏贝尔学习理论框架下的学生思维时开发了概念图。因此，诺瓦克的概念图不仅仅用箭头连接不同对象，还将不同的概念组织成层级结构，从更抽象概括到更详细具体。

## 概念图如何支持你的学生

在生物课上，我不断向学生提出关于新旧知识的探究性问题。然而问题和内容太多，我发现学生经常会忘记一以贯之的线索：概念之间的联系。有一天，我意识到可以使用概念图进行现场演示，帮助学生组织信息。这样，随着我不断延伸提问，白板上的概念图就呈现出概念之间的联系。学生现在能够追踪我提问背后的推理，也许还能看到他们以前没有想到的联系。概念图也可以用作常规的示范，特别是在需要反思内容结构的时候——我经常在内容不断丰富的过程中对概念图进行重组。

> *我意识到可以使用概念图进行现场演示，帮助学生组织信息。*

> *学生现在能够追踪我提问背后的推理，也许还能看到他们以前没有想到的联系。*

## 概念图如何帮助学生看到全貌

生物这门学科研究的是因果关系，即从原因到结果之间的步骤。因果关系通常用流程图展示。然而奥苏贝尔理论的核心在于，那些没有将知识联系起来的学生，只不过是死记硬背而已。就算他们可以一字不差地回忆起所学知识，却无法解释这一切意味着什么，以及它们之间的联系。因此，我发现使用概念图的另一个好处是，可以把学生的注意力从表现因果关系的流程图上移开，看看如何从概念上组织课程内容，而不是将其视为一系列步骤。我发现这是一个很好的方法，可以帮助学生将这个过程与生物学中发现的更广泛或更基本的规律联系起来。

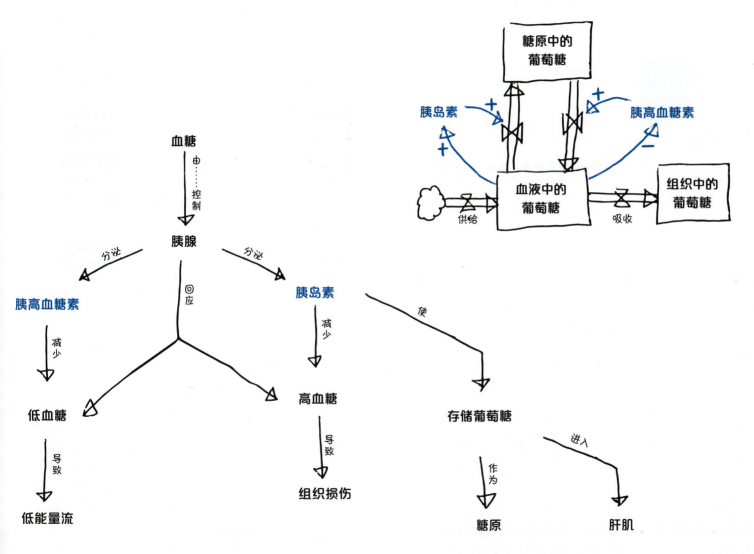

克里斯蒂安使用概念图作为元认知工具。通过现场绘制概念图，他让学生看到他的专家思维。他经常提炼和改进自己的想法，他的学生也沉浸在这样不断迭代的认知循环中。对师生来说，不依赖信息组织图，要在大脑内部完成这种水平的认知几乎是不可能的。

## 克莱尔·马登(CM)

> 信息组织图有助于学生将抽象的概念、论点和想法提取出来，在纸上进行组织。

**职务：** 教师
**学科：** 英语
**学段：** 中学与继续教育（11—18岁）
**单位：** 爱尔兰格兰米尔社区学院

### 为何选择这种信息组织图

我选择的是概念图。我在阅读各种类型的文学性文本（戏剧、小说或电影）后使用。理解文学性文本设定的世界是非常复杂的任务，学生必须努力理解文本的自然、社会、文化背景以及由此产生的社会等级制度，还必须弄明白各种角色错综复杂的关系以及角色如何受环境的影响。为了避免认知过载，我使用概念图来直观地组织文本所设定的世界。

### 如何在课堂上使用它

1. **罗列** | 我把角色名分别写在不同的便利贴上，然后把便利贴都贴在黑板上。

2. **分类** | 我让学生思考如何为角色分组。是什么把角色联系在一起？亲情？友情？宗教？种族？工作？在达成共识后，重新排列黑板上的便利贴。

3. **分级** | 我让学生思考文本中描述的社会等级。谁权力最大？谁权力最小？性别、种族或宗教是否决定了某些角色在

步骤1：罗列

步骤2：分类

> 为了避免认知过载，我使用概念图来直观地组织文本所设定的世界。

等级制度中的地位？达成共识后，在不改变角色分组的情况下重新排列黑板上的便利贴。

4. **联系** | 我们先研究所有角色之间的关系或联系，为每个联系画一条线，并且为每种关系命名。然后学生根据我们一起创建的模板来绘制自己的信息组织图。在这个时候，如果符号和颜色对揭示文本的意义是必要的，我们就要明确使用规则。

**步骤3与步骤4：分级与联系**

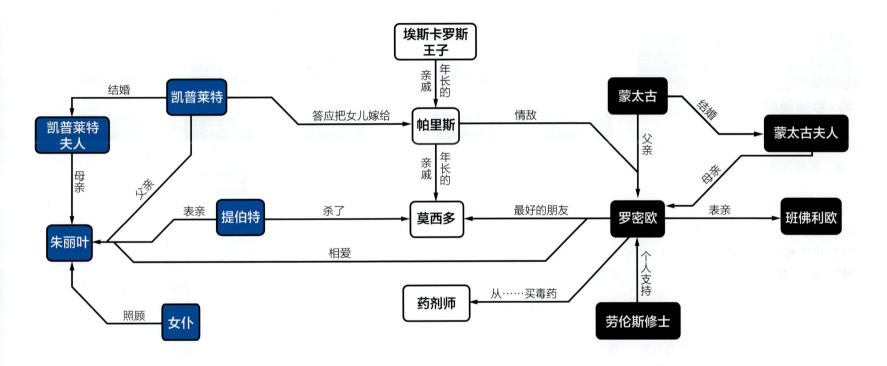

## 使用它有什么影响

学生必须理解并深入文本世界的各个方面，进行深入思考，以此来创建自己的信息组织图。这个过程减轻了学生的认知负担，使他们有足够的认知能力思考并深入分析文本中更大的问题。

## 完成后如何使用它

我的学生在信息提取练习中经常使用自己的概念图。我使用的信息提取策略之一，是让学生根据记忆重新绘制概念图。重新绘制好以后，我让学生对照原来的概念图，补充自己遗漏的信息，并用不同的颜色标记。这样学生就可以清楚地看到哪些是自己已知的信息，哪些是自己需要知道的信息。对需要额外支持的学生，我可能会让他们填写一张部分完成的概念图。已填写的部分会触发记忆点，帮助学生提取信息并完成概念图。每隔一段时间就重复此操作，可以最大限度地发挥概念图的作用。

## 丹·罗德里格斯－克拉克(DRC)

 **流程放射图将复杂的过程拆分为可控的步骤，促使教师明确各组成步骤。**

**职务：教学协调员**

**学科：数学**

**学段：中学与继续教育（11—18岁）**

**单位：马卡姆学院**

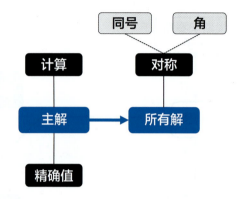

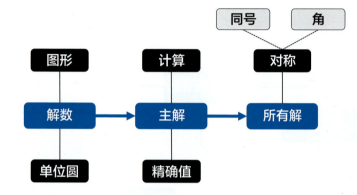

### 为何选择这种信息组织图

我选择流程放射图，是因为它符合我要传递给学生的目的。说明解三角方程的各个阶段，通常是相当复杂的过程。在这里，我用流程放射图将整个过程分解为四个相互关联的部分，并为每个部分找出若干次要方面。这张图也便于后续简化，帮助学生逐步了解全貌。简化这个复杂过程的目的，是减少学生工作记忆的负担。

### 如何在课上使用它

我用几节课的时间来创建这张图，这是一个复杂的过程。在这个过程中，我向学生展示了它是如何扩展更简单的想法的。第一步是教学生解最简单的三角方程，只涉及信息组织图的一部分（如上图）。在这一教学过程中，我先逐一讲解每个步骤，然后为每个步骤匹配示例，并用手势将示例的步骤与图中对应部分关联起来。接下来学生自己练习解同类题。第二步就要研究不同取值范围的方程，这些方程有不同数量的解。我

在学生第一步创建的图的开头增加了一个阶段，试图表明它们是同一个概念（如上图）。我采用的方法与第一步相同。学生对这个步骤有了信心之后，我在开头再增加一个阶段：化简。我们先后学习了"内函数""二次方"和"恒等式"，然后将它们分别添加到图解里。这三个部分是化简阶段的三个不同方面。

### 如何与其他策略结合

展示数学过程的流程放射图，是让学生参与信息提取练习和阐释的好方法。我使用汤姆·谢林顿和奥利弗的"复述与重画"策略，让学生向同伴解释流程放射图，同时用手指追踪图上的具体位置。

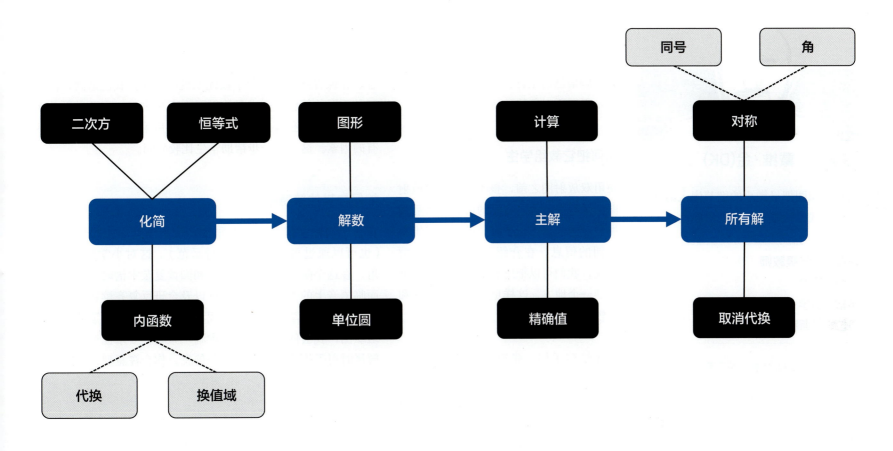

丹非常清楚数学是充满复杂过程的学科。他将流程放射图作为教学的可视化工具，把复杂过程拆解成了更可控的组成部分，让学生都能掌握三角方程。他将所有元素对齐，以便更清晰地呈现信息。他还使用箭头作为视觉隐喻，引导学生完成每个步骤。我们很容易就能看到丹的信息组织图是如何为学习过程服务的——为他的精心设计点赞。

## 戴维·金(DK)

> 信息组织图把最微小的细节嵌入清晰明了的图式，让读者理解其重要性。

**职务：四年级教师**
**学科：历史**
**学段：小学（5—11岁）**
**单位：温斯科特小学**

### 为何选择这种信息组织图

我选择的是双放射图。英国国家课程要求学习历史的小学生要"研究曾为国家和世界做出贡献的重要人物的生活"，并特别指出"应该比较不同时期生活的各个方面"。我选择用双放射图来比较蒂姆·皮克和尼尔·阿姆斯特朗。

这种信息组织图为孩子们提供了清晰的视觉线索来比较两个对象的异同。仅通过了解信息的位置，学生就可以确定它们是否属于对象的独特信息。

### 如何把它教给学生

使用双放射图之前，孩子们先使用放射图记录有关蒂姆·皮克的信息。然后使用另一张放射图记录有关尼尔·阿姆斯特朗的信息。在介绍双放射图时我解释说，我们可以把所有信息从两个地方挪到一个地方，这样更方便我们回忆和比较。

我先给孩子们一张空白的双放射图，写上两个比较对象：蒂姆·皮克和尼尔·阿姆斯特朗。然后，我要求他们用自己的放射图来查找每个宇航员的特定信息。如，找出每个宇航员的籍贯。如果孩子们发现两个人的籍贯不同，我就把这些信息写在双放射图四周。有孩子注意到两个人都是飞行员，我就把这个信息写在中间相连的位置，以此来表达共性。在能力不一的两人或多人小组内，孩子们需要继续完善双放射图的信息，在课程结束时再分享彼此发现的异同。我注意到，使用三种不同的颜色来完成双放射图更有帮助——用两种颜色来表示对象各自独有的因素，即差异，用第三种颜色来表示共有的因素。这能进一步帮助学生比较异同。

### 如何与其他策略结合

在孩子们记录信息时，鼓励他们使用图标作为回忆的提示（也可以通过可视化工具进行示范）。这对小学生尤其有用。在这个阶段，他们在拼写和阅读复杂术语时，可能仍然面临语音上的挑战。使用图标以及全班反复齐读新词汇，有助于孩子们分享知识。如果我和孩子们一起创建了某个信息组织图，我会使用"复述与重画"策略，要求他们在向同伴解释时用手指追踪图中的相关信息。你会注意到，我在底部还增加了一条时间轴。

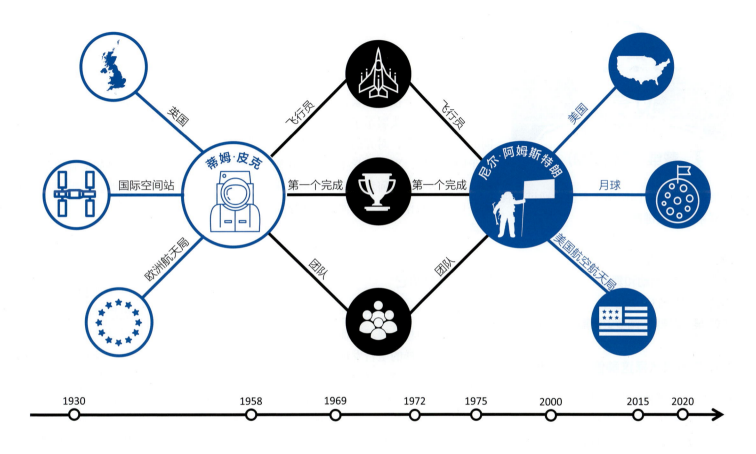

戴维创建了简明的双放射图，并配上了时间轴。他描述了学生如何先绘制两张单独的放射图，然后将两张图结合起来，以实施最基本的学习策略——比较。他把隐性工作显性化了。为了更清晰地呈现信息，他使用了不同颜色。这是非常好的设计。戴维正引导学生理解意义。

## 戴维·摩根(DM)

连贯的信息组织图使学生有机会通过可视化联系嵌入关键概念。

---

**职务:** 课程负责人
**学科:** 体育、运动和舞蹈
**学段:** 中学(11—16岁)
**单位:** 圣埃德蒙·阿罗史密斯天主教高中

### 为何及如何选择这种信息组织图

在考虑使用哪种信息组织图时,我的主要目的是避免误解,并分别列出可以整合在一起以便学生学习的信息,从而强化他们的认知图式。我希望学生在比较两个对象之间的联系时,能够将信息整合在一起。我将双放射图和概念图结合起来使用。不要害怕调整,要根据实际需求设计信息组织图,要让它符合你的预期目的,这样才能达到预期效果。双

放射图分别展示相同和不同的元素;概念图用连接词连接各元素,强化比较。图中的线条和箭头展示了优点和缺点之间的可视化联系,对齐的布局还使比较处于同一层级,更便于学生理解。连接词让学生学会了如何利用图中的信息来回答后续的写作问题,从而提高了学生的读写能力。

### 最初如何介绍它

我把完整的信息组织图放在学生的作业本里,并在白板上展示且通过讲解来强化。我认为这样的组合发挥了脚手架的作用,对学生理解关键概念至关重要。在之前的课上,学生已经借助信息组织图建立的连接知晓了相关的信息和解释。他们可以根据教师的讲解、问题及回答为信息组织图做注释。我很喜欢使用投影仪来示范如何做注释。

学生此前已经在课程学习中见过可以传递简单概念的信息组织图。虽然这是他们第一次用信息组织图来研究更复杂的

*要让它符合你的预期目的,这样才能达到预期效果。*

*我认为了解信息组织图的使用以及它是如何强化学习的,对学生来说是有益的。*

主题,但是他们对其结构并不陌生。因此,我没有正式介绍使用信息组织图的方法,即便如此,后面我仍会找机会介绍。我认为了解信息组织图的使用以及它是如何强化学习的,对学生来说是有益的。

### 是否结合其他策略使用

如凯特·琼斯在《信息提取练习》一书中所说,我们发现了从长时记忆中提取信息这一任务的重要性。我们可以使用结构化的方法,让学生填充没有文字的信息组织图,然后逐步让学生根据记忆画出来。我以前曾用图标来强化文字信息,但图像的整合应该慎重,只有在能强化学习的情况下才使用。在后续的课程中,可以用图标替换文本,这样一来,学生就有机会回忆与图像相关的信息,从而实现另一种形式的信息提取练习。

戴维设计了混合式信息组织图，充分利用了比较矩阵和概念图的特点。他将所有需要比较的元素一一对齐，并用箭头和线条连接起来。他对颜色的巧妙运用让设计变得清晰且严谨。在考虑选择哪种信息组织图时，戴维仔细考虑了预期用途，最终选择了比较矩阵和概念图相结合的形式。通常概念图可以呈现丰富的联系，同时还可以呈现层级结构。戴维的设计虽然没有丰富的联系或明显的层级结构，但包含了与概念图相关的中心句。需要比较的元素都由中心句连接起来。戴维用连接词来帮助学生完成比较类文章。

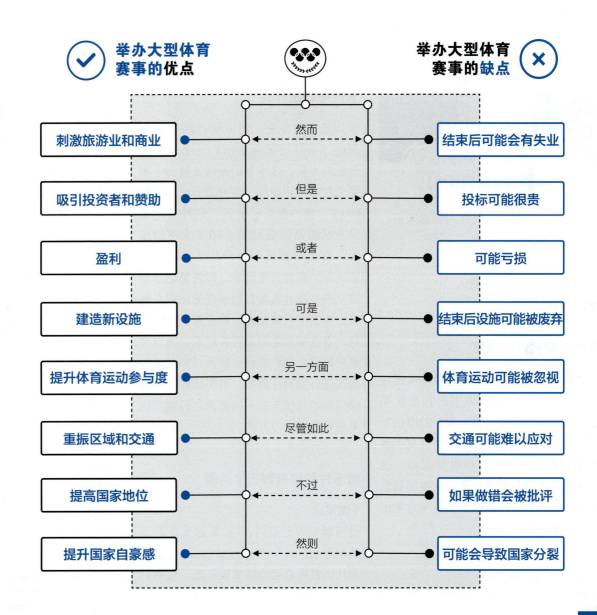

## 迪普·阿索克(DA)

> 真正的理解是将信息转化为概念知识，再将概念知识与心智模式连接。

**职务："档案运营"负责人**
**单位：辉瑞公司**

### 你的图解有什么含义

阅读是容易的，但理解阅读内容则需要付出努力。阅读一本书的几个星期之后，你是不是只记得一句话的概括？通常人们在阅读一本书时，会画重点或者在空白处做笔记，却很少温习。这样一来，大部分重点或笔记就被抛到脑后了。解决的方法就是：使用卡片笔记（smart notes）。

### 卡片笔记是什么

卡片笔记是申克·阿伦斯在2017年出版的《卡片笔记写作法》一书中系统介绍的方法。这本书的基础是社会学家尼克拉斯·卢曼的"卡片盒方法"（slip box）。据卢曼自己所说，这种笔记记录方法曾帮助他完成了70多本书的出版。那么普通笔记和卡片笔记有什么区别呢？在普通笔记中，每条笔记都是独立的，没有人意识到要将笔记联系起来。而在卡片笔记中，你会重温各条笔记，看看前后笔记是否有联系。要想在前后笔记之间积极建立联系，你需要对想法进行批判性思考。事实证明，在阅读时阐述想法并在不同想法之间建立联系是可靠的学习方法。

### 做卡片笔记有哪三个步骤

#### 1.做笔记

爱因斯坦曾经说过："如果你无法简单地解释它，你就不够理解它。"这就是为什么要用自己的话来做笔记。做笔记

> 在卡片笔记中，你会重温各条笔记，看看前后笔记是否有联系。

> 要想在前后笔记之间积极建立联系，你需要对想法进行批判性思考。

的目的不是摘抄，而是在阅读的时候积极思考，把知识转化为理解。边读边记也很重要，这样你就不会忘记彼时自己的想法。

#### 2.连接相关想法

做笔记可以让我们通过一个外部系统来思考并连接想法。当你积极做笔记的时候，你是在把写作当作一种思考这些想法并产生新想法的工具。做笔记的另一个原因是，思考在纸上发生就等于在自己头脑中发生。神经科学家尼尔·利维写道："纸质笔记或电子笔记，并不是让当代物理学或其他类型的智力活动变得更容易，而是使之成为可能。"

#### 3.建立心智模式

当你开始做笔记时，你就开始建立新的心智模式。心智模式是关于世界上的事物如何运作的内在表征。通过连接新旧想法，你不得不积极思考新想法是如何支持、反驳或补充那些嵌入自己现有心智模式中的现有想法的。随着时间的推移，你会看到，围绕某个内容出现了

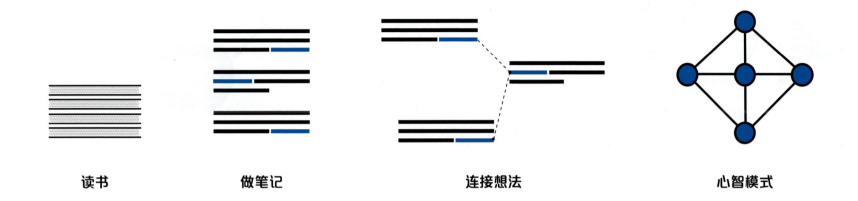

| 读书 | 做笔记 | 连接想法 | 心智模式 |

一系列相关想法。拥有这些笔记档案，你就永远不必再从头开始写论文或准备演讲了。你只需回到你的笔记系统，找出与你的论文或演讲最相关的想法，然后加以组织就可以了。卡片笔记是整合知识并消除写作障碍的首选方法。如果没有笔记系统，你的想法就会迷失在混乱的思维中。正如人们常说的那样："好记性不如烂笔头。"

显而易见，迪普的解释有助于提高学生记笔记的能力。在本书的第五章，你将看到中心句如何把分散的对象整合起来从而揭示意义。如果你不相信，可以读一读申克·阿伦斯有关卡片笔记的文章。迪普的图解完美地描绘了从外部线性信息到内部非线性表示的转换。你可以使用词语图解以避免语法的复杂性，通过空间关系揭示联系。当使用词语图解对笔记进行梳理时，学生就有了意义建构的强大工具。

## 埃利奥特·摩根(EM)

> 信息组织图是一种揭示复杂关系的手段，让看不见的变成看得见的。

**职务：** 首席教师
**学科：** 历史
**学段：** 小学（6—7岁）
**单位：** 圣文森特小学

### 为什么选择这种信息组织图

作为学校老师，我们意识到基础学科的知识没有得到足够的重视，我们希望在整个学习单元中解决这一问题。我们如何让抽象概念（如因果）变得容易理解？这在小学低学段是个重大挑战。我选择使用鱼骨图。我相信，通过把抽象的东西可视化，学生会发现它更容易理解，即使是6岁的孩子也可以学习伦敦大火事件。我需要一种能够同时

组织大量信息并展示信息之间连接的工具，这将让大脑的编码变得更容易。在这个案例中，我关注的是因果概念，但我需要减少与之相关的语言复杂性，让它更容易理解。鱼骨图很适合这种情况，因为它比简单的文本更有"计算优势"（computational advantage），而且它可以按相似的主题对原因分组，来表明更微妙的影响范围。它非常适合将整个单元中学到的各个知识片段整合成一个受共性约束的图式。毕竟，信息组织得越好，学生就越有可能记住。

### 最初如何介绍它

在整个单元中，我们一直在回答"为什么火势会蔓延"这个问题，并证明导致这一现象的不同因素。由于学生不熟悉鱼骨图和因果关系的历史概念，我首先向他们介绍了一个汇聚的径向图（如右上图所示）。它展现的信息虽与鱼骨图中的相同，但从更广泛的视角关注重要因素本身，而忽略建筑物、天气和人如何分别导致火势蔓延的信息。汇聚的径

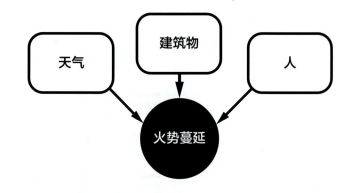

向图提供了更为浓缩的信息，可作为理解不同原因之间关系的起点。学生先接触缩小版，这样在后面使用放大版时就更容易。然后，我让学生完成一个为他们的任务搭建的、预先设计好的图解。我的目的是，随着时间的推移，学生能够独立创建自己的图解。

### 介绍的时候有顺序吗

有。我向学生展示了整个单元的四张信息组织图。我先从容易掌握的开始，慢慢搭建起更复杂的鱼骨图。在第一节课上，我使用流程图对伦敦大火事件进行排序，向学生展示年表的概念。在将信息转换成流程图之前，我用熟悉的故事板格式进行了示范。学生熟悉维恩图，他们曾在数学中使用维恩图比较形状。学生用自己绘制的维恩图来比较1666年的消防设备和现代消防设备。重叠的圆圈使学生看到了当时和现在的相似之处，有助于实现"理解在国家或全球范围内发生的史无前例的重大事件"的课程目标。

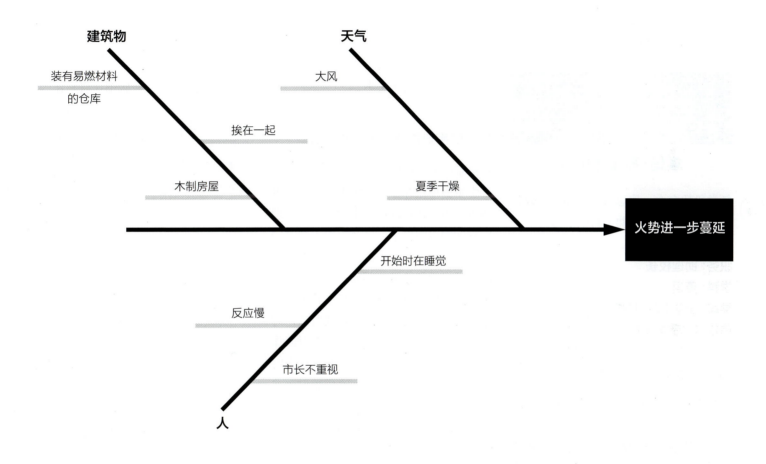

埃利奥特的图非常清晰。每个分支都与中轴呈45度角。他沿着浅灰色的线条写下每个原因，这样能让学生将注意力集中在原因上。鱼骨图是研究历史事件的理想工具，它能够揭示原因及其分类。很明显，埃利奥特要传递的想法是：建筑物、天气和人都是原因的类型，每个类型都包含更具体的原因。仅使用文本很难向小学生传递同样的意思。

## 埃玛·斯莱德(ES)

❝ 各学段教育中，信息组织图都是有效教学的基本要素，有助于长期学习。

**职务：** 助理校长
**学科：** 英语
**学段：** 小学（7—11岁）
**单位：** 哈特福德小学

### 为何在阅读课上使用信息组织图

一年前，我开始在英语课上使用信息组织图介绍一部复杂的经典儿童文学作品。期待所有学生都能理解它，就意味着视觉材料的选择和设计要有助于学生理解高难度文本，而且要尽可能降低认知负荷。在这一点上，信息组织图发挥了重要作用，帮助学生阅读了超过自己阅读水平的文本。学生在阅读时不仅能理解文本，而且能从中学到知识，并以

有意义的方式组织文本。

### 如何使用流程放射图支持阅读

在最基础的层面使用流程放射图，可以让学生简单跟踪主要的故事情节；如果运用得当，还可以让学生学会总结、理解复杂的时间叙事，以及根据前几章的流程放射图进行分析性预测。比如，删除信息组织图的某些部分，可以让学生快速提取信息并复习之前与主要事件相关的知识。完成空白的流程放射图，可以让学生准确定位主要事件，并以此作为提示写出复杂的总结句。对于存在时间线交替或并行的文本，流程放射图非常好用，能让学生在不迷失方向的情况下，从阅读高度复杂的小说中获益。

### 流程放射图产生了什么影响

我在三年级学生学习《狮子、女巫和魔衣橱》时使用流程放射图，并在各个章节的末尾把预先完成的图展示给学生。在每堂课的开始，我都会和学生重温这

*信息组织图发挥了重要作用，帮助学生阅读了超过自己阅读水平的文本。*

*学生使用流程放射图还可以更有效地利用课堂时间，更好地记住关键事件。*

张图，将它作为检测工具。每读完一个章节，我给学生的支持会逐渐减少，这样到了最后一个章节，学生就能够自己提取主要事件并排序，然后用流程放射图写出总结句或口述回忆内容了。

在撰写总结文章时，学生能够简单地回忆起关键事件和相应章节，这令我很欣慰，也觉得很不可思议。所有学生都可以重温流程放射图，独立找出证据，写作的自主性因此得到了提高。如果有学生缺课，流程放射图的特定次序，让知识差距一目了然，老师也很清楚如何支持。此外，学生使用流程放射图还可以更有效地利用课堂时间，更好地记住关键事件，从而释放工作记忆，用于应用知识或练习写作。

## 《狮子、女巫和魔衣橱》
### C.S.刘易斯

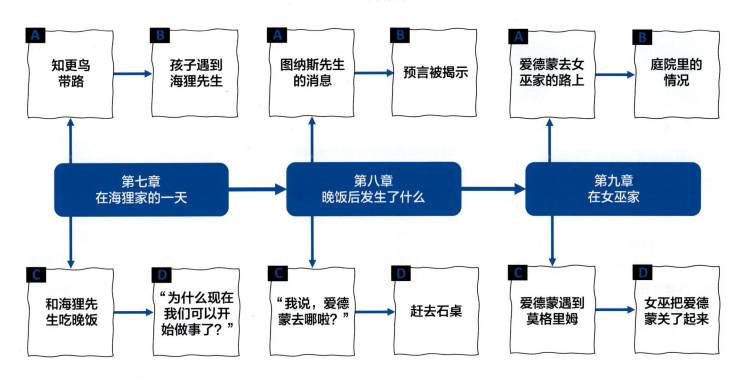

埃玛设计的流程放射图，将小说中的主要事件分解为可掌握的部分。有趣的是，她把各个文本框做成了故事板的格式。

尽管形式很奇特，但她并没有乱用颜色或字体。她用箭头代表情节的走向，还在每个主要事件中用字母ABCD来引导读者的阅读顺序，这样的安排非常巧妙。

## 伊芙·凯恩斯·沃兰斯(ECV)

**流程放射图帮我澄清自己的想法。它是很好的沟通工具，让我可以选择、组织、整合教师的持续专业发展工作。**

**职务:** 研究/持续专业发展负责人、阅读/拼读负责人、四年级班主任
**学科:** 持续专业发展
**学段:** 小学（3—11岁）
**单位:** 五月花社区学院

### 为何及如何选择这种信息组织图

学生会认知过载，老师也会。有多少次你听到了新信息却几乎什么都没记住？如果有人问"你能总结自己学到的东西吗"，你会如何回答？我们为所有老师设计了新的持续专业发展课程。信息有很多，我们先向老师们介绍理论和研究，然后开始新的学习模块。我们的持续专业发展方法经过了专门设计，通过螺旋式学习法来安排时间和空间。新学习会经过引入、嵌入、测试、创新的过程，这是一个精心规划的学习顺序。

所有老师都必须理解持续专业发展的学习顺序，因为我们的最终目的是鼓励老师相互支持，培养老师的专业性和个人自主性，从而帮助学生获得更好的学习成果。考虑到既要保证所有人都能清楚地理解学习顺序，又要避免认知过载，我选择使用流程放射图。

我们将流程放射图设计为四个主要阶段：引入、嵌入、测试、创新。这四个阶段是连续的、环环紧扣的。流程放射图最中间的部分清晰地展示了四个阶段，箭头的方向表明四个阶段之间层层递进的关系。四个部分的分支解释了从引入、嵌入到测试，再到最终的创新这一过程的影响因素。这些因素也由箭头相连，表明了它们之间的连续关系。缺少任何一个因素，整个过程的成功实施都会受到影响。

*学生会认知过载，老师也会。*

*当我使用流程放射图来辅助理解螺旋图时，老师们的反馈是非常积极的。*

### 最初如何介绍它

我先召开了一次全体老师参加的远程会议，介绍了持续专业发展方法和螺旋图的主要部分，以及接下来一年的日程安排和预习建议。随后的一周，我在面对面的部门会议上介绍了持续专业发展的流程放射图。

### 它的使用如何影响大家对持续专业发展方法的理解

当我使用流程放射图来辅助理解螺旋图时，老师们的反馈是非常积极的。他们认为，这样做使他们能够更清晰地理解新的学习内容。他们能够讨论持续专业发展的次序，明确每个阶段，提出并澄清期望。他们还要求未来的新学习内容都能用信息组织图来辅助理解。

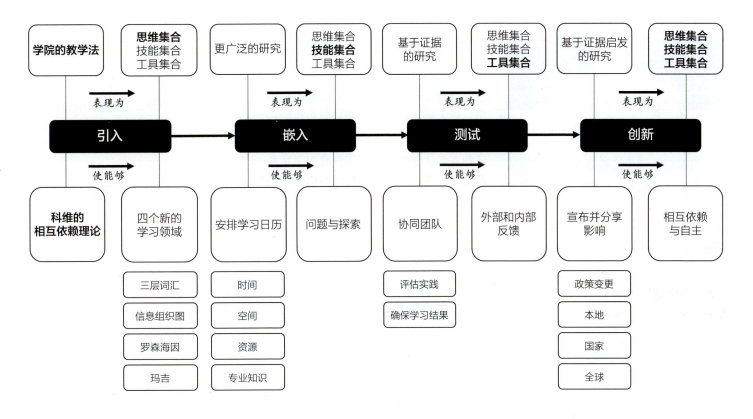

通过使用流程放射图展示内容，伊芙避免了信息转瞬即逝的问题。她遵循留白、对齐和排版的原则提升自己的设计，最终绘制出这张非常清晰的图。只展示基本信息进一步避免了认知过载，箭头又指出了清晰的方向，字号和字体的使用也确保了一致性。这一设计完美地展示了伊芙想要传达的信息。

# 法希马·瓦希亚特(FV)

信息组织图让学生能够分类和组织想法并以视觉方式呈现，使他们得以在学习中理解更深的联系。

**职务：四年级教师**
**学科：英语**
**学段：小学（7—11岁）**
**单位：约瑟夫·卡什小学**

## 为何在阅读课上使用信息组织图

在阅读课上学生发现，在没有视觉材料辅助的情况下，他们很难对想法进行分类并有效沟通。因此，我引入了信息组织图来吸引学生参与，进一步激发他们对文本的好奇心。这提高了学生根据所读内容建立有效联系并合理推断的能力。

## 如何在阅读课上使用输入输出图

输入输出图使学生能够检视文本中对角色发展有影响的主要事件。如果运用得当，输入输出图有助于我们对角色的经历进行排序，并确定每段经历的结果。这种方法让学生学会了如何将因果联系起来。先展示一张预先完成的信息组织图，可以帮助老师评估学生对主要事件的记忆程度。要求学生找出原因和结果，为他们创造了理解文本关键部分，并在讨论中继续用信息组织图作为指导的机会。这能促进学生围绕这些事件对角色的影响展开课堂辩论。输入输出图有助于学生比较自己的想法与同伴的想法，提升了学生的课堂参与度。

## 输入输出图是如何帮助学生的

我在四年级的阅读课上将这张图作为预先完成的信息组织图，展示了标题和问题。我提出开放性问题来帮助学生表达自己的想法，并推动课堂讨论，让学生能够共同建构知识。学生要提取出这一章的主要事件，讨论每个事件对角色发展的影响。信息组织图中的手写字是我希望学生讨论并概括的信息。比如，学生会识别并讨论虐待对哈利·波特外貌的影响。

在课堂上，看到学生仅借助信息组织图这个思维梳理工具，就能回忆起关键事件并利用文本中的证据成功推断，我感到不可思议。总而言之，适当运用信息组织图有助于所有学生表达自己的想法，与同伴进行积极讨论，让师生得以共同建构知识。

> 输入输出图有助于学生比较自己的想法与同伴的想法，提升了学生的课堂参与度。

> 这种方法让学生学会了如何将因果联系起来。

## 《哈利·波特与魔法石》

J.K. 罗琳 著

### 成长经历对哈利有什么影响？

**哈利被忽视**

哈利被姨父和姨妈忽视，经常吃不饱，只能睡在楼梯下。

**哈利没有得到公平对待**

没有得到与达力相同的待遇。没有人给他庆祝生日。

**家人害怕他的力量**

动物园里的玻璃消失了。当达力追他时，他最终爬上了屋顶。

**被自己的表兄欺负**

他难以交到朋友或找到与自己做伴的人。

**看起来比同龄人瘦小**

书中的描述是"比同龄人瘦小"，脸庞消瘦，膝盖骨突出。

**不确定自己的能力**

经常质疑自己的能力。他向海格提到，自己肯定会被安排在赫奇帕奇学院，因为这是"笨蛋"（第90页）的去处。后来在去霍格沃茨的火车上，他又对罗恩说："我敢打赌，我是班上最差的。"（第112页）

**勇敢**

学会反抗达力和马尔福的威胁。拯救了霍格沃茨并获得了魔法石。

法希马设计了一张非常漂亮的输入输出图。它非常适合她的教学内容和学生。同样让人印象深刻的是，法希马以它作为工具，提升学生公开分享想法的信心。她的信息组织图有助于学生思考关键事件并识别前后联系。

## 弗雷泽·索普(FT)

 信息组织图的简明有助于人们理解复杂的想法和动态的想法。在强调重点以及联系的过程中，理解得以逐步形成。

---

**职务：** 专业学习负责人
**学科：** 生物
**学段：** 中小学（5—18岁）及高等教育
**单位：** 澳大利亚墨尔本维多利亚动物园

### 为何选择信息组织图

维多利亚动物园关注27个地方性物种和濒危物种，致力于创造野生动物资源丰富的未来。我们从动物园的物种保护故事和研究中提炼案例，以此支持面向16—18岁学生的生物教学。我们开发了一系列在线信息组织图来描述案例，使学生能够从保护的视角，轻松习得真实世界的科学和复杂的课程内容。

### 如何使用这些物种保护案例

信息组织图是物种保护案例教学的一部分，该教学包括科学家介绍该物种的一段短视频，以及明确解释该信息组织图并揭示后续行动及其意义的画外音。师生可以在线观看视频，下载信息组织图。我们准备了全部完成和部分完成的信息组织图供学生填写或修改。我们的目标是支持课堂上的教与学，提供真实的案例，丰富课程内容，提升学生对物种保护的理解。信息组织图清晰地描绘了生态系统中相互依存的关系，这种关系仅靠文本是无法表达的。

### 如何与其他策略结合

除了全部完成和部分完成的信息组织图以及在线讲解视频之外，我们还提供了视频文稿和包括小测验的教师使用指南。这些信息组织图的设计，旨在让教师能够更灵活多样地使用视频、信息组织图、视频文稿和小测验，以此提升学生的理解。我们建议根据信息组织图来游览维多利亚动物园，将案例研究与体

 信息组织图清晰地描绘了生态系统中相互依存的关系，这种关系仅靠文本是无法表达的。

 师生可以在线观看视频，下载信息组织图。

验式学习和实地调查结合起来。我们还围绕如何在特定的教学情境中更好地利用物种保护案例，为教师提供辅导和专业学习课程。

---

弗雷泽曾绘制过一张食物网图。这种信息组织图在生物课和地理课上很常见。弗雷泽这张图的层级结构清晰地呈现了物种的分类，而这些内容仅靠文本是无法清晰表达的。也就是说，信息组织图是高效的。弗雷泽在线条交叉处做了透明处理，从而避免了混乱。

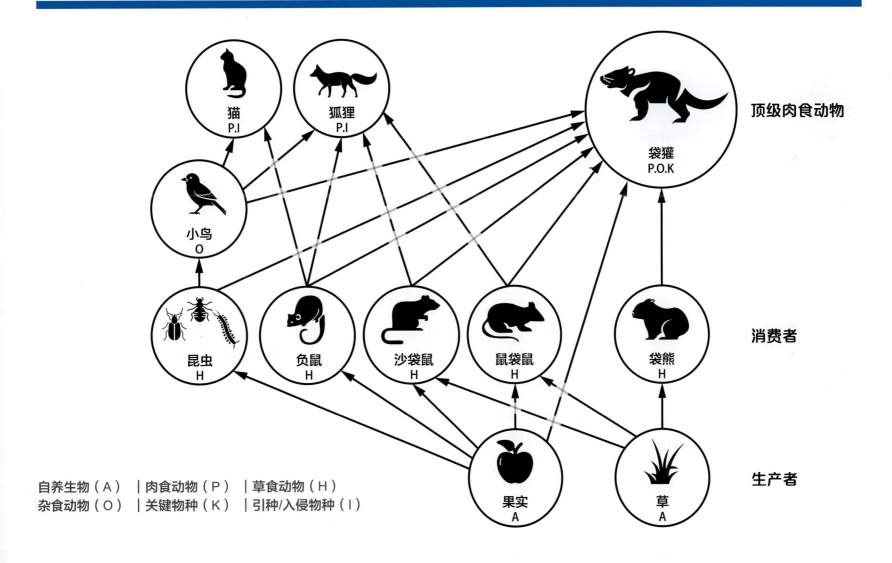

顶级肉食动物

消费者

生产者

自养生物（A）｜肉食动物（P）｜草食动物（H）
杂食动物（O）｜关键物种（K）｜引种/入侵物种（I）

# 乔治·弗拉乔尼科利斯(GV)

> 作为沟通工具，信息组织图可以简明有效地传递重要概念，方便使用者后续填入细节。

**职务:** 部门负责人、专业导师
**学科:** 经济
**学段:** 中学与继续教育（16—18岁）
**单位:** 海丁顿学校

## 你一直使用信息组织图吗

在成为教师之前，我在军队里工作了将近七年。在军事规划中，我们始终需要绘制所谓的"效果示意图"。它与信息组织图类似，以视觉图像的方式传达军事行动的所有关键要素。比如，有一些符号表示兵力的强弱，有一些符号表示战场上决定性行动的同步性。好的效果示意图可以在不丢失重要组成部分的情况下快速传递信息。

## 这张信息组织图展示了什么

与军事效果示意图类似，本案例的这张信息组织图展示了英格兰银行降低银行利率对各方产生的影响。比如，英格兰银行想要影响资产价格（提高资产价格），就会导致家庭支出进一步增加。图中采用虚线而不是实线，表示这只是意图，而不是具有直接因果关系的事实。英格兰银行没有权力直接提高房屋等资产的价格，只能间接影响价格。

## 如何在你的教学中使用它

我在货币政策这一主题的最后使用了这个模型。它是很好的总结和复习工具，甚至是很好的终结性评估工具。我肯定不是第一个尝试用流程图来解释货币政策的人，但我的设计源于军事效果示意图对我的影响。我相信信息组织图在练习信息提取方面能发挥重要的作用。比如：

> 好的效果示意图可以在不丢失重要组成部分的情况下快速传递信息。

> 它是很好的总结和复习工具，甚至是很好的终结性评估工具。

- 我用 ABC 助记符来帮助学生记忆各影响对象。军人都喜欢助记符。
- 蓝色圆点（无论大小）都表示可以被拆解的对象，类似于军事效果示意图中的"敌人"。利用这张信息组织图进行复习的学生，应测试自己能否在一篇文章中分析这些评估点。比如，降低银行利率可能导致货币贬值，但这取决于可能影响汇率的一系列其他因素。
- 虚线表示的是意图，而不是直接的因果关系。
- 使用图标有助于学生记住知识。
- 结果用黑体字表示，强调关键作用。
- 箭头方向代表的是从起点到最终目标的过程。

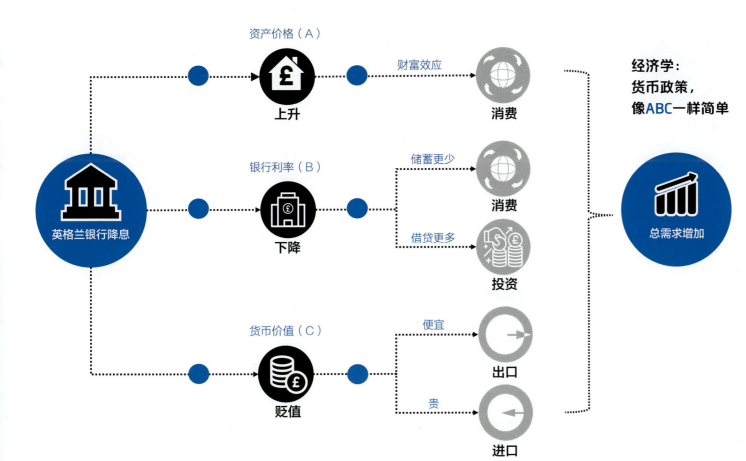

资产价格（A）

财富效应

上升

消费

银行利率（B）

储蓄更少

消费

下降

借贷更多

投资

货币价值（C）

便宜

出口

贬值

贵

进口

英格兰银行降息

总需求增加

**经济学：
货币政策，
像ABC一样简单**

乔治的故事展示了其他行业如何利用图解来传达意义。商业等行业很早就知道，公开想法，更有可能达成共识。从结构上说，乔治的图解不属于我们的四种分类，而是混合结构。他巧妙运用图形特性，这比仅运用文本更直接地传递了意义。

## 海伦·雷诺兹(HR)

> 概念图是学生对学科知识进行缩放的工具。联系的可视化推动了意义建构，意义建构又强化了图式。

**职务：教师**
**学科：物理**
**学段：初中（八年级）**
**单位：美国亚利桑那州图森市格雷戈里学校**

### 为何绘制这种信息组织图

在我教授的整个中学物理课程中，概念图是一个先行组织者。从各种有关认知科学原理的书籍和文章中接触了知识"缩放"的观点以后，我画出了物理课程的概念图。我想让学生看到我是如何看待这门课程的——虽然我们会出于必要的考虑而依次教授一系列学科主题，但所有内容都是相互关联、相互支持的。因此我选择了概念图。思考图中每个箭头上方"这样你就可以"的部分，有助于阐明在不同主题之间建立联系的基本原理。

### 如何使用这种信息组织图

课程开始时，我会花时间与学生讨论学习和记忆是如何发生的，给他们看关于工作记忆和长时记忆的图表，并讨论信息提取练习。我介绍了图式的概念，然后展示了一张只有标题的概念图，让学生在空白方框里填上自己已经知道的东西。我会定期把它拿出来，帮助学生把所学内容整合在一起，并让学生绘制自己的课程概念图。

这样做的一个意想不到的好处是，它提醒我自己在引入新主题时，要让联系更加明确。我增加了明确的信息提取练习——从头脑中提取不同领域的信息的重要性不言而喻。绘制信息组织图也提醒我要多进行间隔练习。

> 我想让学生看到我是如何看待这门课程的——虽然我们会出于必要的考虑而依次教授一系列学科主题，但所有内容都是相互关联、相互支持的。

> 绘制信息组织图也提醒我要多进行间隔练习。

### 将来你打算如何使用它

我的初步构想是在墙上用可拆卸的方框和箭头来展示这个概念图。学年开始时，我会把它张贴在墙上，并向学生详细讲解，然后取下来。每学完一个主题，我就在概念图上添加相应内容，并且预留一些空白方框，以便我们填入商定好的所学内容"关键点"。我会定期将整张图取下来，然后重新拼装。

长期以来，老师们并不知道如何与学生分享他们组织知识的最佳方式。海伦的先行组织者给学生提供了从幕后洞察一切的魔法。海伦将学科内容的联系呈现出来，以此帮助学生了解知识是如何组织的。在不减少课程内容的前提下，她利用先行组织者让所有学生都能参与进来。

## 物理示意图

### 为什么我们要学它？

物理涉及解释和预测我们能看到、能检测到，或能使之发生的现象。各研究领域相互关联，如下图所示。

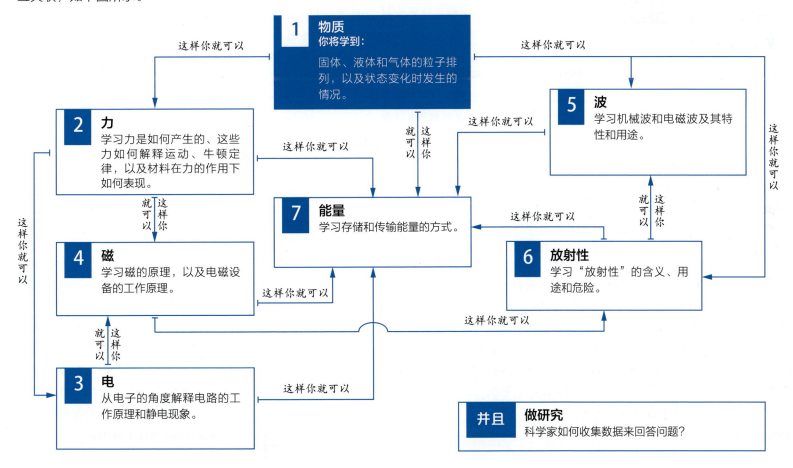

## 詹克·邓恩(JD)

 信息组织图可以清晰地提炼复杂的信息，有力地展示抽象概念之间的关系。

**职务:** 首席教师
**学科:** 英语
**学段:** 中学与继续教育(11—18岁)
**单位:** 阿布扎比亚斯米纳学院

### 为何使用信息组织图

自从我理解了视觉编码能支持工作记忆、避免认知过载以后，在我的教学中使用信息组织图就成了自然而然的事情。我从双重编码开始，利用它来帮助学生回忆所学内容，支持那些英语非母语的国际学生。信息组织图可以捕捉课堂上转瞬即逝的语言，并用简明的结构强化模糊的信息。

### 如何向学生介绍信息组织图

我们从定义明确的概念开始，特别是抽象的概念。我们把抽象概念分解成对学生来说更具体的组成部分或惯例。在本案例中，我们探讨了悲剧的传统，以及它如何从亚里士多德的传统希腊戏剧，发展到莎士比亚的悲剧，再发展到最近的现代戏剧。通常《奥赛罗》《李尔王》《欲望号街车》等经典悲剧都各成学习单元。然而，我想让学生理解跨体裁的因果关系，从而理解从古至今悲剧创作的传统及其发展。我相信，这是让图式的各组成部分紧密相连的关键。我们一开始就为学生明确示范如何建立这些关系，但是随着学生基本图式的发展，我们经常对文本进行比较、排序或梳理层级结构，共同创建信息组织图。无论是梳理情节结构，还是完成论文写作的金字塔评价，我们都借助信息组织图进行。投影仪是必要工具，共同创建信息组织图所引发的讨论总是那么令人振奋。

 *信息组织图可以捕捉课堂上转瞬即逝的语言，并用简明的结构强化模糊的信息。*

 *减少颜色、字体的种类和花哨的图像，可以强调重要信息。*

### 结合哪些其他策略使用

信息组织图非常适合搭配双重编码使用。它们都能确保信息得到有效呈现。减少颜色、字体的种类和花哨的图像，可以强调重要信息。双重编码有助于激活原有知识，用少量文字就可以将更多信息嵌入信息组织图。

詹克很好地将悲剧创作传统分为几个部分，并展示了它是如何随着时间的推移而发展的。把抽象概念分解成具体的组成部分至关重要，但是需要拆分内容的学生，可能就是那些容易信息过载的学生。詹克巧妙地运用了流程放射图的特点，把时间轴进行了分组。

# 文学传统：悲剧的方方面面

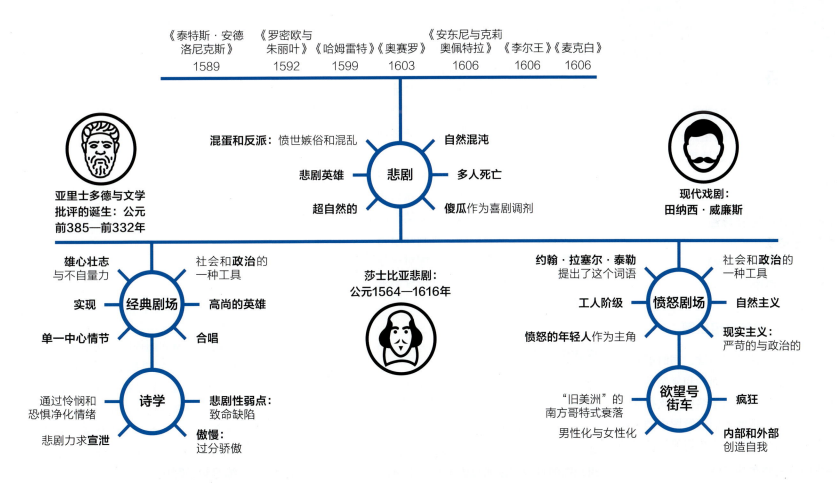

《泰特斯·安德
洛尼克斯》
1589

《罗密欧与
朱丽叶》
1592

《哈姆雷特》
1599

《奥赛罗》
1603

《安东尼与克莉
奥佩特拉》
1606

《李尔王》
1606

《麦克白》
1606

**亚里士多德与文学
批评的诞生：公元
前385—前332年**

混蛋和反派：愤世嫉俗和混乱

悲剧英雄

超自然的

**悲剧**

自然混沌

多人死亡

傻瓜作为喜剧调剂

**现代戏剧：
田纳西·威廉斯**

雄心壮志
与不自量力

实现

单一中心情节

**经典剧场**

社会和政治的
一种工具

高尚的英雄

合唱

**莎士比亚悲剧：
公元1564—1616年**

约翰·拉塞尔·泰勒
提出了这个词语

工人阶级

愤怒的年轻人作为主角

**愤怒剧场**

社会和政治的
一种工具

自然主义

现实主义：
严苛的与政治的

通过怜悯和
恐惧净化情绪

悲剧力求宣泄

**诗学**

悲剧性弱点：
致命缺陷

傲慢：
过分骄傲

"旧美洲"的
南方哥特式衰落

男性化与女性化

**欲望号
街车**

疯狂

内部和外部
创造自我

## 乔·伯克马(JB)

 信息组织图让我可以跟七年级的学生分享我的图式，自始至终检查学生是否理解，让学生更好地感知想法之间的联系。

---

**职务：SCITT合作总监**
**学科：历史**
**学段：中学（11—16岁）**
**单位：普尔高中**

---

### 为何选择这种信息组织图

我想让学生关注关键领域，同时展示胡格诺派的困境是多方面的和复杂的。连接动词让我可以用句子结构来支持能力较弱的学生，帮助他们理解图中的主要元素是如何连接的，也让我能够准确地把不同方面联系在一起。

### 如何把它教给学生

我在课堂开始时就给学生展示了该信息组织图的完整版本。我让他们把图中不知道或者不理解的词语画出来。然后我澄清某些误解，比如什么是新教徒，什么是宗教改革。接下来，我使用PPT上的动画，让学生关注概念图的关键领域。我先介绍了法国人的生活。在第一部分结束的时候，我指导学生将概念图作为写作框架来完成一个问题。然后我重复这个过程——展示概念图的某个部分，接着让学生回答问题，直到介绍完整张概念图。我使用"思考—配对—分享"策略来辅助这个过程，并检查学生的理解程度。

### 这对你的教学有何影响

我分别在七年级的两个班上课。一个班用概念图进行教学，另一个班用传统的教学方法。我想比较两个班学生记忆学习内容的数量和准确程度。使用信息组织图的班级表现明显优于另一个班。

> 连接动词让我可以用句子结构来支持能力较弱的学生，帮助他们理解图中的主要元素是如何连接的。

> 这节课结束两周后，学生仍然能够记起关键日期、关键事件，并根据记忆推断这些事件的影响。

最让人印象深刻的是那些阅读水平较低的学生的变化。这节课结束两周后，学生仍然能够记起关键日期、关键事件，并根据记忆推断这些事件的影响。

---

乔制作的概念图描绘了胡格诺派复杂的相互联系。如果概念图展示的联系太多，学生就不好把握。乔通过逐一介绍每个部分来降低认知负担，还在介绍完每个部分之后配套写作任务。乔使用中心句帮助更多学生获得学习的乐趣，并练习句子写作。

AM | BN & JJW | BR | BK | CA | CH | CH | CMA | CM | DRC | DK | DM | DA | EM | ES | ECV | FV | FT | GV | HR | JD | **JB**

JE | JH | JW | KP | LC | LT | ME | MS | MB | NB | PR | PS | RW | SS | SJ | SL | SS | SC | SS | SB | SF | TB | TH | TO | TS | ZB

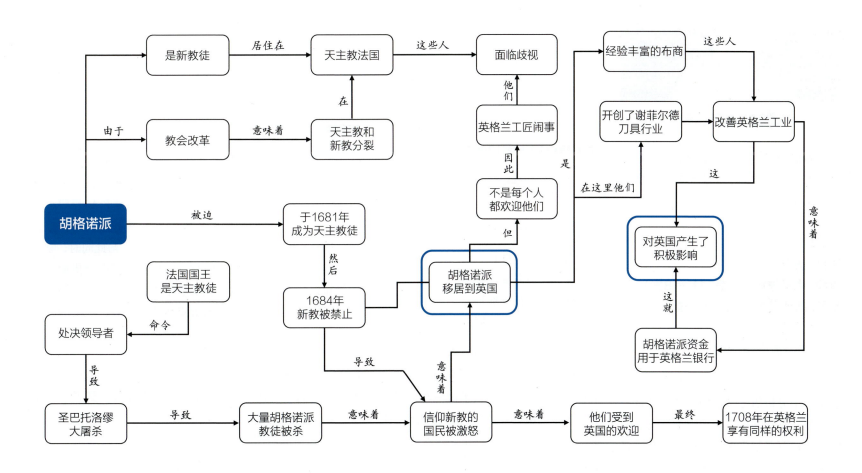

## 约翰·埃蒂(JE)

> 这种方法能够揭示历史学家的主张有什么样的结构，有助于学生拆解并总结复杂的文本。

**职务: 副校长**
**学科: 历史**
**学段: 中学与继续教育(11—18岁)**
**单位: 新西兰奥克兰文法学校**

### 为何使用信息组织图

对学习高中历史的部分学生来说，在扩展文本中分析历史学家的主张一直是一个挑战。有些学生无法理解长篇文本中的解释；有些学生误解、过度推断或忽略了重要的从句；有些学生无法理解某些词汇，导致在理解历史学家的观点时出现偏差。多年来，我尝试了各种策略来寻找文本中的主要观点，但这些策略都倾向于描述历史学家如何完成著作，而不是给学生提供拆解文本的可靠方法。而信息组织图让学生能够揭示历史主张的结构。

### 这张信息组织图如何帮助学生

该信息组织图将输入输出图的各层次结合起来。每个层次都代表了某个复杂的关键论点的结构，目的是让学生识别:

- 证据（蓝色方框）
- 推理（蓝边方框）
- 分论点（黑色方框）
- 主要信息（黑边方框)

构成历史主张的各论点是在文本中建构的，因此是以线性的形式进行表达的，信息组织图的层次反映了这一点。但将历史主张的组成要素分门别类，能够让学生以任意顺序添加笔记。每次专注一类要素，能够避免学生认知过载。

绘制出历史学家的所有论点之后，文本中不同元素之间的关系便呈现在眼前。横向排列的关键论点形成了关系图。对新手来说，总结长文本的主张很困难，但图解将其结构可视化，从而使浓缩的四五个关键论点变得更易管理。

### 如何教学生使用它

学生学习历史著作的节选部分，如《克里姆林宫内部的冷战》第276—277页。我们先一起阅读一条摘要，讨论，然后把主张的组成要素放在一起。我会用投影仪和A3覆膜板为学生做现场示范，告诉他们如何做注释。模板上只写证据、推理、分论点和主要信息，其他都是空白的。与此同时，学生也在同样的纸质空白模板上填写。我们按照顺序分析摘要。情境化知识必不可少，因此在要求学生分析某条新摘要之前，我会向学生介绍与之相关的历史研究的发展、主要的历史学家及其主要观点，以及每个时期使用的不同历史研究方法。

每研究一条新的摘要，我都会改变练习的条件（比如只给学生看示例而不直接示范），并逐渐减少支持。到了学期末，学生在几乎没有老师帮助的情况下就能自己绘制出主张。在我使用这张信息组织图之前，课堂上的对话都集中在纠错上；而现在，课堂对话能够集中在历史学家的证据和推理，或者分辨哪个观点是分论点上。

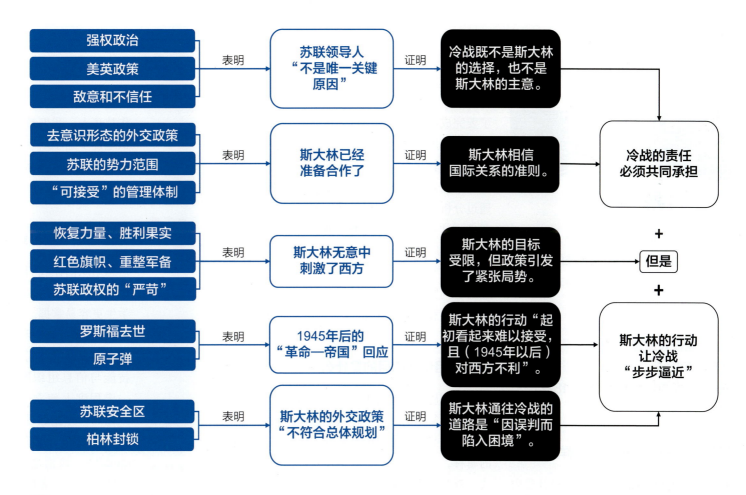

约翰的关系图完美诠释了信息组织图如何帮助学生拆解复杂文本，甚至改变课堂对话内容。使用该工具以后，约翰看到学生有更多的时间讨论历史证据和推理——学生获得了更好的学习工具。清晰明确的信息组织图功不可没。在这张图中，方框是对齐的，箭头标示出影响，整体简洁有力。这是既实用又严谨的好设计。

# 约翰·霍夫(JH)

> 为了缩小新手和专家的差距，我们必须将知识和技能拆解为渐进的步骤。概念图为培养复杂的心智模式提供了有力工具。

**职务:** 副校长助理
**学科:** 历史
**学段:** 中学与继续教育（11—18岁）
**单位:** 希望学院

## 设计时你的思考过程是怎样的

要确保信息组织图简洁一致。设计受内容影响，概念图是表示成功标准、教学和技术之间关系的最有效方法。我设计的这张图，从左到右，遵循从目标到结果的思维过程。这张图本来是给同事看的，为了学生也能看，我把教学内容改为学习内容。对学生来说，它明确

了要完成的目标：如何将想法分解为有意义的维度；如何在纸上展示想法，然后将想法转化为句子。整体的概念图包含一条探索意义的主线，以及学生如何通过分析、分类、解释等技能理解历史意义。这三个技能是先要单独教授给学生的。在"成功标准"一列中，分析和评估的定义发挥了提示的作用；而"维度"一列则直观展示了如何在不同维度探索短期和长期的意义。

## 该信息组织图的目的是什么

它是理解历史意义的工具。历史的技能和概念是复杂的，对于什么是意义，如何探索意义，学生可能会遇到完全不同的解释。这就无法支持学生建立心智模式。对我们教师团队来说，该信息组织图既可以作为没什么经验的教师的指南，也可以作为更有经验的教师进行讨论的框架。教师团队的清晰一致在课堂上产生了深远的影响：我们使用共同的语言，开展从基础到复杂的系列学生活动，这些活动往往最终都落脚到写

> 我们教研组的目标是，有意识地逐步缩小新手和专家之间的差距，而要实现这个目标，信息组织图是必不可少的。

> 清晰的视觉呈现减少了工作记忆的负担，为理解历史探究的复杂性提供了空间。

作技巧上。我们教研组的目标是，有意识地逐步缩小新手和专家之间的差距，而要实现这个目标，信息组织图是必不可少的。

## 为何信息组织图对学历史很重要

信息组织图让我们能够把复杂的知识、概念和技能分解为可控的组成部分，让学生更容易掌握。清晰的视觉呈现减少了工作记忆的负担，为理解历史探究的复杂性提供了空间。我在课程中把历史技能与信息组织图结合以后，学生在一定程度上建立了黛西·克里斯托杜卢在2017年出版的《取得长足进步》一书中所说的"进阶模型"（progression model）。该模型优先考虑课堂中的形成性评估，并实现回应式教学。将复杂的技能分解为逐步获得这些技能的步骤，是该模型的基础。每个技能的提高都非常具体，便于教师及时给出敏锐的反馈，快速纠正错误。信息组织图将这些步骤清晰地呈现出来。

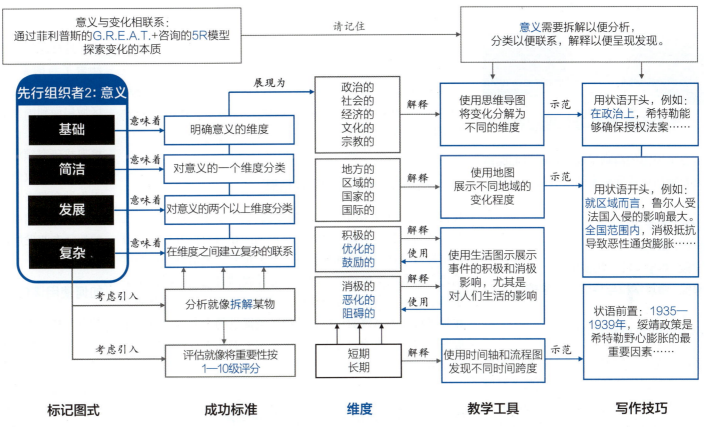

约翰绘制了一张高质量的概念图。他的信息组织图基于自己对学科的广泛理解，也成了同事和学生的有力工具。

对教研组来说，教师在专业对话中可以使用概念图进行三点沟通。约翰和同事们充分利用图表的清晰性建立共同语言，学生得以一窥堂奥，无须再去猜测历史知识是如何组织的。

## 贾斯廷·韦克菲尔德(JW)

 信息组织图的清晰呈现，使同事们能预见教师从新手到专家的发展阶段。

**职务：教学主任**
**学科：体育**
**学段：中学（11—16岁）**
**单位：康复学校与亨伯教学学校**

### 讲讲你的信息组织图

技能的提升、知识的获取与应用、常规的反思与评价循环，是帮助教师上好课并实现自我成长的关键因素。成功的教师会发现成长的机会，确保有足够的时间练习并完善自己的教学。然而这条教师发展的黄金路线可能需要学校相关部门投入大量时间，有时导致教育环境难以为教师提供重要的发展机会。这张

信息组织图描绘了教师发展的各阶段及其复杂性，展示了各阶段之间的联系，以及如何有效地发展和支持各个阶段，主要参考了吉姆·奈特（Knight，2017）提出的教学指导循环（instructional coaching cycle）。该模式有助于在区域内整合教师持续专业发展的机会。

### 为何选择用信息组织图呈现信息

我们团队的关键作用是为不同发展阶段的教师提供发展机会，从初职教师培训一直到校长培训。在与合作方分享和讨论信息时，理解的清晰度和深度至关重要。该信息组织图可以确保所有人都能理解我们的业务并找到自己的定位。向学生展示学习的进阶路径很重要，对教师也是一样。它有助于教师进行深入细致的讨论，评价区域提供的专业发展服务并促使其改进，也为教育领导团队展示了如何为自己的团队提供支持。

### 信息组织图如何帮助各方建立共同语言

由于我们的团队需要与很多合作方互动，共同语言非常重要。合作方能够充分理解我们的运作方式以及愿景和价值观，是合作的基础。无论什么样的背景或行业，共同语言都能确保想法成为项目，确保通过沟通将讨论与行动联系起

来，这样愿景才能实现。该信息组织图涵盖了与国家政策（教育部）和研究（证据库）相关的关键术语，确保了从区域层面到国家层面教师专业发展工作的共同语言，让教师得以获取来自国家框架或研究领域的关键术语和信息，将自己的课堂教学与更大范围（国家）的工作结合起来。这种一致性，可以确保目标明确、精准实施，从而满足该区域的教师专业发展需求。

### 如何使用该信息组织图

对个人和组织来说，使用信息组织图的方式多种多样。首先，它的核心功能是展示教师专业发展的若干阶段，促进每个阶段发展的方法以及所需支持。当与教师进行专业对话时，该信息组织图非常好用，能够实现三点沟通。导师可以和学员并排坐在一起，参考信息组织图进行沟通。这样一来，学员就更容易接受反馈了。

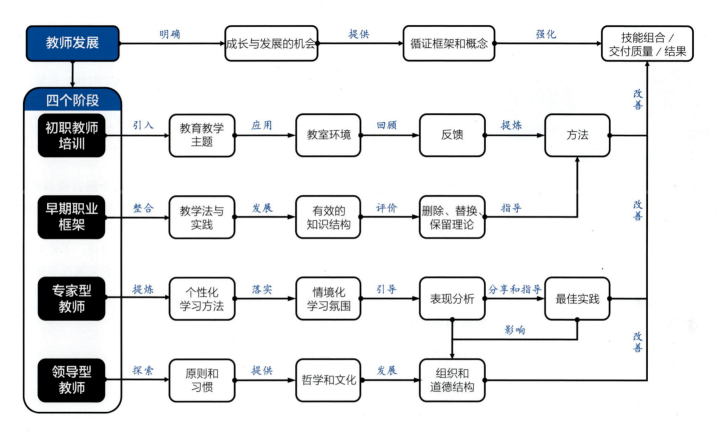

贾斯廷将概念图和叙事相结合，体现了本书的一个核心信息，即信息组织图并非取代文本，而是增加读者理解意义的机会。贾斯廷负责区域教师培训，就必须清晰地完成沟通。正如他所说，使用该信息组织图的方式多种多样，其功能性和清晰度都源于精心设计。在访谈中贾斯廷提到，他会先用便利贴来捕捉想法，然后将其整理成条理分明的结构，这保证了设计的高质量。

## 凯利·佩平(KP)

**把想法呈现在纸上可能很有挑战性,然而这正是信息组织图的价值所在。它提供了基本结构,让学生可以专注于在想法之间建立联系。**

---

**职务:** 学科主任助理
**学科:** 地理
**学段:** 中学(11—16岁)
**单位:** 格林班克高中

### 为何选择这种信息组织图

考虑到课程内容和技能运用的需要,我选择双放射图。区域研究是地理学科的重要内容,学生要根据所学内容探索某一区域,完成案例研究。这意味着学生需要理解并比较不同案例的统计数据,运用自己的知识和理解得出结论。案例研究时学生往往会使用维恩图,但我发现维恩图会阻碍学生对开放式问题进行深入思考。双放射图的优势是,它可以鼓励学生在添加信息之前比较和分析统计数据与学科内容。在统计数据的支持下,学生可以细分知识内容,进行更深入的分析,而不是简单地概括出异同。这能让学生选择最适合的内容,过滤掉不相关或不合适的内容。双放射图限制了内容的数量,为学生的工作记忆留出处理信息、应用知识和理解的空间。

### 如何向学生介绍它

如何使用信息组织图取决于我希望学生学习和练习的内容与技能。在这个例子中,我希望学生独立参考统计数据,比较不同案例。这意味着学生需要确定和组织最合适或最相关的内容,并运用之前学到的知识。

如前所述,学生熟悉维恩图。我们简要讨论了它的优点和缺点。有人发现很难把它当作写作的脚手架,也有人发现它包含了不相关的或过于概括的信息。在

*考虑到课程内容和技能运用的需要,我选择双放射图。*

*这能让学生选择最适合的内容。*

这个时候,我就介绍了一个替代方案:双放射图。我会以某个学生的任务为例,示范如何创建双放射图,包括如何选择合适的信息以及如何记录。

对于能力较弱的学生,我常常在信息组织图的旁边提供额外信息。在这个阶段,我强调的是对想法进行组织、比较的过程,不希望学生被不得不进行的案例研究搞得不知所措。

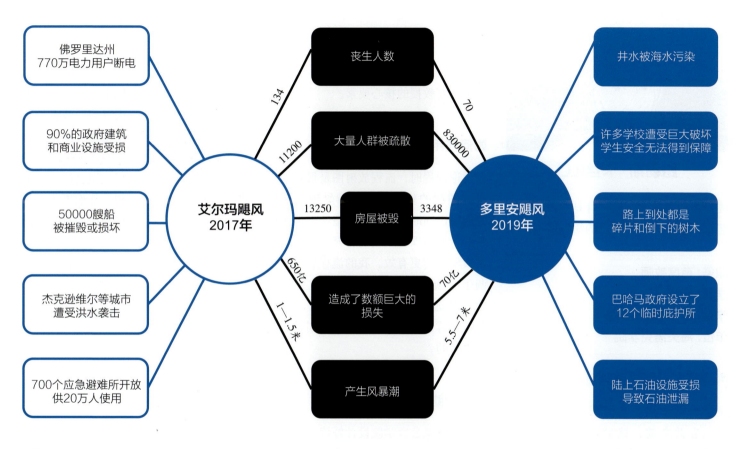

凯利的设计非常简洁优雅。她将不同的元素安排在左右两侧，且左右对齐，这样学生能更直观地看到两个热带风暴有何不同。她将相似的元素放在中间，还非常巧妙地把对应的统计数据写在相应的分支上，这样学生就不容易混淆两个热带风暴的数据。这样的信息组织图能够让学生思考更具挑战性的问题。异同点一目了然，学生就有余力总结并推测为什么其中一个热带风暴的危害比另一个的危害更大。

## 路易斯·卡丝(LC)

 **先行组织者放大了教学计划中最重要的想法，促使人反思自己的知识结构。**

**职务：首席教师**
**学科：科学**
**学段：中学（11—16岁）**
**单位：海夫洛克学院**

### 为何决定绘制这张信息组织图

凤凰公园学院让我们帮忙搭建科学课程。在此之前，该学院的科学课程很少，有科学背景的教师也很少。在教授一系列新课程之前，我创建了一份先行组织者，因为对没有科学背景的教师来说，课程信息太丰富，他们在使用自己不熟悉的教学计划时可能会感到认知过载。为了减少他们的认知负荷，我设计了流程放射图。它按顺序清晰地展示了本单元要教授的核心要素。

### 如何使用它

在讨论课程时，流程放射图是很好的工具。图解的作用在于清晰呈现，这样我们得以同时看到部分和整体。用先行组织者作为课程文档的补充，比仅仅使用教学计划更有效。我的流程放射图强调了必须教的核心知识和最重要的概念。其选择和组织概念的方式，是没有科学背景的教师仅凭教学计划无法设计出来的。

### 如何帮助同事充分使用它

我在为凤凰公园学院设计好该先行组织者之后，就开始帮助教师设计自己的版本。我与该学院的团队一起工作，我一边示范自己的思维过程，一边创建信息组织图。我让他们从教学计划中提取出核心想法并写在便利贴上（每张便利贴上写一个想法），然后把便利贴分组并按逻辑顺序排序。在这个阶段，我们可

图解的作用在于清晰呈现，这样我们得以同时看到部分和整体。

其选择和组织概念的方式，是没有科学背景的教师仅凭教学计划无法设计出来的。

以审视自己的想法，探索哪里存在真正的联系。我希望帮助凤凰公园学院的团队增加专业知识，增强信心。我们知道信息组织图可以帮弱势学生读写，如果凤凰公园学院的老师有信心组织好知识，他们就可以开始与学生一起探索如何使用信息组织图。

路易斯绘制了非常清晰的流程放射图。作为先行组织者，流程放射图明确了学习的顺序和需要教授的概念。她用大写字母、巧妙的图形元素和极少的色彩，清晰地展示了大量信息，而不用担心使用者被信息淹没。

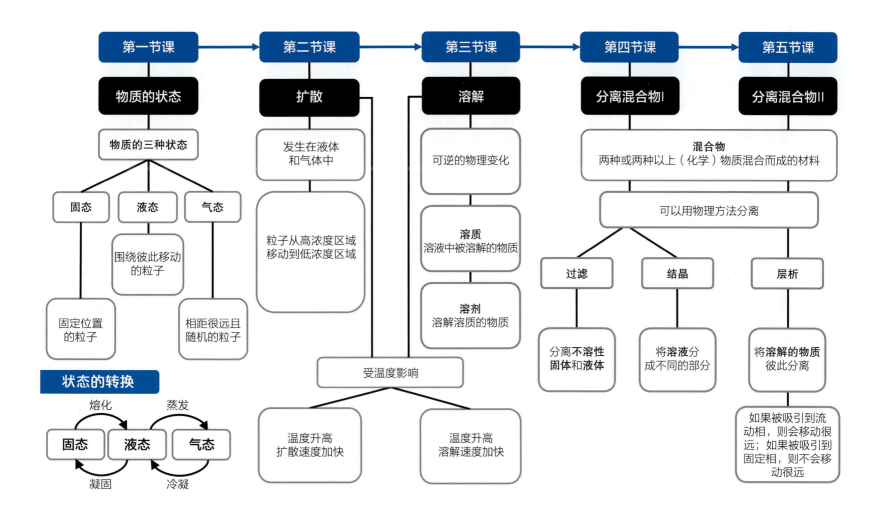

## 卢克·泰勒(LT)

> 混合式概念图让学生得以追踪图解的不同部分是如何相互联系的。

职务: **教师**
学科: **地理**
学段: **中学与继续教育(11—18岁)**
单位: **巴林圣克里斯托弗学校**

### 你选择了哪种信息组织图

我的信息组织图是混合式的。这是一张叠加了海岸地貌横截面图的概念图，它揭示了海岸地貌不同方面特征之间的关系。

### 这种信息组织图为何有用

自然地理研究的大部分内容，都可以通过展示特定过程或特征的示意图来描述。学生很快就能熟悉经典示意图，比如板块消亡边界、褶皱横截面图等。教师往往会先展示这些图，然后分不同阶段或者部分进行讲解。考虑到地理特征的相互关联性，图中的某个部分通常会与其他部分有联系，这意味着教师需要不断切换图的不同区域。教师作为专家，可以看到这些联系并轻松建立这些联系。但学生作为新手，不仅要学习图中各部分内容，还要听讲解才能知道它们之间是如何联系的。叠加不同的图能让学生追踪不同部分是如何联系的。

### 你如何绘制混合式概念图

绘制概念图或混合式概念图并没有固定的方法。我的步骤很简单。首先绘制背景图——通常是经典的地理图，确保简洁。一个窍门是找到现有的示意图，在它的基础上调整。重要的是不要让它影响覆盖其上的概念图和文本框，尽量保证画面简单，配色简洁。准备好以后，将它保存成png格式，作为概念图的背景。其次确定关键术语。为每个术语创

> 叠加不同的图能让学生追踪不同部分是如何联系的。

建一个文本框（暂时不用担心格式），将其大略放在你认为合适的位置。如果你无法明确其位置，就先放在一边。我会在这个时候查阅教科书，以此提醒自己不要漏掉关键内容。最后把文本框移到合适的位置，并做好大幅度调整的准备。这个时候，背景图能帮助定位，但也可能是限制，特别是在若干文本框都和背景图的同一个位置有关的时候。我会将文本框对齐，尽可能确保文本框大小一致。

这样做虽然很耗时，但当所有部分浑然一体的时候，是非常值得的。我发现在综合各个组成部分的过程中，我对这个特定主题的认识也得到了丰富。

> 我发现在综合各个组成部分的过程中，我对这个特定主题的认识也得到了丰富。

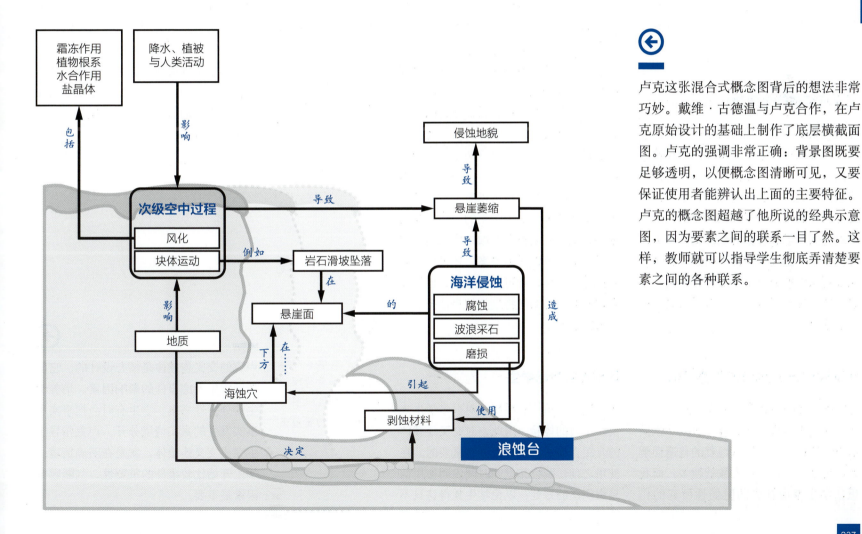

卢克这张混合式概念图背后的想法非常巧妙。戴维·古德温与卢克合作，在卢克原始设计的基础上制作了底层横截面图。卢克的强调非常正确：背景图既要足够透明，以便概念图清晰可见，又要保证使用者能辨认出上面的主要特征。卢克的概念图超越了他所说的经典示意图，因为要素之间的联系一目了然。这样，教师就可以指导学生彻底弄清楚要素之间的各种联系。

在交叉连续体的帮助下，学生不仅可以做简单的排序练习，还能对各种因素做视觉比较。

## 交叉连续体的优势是什么

评价，是学生学习地理的必备技能。在课堂和考试中，学生经常被要求评价各种因素的相对重要性，或者讨论自己是否赞同某观点。通常情况下，这些讨论或问题都是从一系列因素开始的，学生要对这些因素进行分析和评估。交叉连续体可以清晰地呈现这些因素，学生借此就可以判断每个因素的相对重要性。如果缺少视觉工具，学生有时会只见树木不见森林。

## 在本案例中如何使用交叉连续体

这张图是专门为高中学生设计的。由于交叉连续体具有上述优势，所以学生使用的效果很好。人们对地震的普遍误解是，震级越大，死亡人数就越多；而我想让学生考虑社会的脆弱性所起的作

用。在过去，我可能只会给出各地发生地震的清单，并让学生比较各地的"人类发展指数"。通过排序练习，学生很容易就可以比较地震震级，但有了交叉连续体，他们就能轻松地同时比较人类发展指数。大家很快就会注意到同一个国家在两张图上的位置变化，从而全面了解自己的判断。针对这两个因素的相对重要性，学生需要进行书面表达，而我在评分的时候，就可以参考学生各自的交叉连续体。如果学生的表达不够清晰，我就可以从他们的图中找原因。就像考官不仅可以看到答案，还可以看到演算过程一样，我可以使用交叉连续体来判断学生是如何将最初的想法拓展为一篇文章的。

## 如何把它教给学生

我发现，使用信息组织图对很多学生来说是全新的体验。因此，对交叉连续体的介绍、展示、解释是非常重要的。在使用之前，我会花点儿时间说明使用信息组织图的好处，以免学生觉得这只不

*我可以使用交叉连续体来预判学生是如何将最初的想法拓展为一篇文章的。*

*我的学生很喜欢听我讲认知负荷理论以及信息组织图如何让他们的学习更有效。*

过是另外一个学习任务。我的学生很喜欢听我讲认知负荷理论以及信息组织图如何让他们的学习更有效。这样做还可以帮助学生理解使用交叉连续体之类方法的基本原理。我的一个目标是通过使用特定类型的信息组织图，提升学生的技能和理解。

卢克的交叉连续体是精心设计的。它能帮助学生考虑事件的影响因素，培养学生的分析性思维。学生有时会把事实和事实发生的真实情境分开。卢克指导学生完成交叉连续体，就是在明确情境。学生开始比较事件的重要性，判断哪些因素最重要。

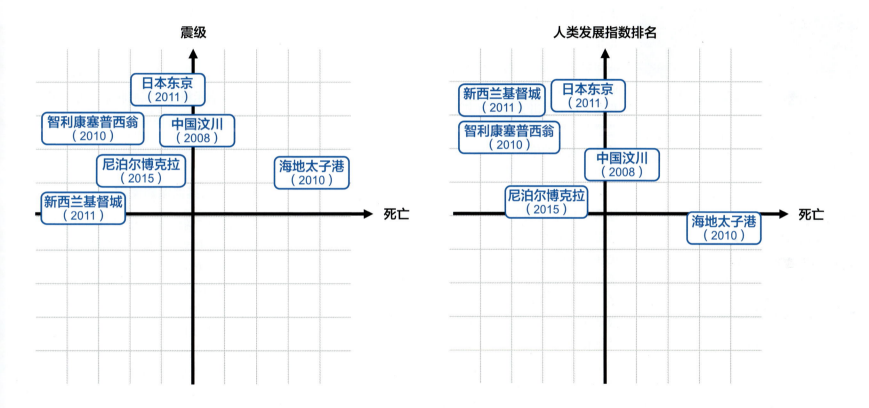

## 马德琳·埃文斯(ME)

 **概念图简洁明快、一目了然，可以减轻被信息淹没之感，还能够激发好奇心，鼓励自主学习。**

**职务:** 家长、教师
**学科:** 多种
**学段:** 小学二至四年级

### 在本案例中为何选择概念图

概念图是个有效的工具，可以帮助学生找到具体问题的详细答案。它能够有逻辑地呈现出概念及其联系，支持学生的扩展写作任务。同时，它还为教师评估学生的理解程度提供了具体方法，有助于教师发现学生的内部图式和知识差距。

### 如何把它教给孩子

我儿子是九年级学生，他需要根据自己的知识总结酶在消化中的作用。我觉得这是给他介绍概念图的好机会。首先，我在卡片上写出了12个与主题相关的关键概念。然后，我让他从记忆中提取有关这些概念的信息，越多越好，并用自己的本子记录下这些信息。

他会使用不同颜色的笔，来区分哪些信息自己记住了，哪些信息自己没有记住。如何让孩子深入思考呢？我让儿子试着找出两张或多张卡片之间的联系，并解释这种联系。他很快发现了很多联系，这些联系进而催生了更多的问题和想法。然后我解释说，可以把它们全部排列在一张图上。我提供了一个模板，上面画着由线连接的12个空白方框。我解释说，你需要将写有关键概念的卡片放到图中的准确位置，并在卡片下方的空白方框内写上更详细的解释。他在决定将每张卡片放在哪里，并用语言表达自己思维过程（即创建连接短语）的同时，他的思考就显而易见了。

卡片放好后，我让他沿着每条线写一个短语来表示概念之间的联系。为了使任务更容易理解，你可以提供一系列连接短语。

### 如何结合其他策略使用

采用这种"翻翻书"的形式有两个原因。首先，限制文本字数，可以避免看到图就想逃避的心理，减轻认知负担。其次，可翻动的卡片可以像支持信息提取练习的抽认卡一样使用，帮助学生看到知识之间的联系，而不是孤立的信息。我儿子从视觉上理解了自己的图式，再次面对关键问题时，他发现自己更容易给出结构合理、证据详细的回答。

 概念图是个有效的工具，可以帮助学生找到具体问题的详细答案。

再次面对关键问题时，他发现自己更容易给出结构合理、证据详细的回答。

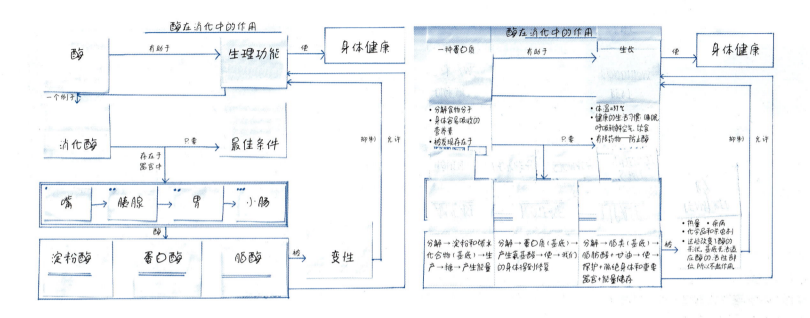

马德琳创建了很好的工具，帮助儿子从先前的学习内容中提取信息。概念图具有双重优势。单独的可翻式卡片可以用作抽认卡来进行自我检测，更可以用于明确概念之间的联系。在意义建构方面，传统的知识组织图无法与概念图相提并论。马德琳描述的过程是经过深思熟虑的。在每个阶段，她都考虑到并尽力减少使用概念图的困难。使用模板可以提供更清晰的视觉效果并减少构建概念图所需的时间。她的儿子口头解释了自己做出决定的过程，并在反复修正之后确定了概念图的最终布局。完成的概念图发挥了备忘录的作用，提升了他的写作能力。在写作时，他很容易知道该写些什么，概念图提供的结构给了他很大的帮助。

## 马特·斯通(MS)

图示的设计可以将学生的注意力吸引到视觉展示中的重要元素上，避免分心或混淆。

**职务：副校长**
**学科：英语**
**学段：中学与继续教育（11—18岁）**
**单位：黑尔杜综合学校**

### 为何提倡在教与学中使用信息组织图

简明扼要地呈现信息会让学生受益，帮助学生避免复杂材料导致的认知负担，并将工作记忆的重点集中在手头的任务上。熟练运用图示可以帮助学生避免信息的转瞬即逝。图示的设计可以吸引学生关注视觉展示中的重要元素，避免分心或混淆。

### 循环图的目的是什么

它旨在以简明的视觉方式呈现复杂过程，在本案例中就是精读。它有助于教师更轻松地向学生介绍新的学习内容，也能够向师生提供一种沟通学习状态的静态模型。循环图代表的是一个没有明确起点或终点的过程。流程图是通过箭头连接的一系列因素或事件来显示流程的最简单方式，而循环图让这个过程变成了一个首尾相连的单向循环。它就像一个攻略，因为它直观地描述了流程的各个步骤，所以不需要猜测接下来要做什么。

### 如何使用它来支持学生的读写和口语表达

它其实是用来支持英语教学中的分析和评价的。阅读和理解复杂文本中的思想是一项挑战，但很多学生发现更难的是用写作表达自己的理解。尤其是在处理诸如小说之类的长文本时，大量信息可能会让人不知所措。道格·莱莫夫等

简明扼要地呈现信息会帮助学生避免复杂材料导致的认知负担，并将工作记忆的重点集中在手头的任务上。

我用信息组织图来实现三点沟通的反馈对话。

人（Lemov et al，2016）强调："成功分析意义需要透彻地理解论点，而建构意义则需要通过后续分析得出的洞察来证明。"

我更喜欢把它当作课堂讨论的重点，毕竟学生不可能写出自己不知道的东西。通过精读，口头表达变得越来越有条理，使用过程性语言（主张、观察、情境、技巧、批判、判断），使学生在动笔之前就能按照文章的脉络进行口头表达。然后，在支持学生独立完成任务时，我用信息组织图来实现三点沟通的反馈对话。学生和我会把信息组织图作为客观的第三方，对此我们是有共识的。

**联系**

找到与问题明确相关的主张（使用关键词或同义词的重复）。

**观察**

找到文本中你的主张得到最佳支持之处。观察并描述重要特征。

**情境化**

思考叙事、社会、历史和文学的传统，从而将观察放入情境之中。

**分析技巧**

分析和评估作家如何运用语言和写作技巧来创造意义。

**批判**

讨论文本的其他或更广泛的批判性解释。

**结论**

对你的主张做出批判性判断，并解释主张是如何达成的。

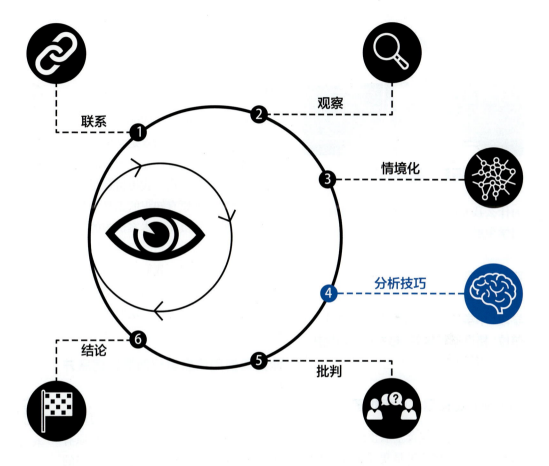

马特打破了学习顺序的阶段性，完成了精巧的设计。马特的循环图之所以精巧，是因为元素的对齐、空间的留白以及表达的克制。克制的意思是，马特没有用夸张的颜色或字体。他给学生设计了好用的读写工具，弥补了工作记忆的局限。学生理清思维以后，就可以专注于表达自己所知道的东西了。

## 梅甘·鲍斯(MB)

 **为什么我要使用信息组织图？因为它是向学生展示原有知识的好用工具。**

职务：首席教师
学科：科学
学段：中学与继续教育（11—18岁）
单位：格洛斯特学院（格林肖学习信托组织）

### 你如何开始使用信息组织图

过去的18个月，我读了双重编码背后的理论，它很有趣，于是我开始考虑如何用信息组织图构建图式。信息组织图是展示原有知识和知识全貌的理想方式，能帮助学生把知识从僵化变为灵活，从而发展出长期稳定的图式。

### 如何用它展示学生的原有知识

奥苏贝尔（Ausubel，1960）指出，影响学习最重要的一个因素是学生之前已经知道的东西，并建议在开始新的主题之前重温原有的知识。我把信息组织图作为向学生展示原有知识的工具，从而降低学生的认知负荷。本案例中的信息组织图展示了学生要想学习新主题就必须理解的必备知识。我们专门用了一节课的时间来复习这些知识，每个分支都以原有知识为基础，按一定顺序排列。

### 你如何使用信息组织图提取信息并展示知识全貌

信息组织图的另一个好处是，你可以用它作为提取信息的框架，参照它在原有知识和现在的学习内容之间建立明确的联系。我自己的做法如下：

- 提供不完整的信息组织图让学生填空，他们需要凭记忆补充相关细节。
- 基于信息组织图提出若干问题，目的

 信息组织图是展示原有知识和知识全貌的理想方式。

 我把信息组织图作为向学生展示原有知识的工具，从而降低学生的认知负荷。

是在一系列情境或示例中扩展学生对知识的回忆。

- 定期使用信息组织图，通过注释在新旧知识之间建立联系。

以上策略能让学生在不同主题之间建立有意义的联系，经常这么做有助于他们发展出长期稳定的图式。

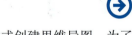

梅甘以手绘的方式创建思维导图。为了捕捉她的深度思考以及信息的复杂之处，戴维·古德温帮她绘制了电子版思维导图。梅甘绘制的思维导图上的对象从中心向四周变得越来越具体。所有对象都有相应的层级结构，她的标记方式明晰地呈现了这些层级结构。

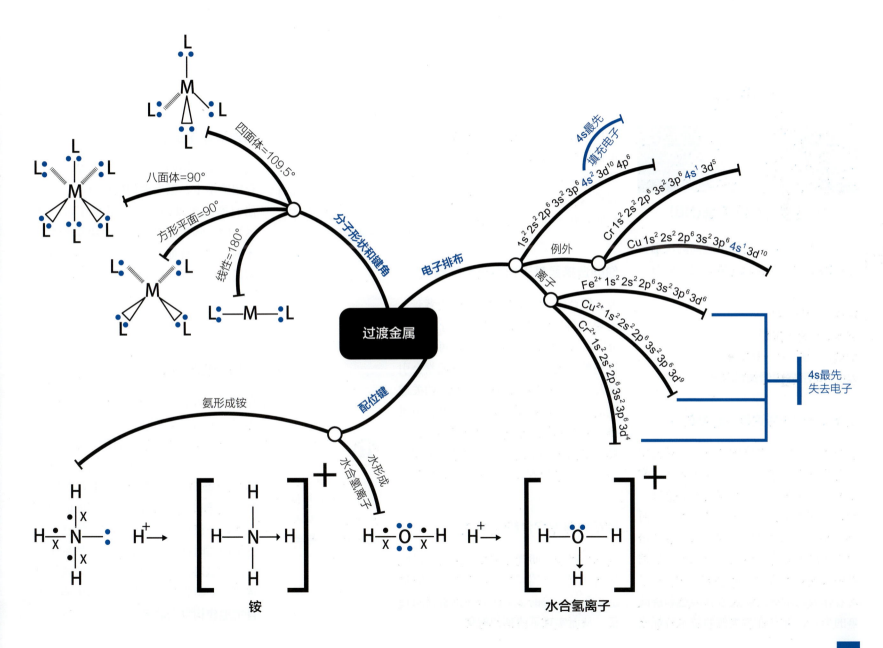

四面体=109.5°

八面体=90°

方形平面=90°

线性=180°

分子形状和键角

电子排布

4s最先
填充电子

$1s^2\,2s^2\,2p^6\,3s^2\,3p^6\,4s^2\,3d^{10}\,4p^6$

Cr $1s^2\,2s^2\,2p^6\,3s^2\,3p^6\,4s^1\,3d^5$

例外

Cu $1s^2\,2s^2\,2p^6\,3s^2\,3p^6\,4s^1\,3d^{10}$

离子

Fe$^{2+}$ $1s^2\,2s^2\,2p^6\,3s^2\,3p^6\,3d^6$

Cu$^{2+}$ $1s^2\,2s^2\,2p^6\,3s^2\,3p^6\,3d^9$

Cr$^{2+}$ $1s^2\,2s^2\,2p^6\,3s^2\,3p^6\,3d^4$

4s最先
失去电子

过渡金属

配位键

氨形成铵

水形成
水合氢离子

铵

水合氢离子

## 妮基·布莱克福德(NB)

> 通过比较概念以凸显知识之间的区别，维恩图呈现了强大的视觉空间表现力。

**职务:** 助理校长
**学科:** 英语和舞蹈
**学段:** 中学（11—16岁）
**单位:** 特尔福德修道院学校

### 为何及如何选择这种信息组织图

现在很少有单一风格的舞蹈。无论是初中还是高中的舞蹈课上，芭蕾舞通常都是衍生出很多其他风格或技术的基础。古典芭蕾舞在技术上有严格的规定，而当代舞蹈则相对自由，因此这两者总是被直接用于对比。虽然这种后现代舞蹈风格与古典芭蕾舞风格差别很大，但是两者作为艺术形式以及自我表达和讲故事的形式，拥有许多类似的技术特征或动作概念，这些仍然是任何舞蹈形式不可或缺的。维恩图的中心空间能够呈现两个对象共有或相似的特征，学生得以轻松区分异同，并认识到从根本上将它们联系在一起的核心要素。

### 你的选择是基于语言还是标题

要了解芭蕾舞和当代舞蹈的历史背景，需要对舞蹈的起源和演变进行大量研究。该信息组织图简要比较了两种舞蹈风格的明显异同。相似的部分通常会引导人们关注舞蹈之所以成为舞蹈的关键概念。学生由此理解到，大多数舞蹈风格都源于传统，有着共同的核心信念：舞蹈是形体、动作、自我表达和讲故事，无论其目的是娱乐、享受，还是其他。

### 最初如何把它介绍给学生

向学生展示不同舞蹈风格的表现，以此作为示范。在学习的早期阶段，信息组织图可以帮助学生区分并拆解共同特征，从而实现更清晰的解释。

> 学生得以轻松区分异同，并认识到从根本上将它们联系在一起的核心要素。

> 信息组织图可以帮助学生区分并拆解共同特征，从而实现更清晰的解释。

### 如何确保学生认真思考

我将舞蹈风格的历史背景作为基本概念介绍给学生，激发他们的好奇心，并让他们提出初级问题。在观察示范（展示）时，学生需要寻找信息组织图中概述的可识别特征：技术或阶段等。这些信息随后引发了讨论，将可观察的内容与历史背景（如社会规范、关键人物与开创者等）联系起来。

### 介绍它有顺序吗

在课程方面，我根据学习结果（技术、术语、演变和影响等），在已有知识的基础上，在事实信息之间建立更复杂的因果联系。在学习方面，扶放有度模式（Fisher & Frey，2008）通过从直接教学到引导和刻意练习（运用不同的舞蹈风格）来设计教学计划。在介绍这张信息组织图时我做了示范教学，然后让学生反复温习，进行信息提取练习或间隔练习。交错强化的做法，让学生能够更自主地建构复杂联系。

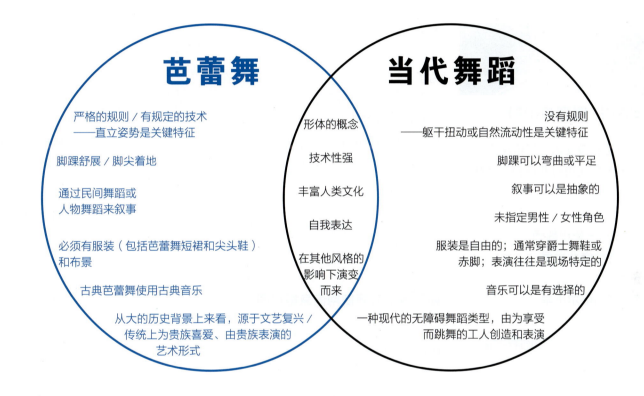

**芭蕾舞**

严格的规则／有规定的技术
——直立姿势是关键特征

脚踝舒展／脚尖着地

通过民间舞蹈或
人物舞蹈来叙事

必须有服装（包括芭蕾舞短裙和尖头鞋）
和布景

古典芭蕾舞使用古典音乐

从大的历史背景上来看，源于文艺复兴／
传统上为贵族喜爱、由贵族表演的
艺术形式

形体的概念

技术性强

丰富人类文化

自我表达

在其他风格的
影响下演变
而来

**当代舞蹈**

没有规则
——躯干扭动或自然流动性是关键特征

脚踝可以弯曲或平足

叙事可以是抽象的

未指定男性／女性角色

服装是自由的；通常穿爵士舞鞋或
赤脚；表演往往是现场特定的

音乐可以是有选择的

一种现代的无障碍舞蹈类型，由为享受
而跳舞的工人创造和表演

妮基的维恩图非常简明。两种舞蹈的异同显而易见。对学生来说，仅仅通过文本很难找出这么多异同点。妮基通过逐步示范来介绍图解，避免学生的信息过载。立足于希望学生达到的具体学习目标，即了解舞蹈类型是如何从以前的形式演变而来的，妮基能够让信息组织图的作用最大化。

## 彼得·理查森(PR)

> 充分理解想法和概念需要思维深度，因此信息组织图的使用对儿童和教师都不可或缺。

**职务：** 副校长、三年级教师
**学科：** 教师持续专业发展
**学段：** 小学
**单位：** 沃尔顿勒戴尔小学

### 信息组织图如何适应学校的教学法

我们在课程中开发了以认知科学为导向的和以知识为导向的方法。随着人们对知识（特别是理解知识）的日益关注，采用菲奥雷拉和梅耶的生成学习 SOI（选择—组织—整合）模型就成为自然而然的选择。此外，我真的很高兴能够把特沃斯基"想法即对象"的观点整合到我们的方法之中，从而帮助儿童发展

可见的图式。

为了支持儿童的工作记忆，我们先前在培训中已经向教师介绍了有关双重编码的知识。但我最近意识到，在工作记忆如此有限的情况下，让儿童利用外部记忆空间来分组并发展想法，确实能够让他们更有效地思考学习内容，更关键的是，理解学习内容。信息组织图是帮助我们实现所有这些概念之间协同作用的桥梁。

### 如何培训教师使用信息组织图

第一步是找到针对里夫（Reif，2008）所说的"学生不知道如何有效地组织知识"这一问题的解决方案。为了让小学生能够有效地创建自己的信息组织图，我希望在学生最合适的年龄系统介绍信息组织图，这样既能发挥它的作用，又使学生容易理解。比如，这样做就可以避免连续三年反复从头开始教授关系图。随后我录制了一系列持续专业发展的视频，内容是生成学习、双重编码复

> 信息组织图是帮助我们实现所有这些概念之间协同作用的桥梁。

> 而我的目标是让大家理解我隐藏的图式和对全景图的心理表征，这些用线性语言和文本很难表达。

习、空间组织和信息组织图在课堂中的作用等。在最初的几周里，我们向教师介绍了这些资源，然后用迪伦·威廉姆的"教师学习社区"作为我们自下而上的持续专业发展模型。我们希望教师随着时间的推移能够不断反思并加深自己的理解。

### 为何选择这种信息组织图

我本来想选择流程放射图，但它只是简单地把内容分组并排序，而我的目标是让大家理解我隐藏的图式和对全景图的心理表征，这些用线性语言和文本很难表达。我特别要强调生成学习的重要性，以及空间组织如何让我们超越双重编码。拉科夫和约翰逊（Lakoff & Johnson，1980）说："我们的大多数基本概念都是根据一个或多个空间隐喻来组织的。"我认为简单的树状图是最有效的空间隐喻，可以用来表达我对概念关系的理解。

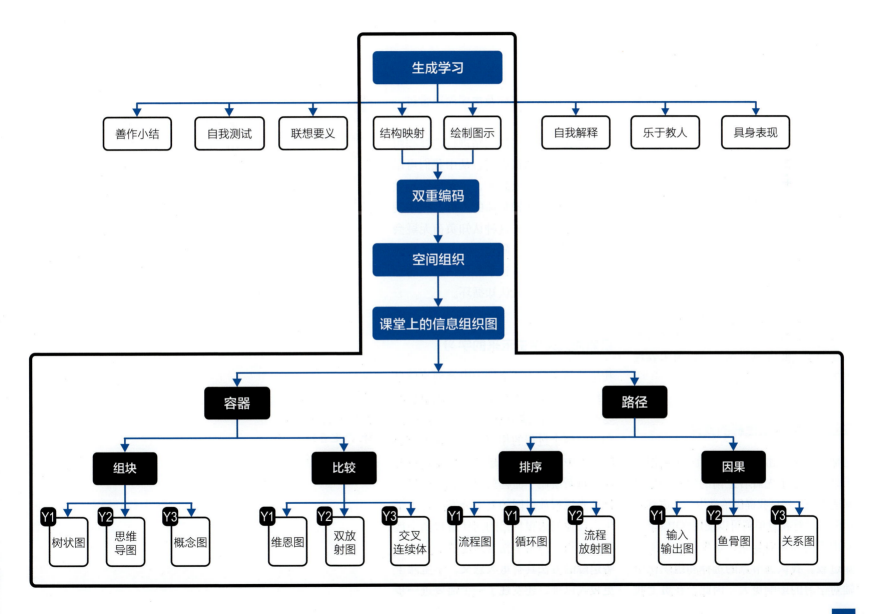

你不能低估新手不断发展可视化图式的潜能。经过刻意练习，信息组织图可以对学生的学习产生巨大影响。

## 为何选择这种信息组织图

我选择流程放射图是因为内容的标题：按列相加方法。"方法"一词的意思是过程，它暗示我要选择路径类信息组织图。该内容的各要素存在因果关系，但鉴于儿童的年龄和内容的复杂程度，我优先考虑排序。流程放射图最初绘制起来很简单，也非常灵活，可以用来表现因果关系和容器模型。

## 在过程中给学生怎样的支持

这是学生自己创建的第二张流程放射图，于是我让学生先看看之前的那张：如何制造青铜。然后我提供给学生一个成熟的示例。尽管我意识到可以使用SOI模型，但由于内容相对复杂，学生仍有可能认知过载。我认为节点的选择和组织比中轴对学习的影响更大，因此，在班上我

把中轴上的对象名称及次序简单带过。

学生两人一组，用便利贴进行选择和组织。学生的对话很有趣，从中我们可以感受到他们的深入思考，也能发现导致他们产生较重认知负荷的内容。如果没有外部记忆空间，这种认知负荷无疑会阻碍他们的学习。随后，我分享了具体的节点及其组织，让学生评估自己的空间布局，从而进入认知循环。

## 它如何支持学生未来的学习

我想让孩子们为这个知识内容创建信息组织图的一个原因在于，它可以跟后面要学习的减法演算联系起来，将加法和减法两个过程的相似性整合到学生的图式之中。学生首先进行了信息提取练习，重新绘制了流程放射图。然后我又将这张流程放射图的复本分发给每个学生，让他们边跟自己的同伴解释图中展示的过程，边用手指着对应的节点。手势追踪的方法具有重大意义，学生除了更投入以外，还发现了一个需要进一步

*如果没有外部记忆空间，这种认知负荷无疑会阻碍他们的学习。*

*我在做减法的示范时，学生看到了多个共同节点和组织的相似性。*

明确的重要节点：加法进位。我在做减法的示范时，学生看到了多个共同节点和组织的相似性，因此掌握减法比之前掌握加法要快很多。在前些年，我们只是口头讲解加法和减法的相似性。

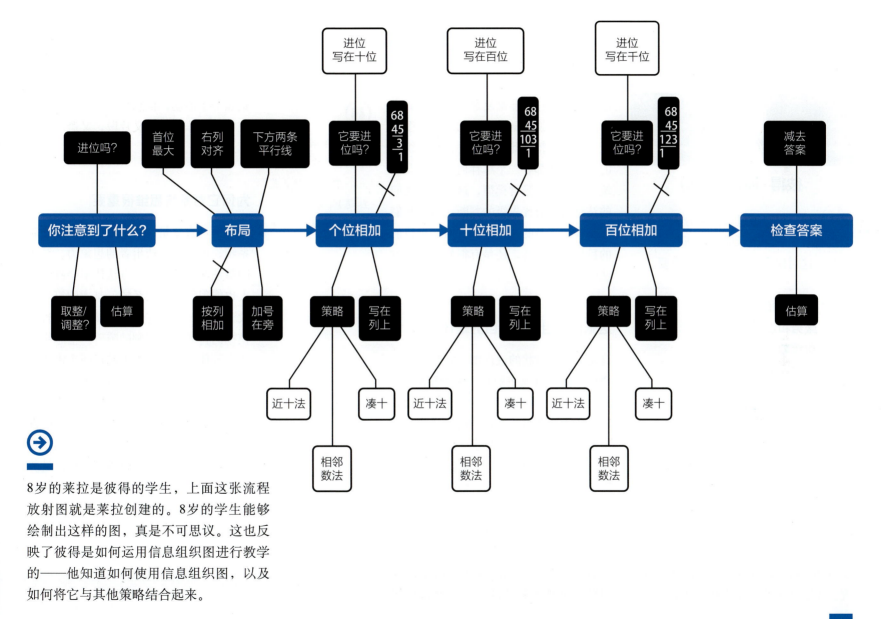

8岁的莱拉是彼得的学生，上面这张流程放射图就是莱拉创建的。8岁的学生能够绘制出这样的图，真是不可思议。这也反映了彼得是如何运用信息组织图进行教学的——他知道如何使用信息组织图，以及如何将它与其他策略结合起来。

## 彼得·斯托科(PS)

 更多的想法可以通过画图来分析，从而实现有效组织。图示能展示所有运动的部分，这对研究复杂系统至关重要。

**职务：研究员和信息设计师**
**学科：服务和治理**
**学段：继续教育**
**单位：伊兰妮卡**

### 为何选择这种信息组织图

我一直在为复杂系统整理图解法和便捷可视化方法。这是大型项目"系统可视化"（包括从中世纪宇宙图到核电站示意图等内容）的一部分。系统思维已经成为一种很有价值的技能。然而如果没有可视化工具，人们就很难对复杂系统（如生态系统和社会）进行全面的研究。不断变化的组成要素非常多，要素之间的相互作用非常复杂，让人无力应对。也就是说，随着内容的增加，图会变得乱七八糟。此外，每种信息组织图的绘制方法都有一个解释何为系统及系统如何运作的隐含模型，这会影响我们的注意力和对优先级的判断。虽然我们很难找到完美的通用方法，但如果我们的目标足够具体，还是有很好的应对方法的。

### 这张信息组织图的目的是什么

这是一张放射状的流程图。它聚焦于一个中心活动（或主题），展示该活动对其他活动的连锁效应，其中有些连锁效应将成为推动系统变化的动力。线条向内聚合或向外辐射，代表了这种相互关系。我们可能很难将某些系统效应归因于特定的活动，因为它们发生在很远的时间或空间。同心圆可以用于梳理这种影响距离的远近。在本案例中，造纸厂带来了各种好处和危害。如果不把工厂放在不同范围的系统关系网中，我们就很难理解其全部含义。通过每次

 这是一张放射状的流程图。它聚焦于一个中心活动（或主题），展示该活动对其他活动的连锁效应。

聚焦一个活动，信息组织图既展示了系统如何运作的有意义片段，又避免了认知过载。

### 为何它对系统思维很重要

我的第一直觉是，使用大量插图来绘制系统，可以激发使用者的想象力。系统图解法和便捷可视化方法让不会画画的人也能很好地绘制系统。基本的符号取代了插图。在某些专业领域，大量含义模糊的符号成了理解的障碍。信息组织图主要使用文本标签来满足两个需求。第一，让系统分析更容易被更广的人群接受。就使用术语而言，它有助于词汇构建和精确分析。第二，大多数情况下，绘制系统都会用到信息组织图。这里的诀窍是使用整洁的组织结构，就算现实中的系统关系非常复杂，图中的线条也一定要避免混乱。

使用整洁的组织结构，就算现实中的系统关系非常复杂，图中的线条也一定要避免混乱。

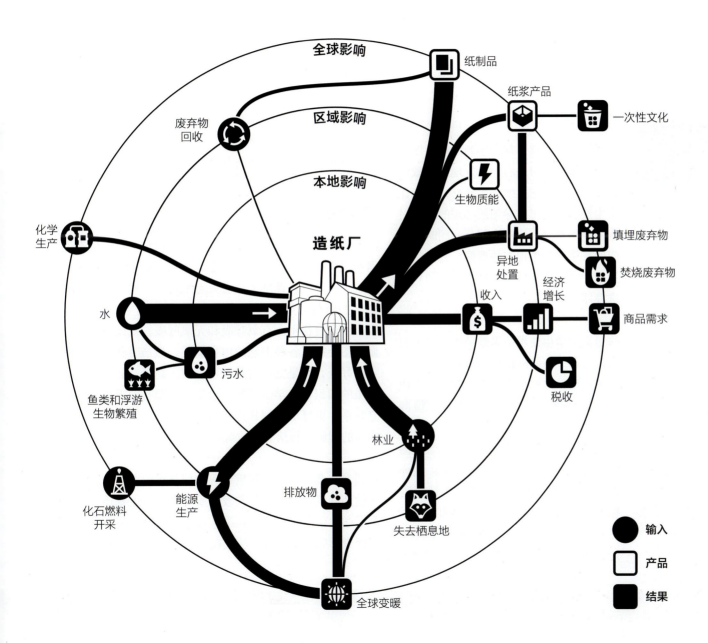

在这张流程图中，线条的粗细表示影响的大小。颜色和线条的样式区分影响类型。连接处的白色间隙显示了线条进入对象的位置，并用模拟阴影区分重叠的线条。图标的形状表明对象的类型。空间和时间范围由同心圆表示。紧凑的自定义图标让视觉聚焦，其意义一目了然。文本标签比通用图标要好，能在关键时刻独自发挥作用。

## 瑞秋·汪(RW)

 信息组织图能够实现信息提取，并形成主要联系，从而呈现主题全貌。

职务: 生物教师

学科: 科学（生物专长）

学段: 中学与继续教育（11—18岁）

单位: 山毛榉悬崖学校

### 为何选择这种信息组织图

我选择用思维导图在一页纸上概括某个主题的基本信息。它展示了细胞内外运输机制的差异。这个主题非常庞杂，学生往往觉得很难弄懂，因此我使用思维导图来帮助学生区分不同的运输机制并介绍关键词。

### 如何用它来教学

我总是在投影仪下现场绘制思维导图，以明确解释学习内容。我发现这样做比直接把思维导图发给学生要好，它能让学生经历构建思维导图所必需的思考过程。我每次只介绍一个部分，同时提出问题来引出学生现有的理解，并在整个过程中把学生掌握的信息逐渐添加到思维导图中。

这是高中学生使用的思维导图。过去我常常在每个主题的最后一节复习课上用它来总结，这样一来，学生就可以组织自己的理解，总结学过的内容，检测自己的理解并避免错误理解。然而，我现在已经开始探索如何把思维导图作为第一节课上的先行组织者。这样做的好处是，它可以帮助学生把课程标准所要求的已经学过的内容和将要学习的内容联系起来。当我们随后要详细讨论这个主题的时候，它还可以给学生提供间隔提取信息的机会。其间我会引导学生回顾思维导图上的相关分支，帮助学生回忆第一节课上学到的知识。越是经常回顾思维导图，学生从大脑中提取信息的效果就越好。

### 还有什么想说的

随着我不断积累生物教学经验，我意识到，对学生来说，处理并理解如此大量的内容是多么困难，更不用说形成知识连接了。以前我在课堂上有意无意地使用一些信息组织图来解决某些问题，如双向或三向维恩图，让学生比较不同的过程，如光合作用、有氧呼吸和无氧呼吸。我还使用流程图和循环图绘制了各种主题的内容概述，但当时并没有完全理解它的好处，只是觉得这样做可以使主题更有意义。我（以我有限的知识）向学生解释，绘制这些图有助于在主题之间建立联系，更好地理解其背后的科学原理，也有助于针对主题内容的理解进行信息提取练习。

直到参加奥利弗关于双重编码和信息组织图的讲座，我才明白这两种策略的不同及其教学重要性。虽说我还没有明确地告诉学生信息组织图的类型、如何使用以及何时使用，但为了促进学生自主学习，从现在开始我很可能会这样做。

瑞秋用演绎法绘制了思维导图：从中间到四周，内容变得越来越具体。她在投影仪下手绘思维导图，这样一来，她就可以边说边画，随时检查学生是否理解并避免认知过载。学生要想理解运输机制的概念，必须先弄清楚运输机制的性质，因此她的思维导图对上述性质的分类与教材保持一致。

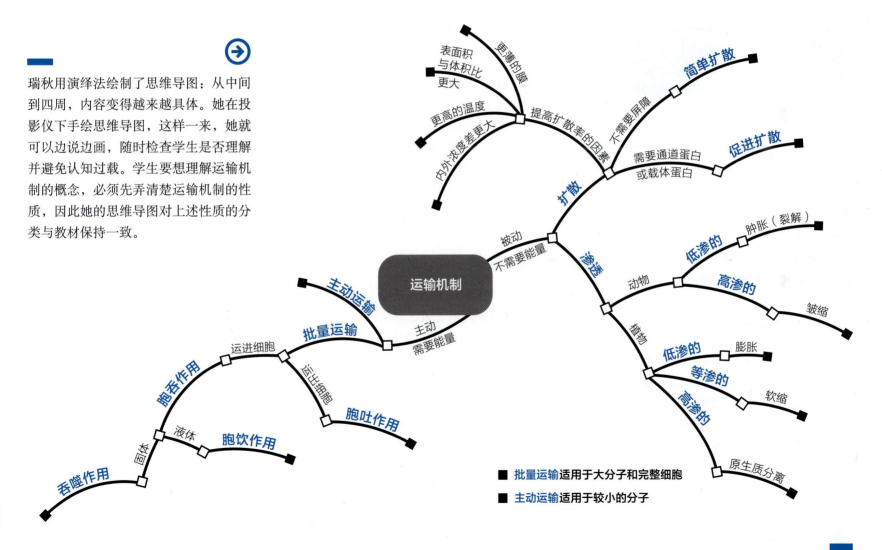

■ **批量运输**适用于大分子和完整细胞

■ **主动运输**适用于较小的分子

## 萨姆·斯蒂尔(SS)

 信息组织图让我的教学更聚焦，能帮助学生理解大量复杂信息。

---

**职务: 数学课程负责人**
**学科: 历史**
**学段: 小学**
**单位: 比利时布鲁塞尔英国学校**

---

### 为何选择这种信息组织图

概念图展示了古埃及社会中主要群体的主要活动，以及不同群体如何通过税收和祭祀进行互动。它用动词连接不同要素，形成简单的主谓宾句，还揭示了内容的层级结构——这对组织知识至关重要。

### 如何使用它

概念图中有很多方框，所以我边用PPT展示分支边解释。我的口头表达是最重要的，而概念图确保了我说出的信息不会转瞬即逝。这里需要提出的更基础的观点是，信息组织图也可以帮助教师制订课程计划。它不仅是在课堂上有效和高效地传达思想的手段，也是帮助教师区分核心知识和背景知识的放大镜。

### 如何结合其他策略使用

在介绍概念图之前，我让学生阅读了一篇关于古埃及农民和工匠的文章，还让他们观看了关于这些人日常生活的视频。这些准备工作成为孩子理解信息组织图中有限且具体的核心知识的背景。然后，我让学生更仔细地分析古埃及法老的角色，并深入研究某位法老。该信息组织图提供了法老与古埃及社会方方面面关系的背景。

 它也是帮助教师区分核心知识和背景知识的放大镜。

 它用动词连接不同要素，形成简单的主谓宾句，还揭示了内容的层级结构——这对组织知识至关重要。

概念图可以表示层级化的知识结构。它通常的布局是，顶部展示更概括的想法，底部展示更具体的想法。萨姆从左到右排列概念图，既保留了层级结构，又符合人们的阅读习惯。他用文本框和连接线的颜色标明概念图的层级结构。特别值得注意的是，为了避免学生认知过载，萨姆逐一介绍每个要素，并辅以口头解释。每个主谓宾句所陈述的命题，都揭示了知识内容背后的概念。当说出这些句子的时候，萨姆就是在将自己的图式公开化、可视化，让学生更容易理解。

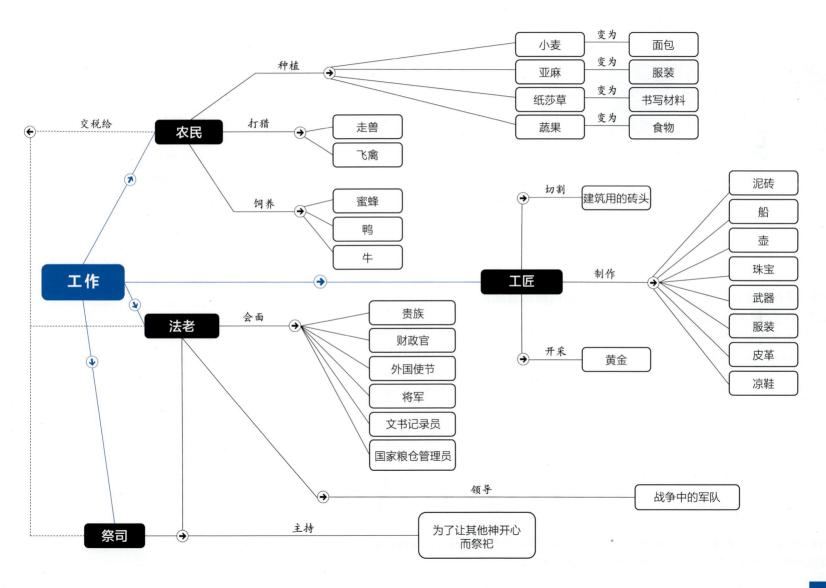

## 萨拉·琼斯(SJ)

> 要想成为一名经济学家，就要学会像经济学家一样思考。我的宏观经济图帮助我把想法传递给学生，这样我们可以一起思考、讨论、写作。

**职务：** 学科负责人、专业教育领导者
**学科：** 商业、经济和金融
**学段：** 中学与继续教育（14—18岁）
**单位：** 雷德伯恩高中和社区学院

### 为何选择这种信息组织图

我选择它，是因为它代表了我自己的图式。我用自己的经济认知地图来思考、分析和评估宏观经济的成因、影响和政策，我希望学生也能以同样的方式来组织自己的想法。我努力传达我的认知地图和思维方式，使我和学生能够达成共同理解，这样学生就可以从我这里学习如何进行宏观经济分析和评估。我选择的是输入输出图，因为我的首要任务是引导学生通过总需求、短期总供给、长期总供给模型来解释经济现象。我把这些名词放在信息组织图的最中间。我展示了影响它们的因素，以及变化的结果。该信息组织图提供了经济运行的基本架构，展示了我组织所有宏观经济思维的框架。

### 你如何教以及如何用它支持学习

我不会在一开始就展示该信息组织图，而是以拼图的方式教授。我最初只展示了影响总需求的主要因素（消费、投资等），然后我深入讨论了消费（家庭的消费支出），追溯了影响消费的因素。我的教学逐步展开，其他因素逐步连接起来，直到学生准备好接受并使用完整的信息组织图。剩余的大部分宏观经济学教学内容，如具体的分析链是如何发生的，以及某些类型的通货膨胀、失业、增长等额外的具体信息，都在这张图上呈现出来。

*该信息组织图提供了经济运行的基本架构，展示了我组织所有宏观经济思维的框架。*

我对国家宏观经济体系的思考方式与我对伦敦地铁线路图的思考方式非常相似。我用这个类比帮助学生使用这张图来开发分析链。随着理解的深入，学生能够分析越来越复杂的链条，并灵活使用保存在自己记忆中的信息组织图，从而找出变量和政策举措变化的原因并解释其影响。我经常用投影仪对这张图进行备注，从而更好地展示我的思维过程，以及如何将这种有序的思维转化为有逻辑的书面分析和评价。

*其他因素逐步连接起来，直到学生准备好接受并使用完整的信息组织图。*

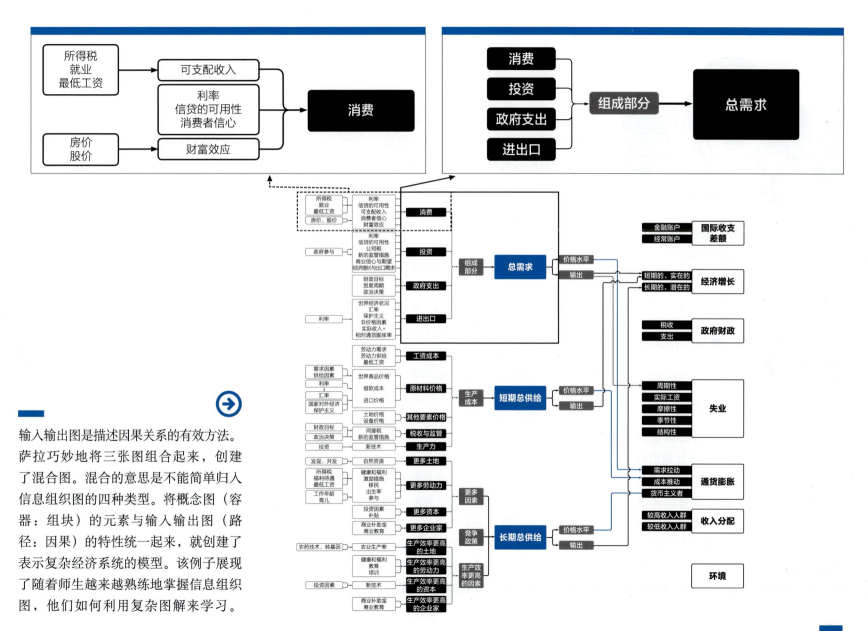

输入输出图是描述因果关系的有效方法。萨拉巧妙地将三张图组合起来，创建了混合图。混合的意思是不能简单归入信息组织图的四种类型。将概念图（容器：组块）的元素与输入输出图（路径：因果）的特性统一起来，就创建了表示复杂经济系统的模型。该例子展现了随着师生越来越熟练地掌握信息组织图，他们如何利用复杂图解来学习。

## 萨拉·拉莉(SL)

信息组织图可以减少将看似不同的信息联系在一起所需的认知负荷。

**职务：十二年级的年级长**
**学科：科学**
**学段：中学与继续教育（11—18岁）**
**单位：戴斯高中**

### 为何选择这种信息组织图

我发现学生学习最重要的障碍是记不住知识，因此我花时间思考如何最好地呈现关键概念以帮助记忆。给定的化学反应是学生联系各种基本概念并更好地理解全局的关键。本案例中的这张关系图使用了官能团诸名称中的基本概念，并将它们与观察到的反应联系起来。用简明的图像做总结，实现了认知负荷的最小化。许多年前，我用这种方式向学生展示信息，并示范如何描绘这些信息，由此我看到了这对学生回忆和理解的影响。

### 如何使用它

在学生掌握了官能团的结构和性质以后，我就会介绍该信息组织图。这能让我在图中使用尽可能少的单词。在看到关系图之前，学生还需要完成实验，这样学生就可以观察图中的阳性反应是如何出现的。然后，我会重点提问学生，看看他们如何在反应之间建立联系，他们往往觉得很难。

我在投影仪下把信息组织图一点点儿画出来，边画边解释，把它与学生看到的反应联系起来。高频的提问让我能够确保学生理解并且跟上图中各部分的推进过程。前后差异很明显。学生理解了官能团之间的关系后，就更有能力用图来帮助自己设计实验并理解阴性结果的重

我在投影仪下把信息组织图一点点儿画出来，边画边解释，把它与学生看到的反应联系起来。

使用信息组织图可以让我的解释清晰明了。

要性。学生还发现了使用信息组织图来组织和呈现信息的好处。

### 结合哪些策略使用

我发现，使用信息组织图可以让我的解释清晰明了，学生也更加投入。而且信息不是一股脑全部呈现出来的，这样学生就不容易认知过载。通过拆解内容，利用双重编码理论，我可以给学生提供一张完整的、更复杂的信息组织图，以及许多帮助他们应用新理解的实践问题。学生可能会过于依赖信息组织图，所以我在课后不久就会进行小测试，帮助他们回忆事实。

还有些学生喜欢记住信息组织图，以便应对考试。这张图还能让学生描述和预测合成的途径，这是一项相当重要的化学技能。

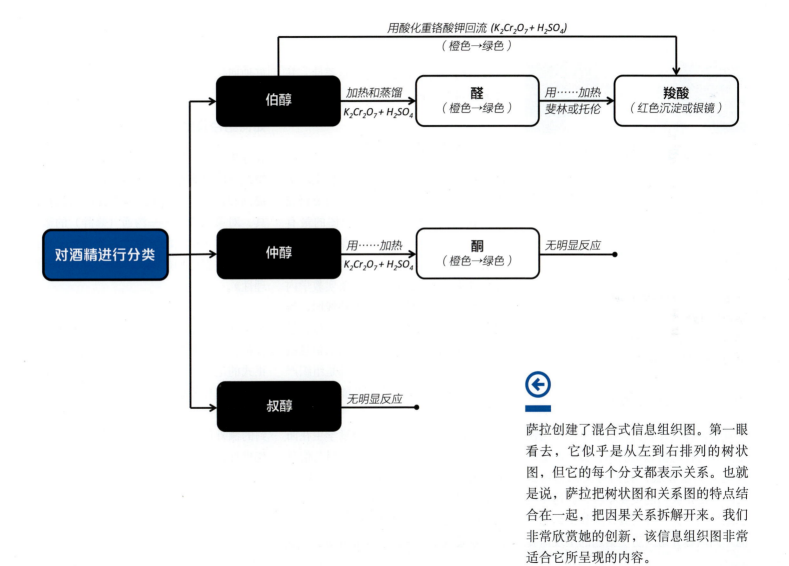

用酸化重铬酸钾回流 ($K_2Cr_2O_7 + H_2SO_4$)
（橙色→绿色）

**对酒精进行分类**

**伯醇**

加热和蒸馏
$K_2Cr_2O_7 + H_2SO_4$

**醛**
（橙色→绿色）

用……加热
斐林或托伦

**羧酸**
（红色沉淀或银镜）

**仲醇**

用……加热
$K_2Cr_2O_7 + H_2SO_4$

**酮**
（橙色→绿色）

无明显反应

**叔醇**

无明显反应

萨拉创建了混合式信息组织图。第一眼看去，它似乎是从左到右排列的树状图，但它的每个分支都表示关系。也就是说，萨拉把树状图和关系图的特点结合在一起，把因果关系拆解开来。我们非常欣赏她的创新，该信息组织图非常适合它所呈现的内容。

## 萨拉·桑迪(SS)

> 信息组织图是学生选择、组织和整合学习不可或缺的工具。它给学生提供了一个有逻辑而连贯地提取关键信息的"接入点"。

职务: 校长、六年级教师
学科: 历史
学段: 小学（7—11岁）
单位: 五月花社区学院

### 为何选择这种信息组织图

尽管在课程内外我们会出于不同原因使用各种各样的信息组织图，但在历史研究这一关键领域，我们每天都会用到它。历史是我们的重要学科，我们使用思维导图作为一种工具，对整个话题中的不同内容分组。历史话题的呈现需要层级结构，强调中心主题的重要性，并逐渐向四周扩展。

### 如何绘制并用它来教学

最初创建信息组织图的方式本质上取决于预期的结果。比如，在进行历史研究时，我们发现绘制信息组织图的最有效方法是先为学生设计好框架——从中心主题开始演绎，再扩展到主题包括的各个对象。这样，教师得以落实教学内容，为学生提供预期知识的路线图，帮助学生完成对主题内容的学习。尽管学生可以（也应）自己扩展最初的信息组织图，但是已有的固定内容都是组织严谨、符合逻辑的，每个人都能看懂。

请记住，这不是考试。要鼓励学生在回忆信息并拓展每个部分的内容时与信息组织图互动。学生会边指边说，跟随信息组织图的结构从一个对象到下一个对象，通常还有一个人（教师、家长、同伴）会通过提示或提问，来帮助学生更好地回忆信息。

### 如何结合其他策略使用

在分析马丁·罗宾逊关于21世纪"三学科"的著作时，信息组织图明显有助于第一阶段的回忆（语法）以及第二阶段的提问和探索（方言）。当然我们也能看到信息组织图作为工具，对第三阶段——沟通（修辞）的影响。对我们来说，第三阶段需要学生能够独立和连贯地分享信息组织图中呈现的知识，并据此构建图式，最后完成一篇命题论文《观点的合理性》。

在学期结束时，学生需要对话题形成合理的观点，以此回答教师在学期开始时提出的"话题问题"。他们需要完成一篇正式的论文。为了组织论文内容，学生会根据论文结构的顺序，以流程放射图的形式制订自己的写作计划。他们从最初的思维导图中提取内容，并在其中添加自己在整个学期中学到的额外信息。这样一来，他们就为自己的独立写作制订了连贯且合理的计划。

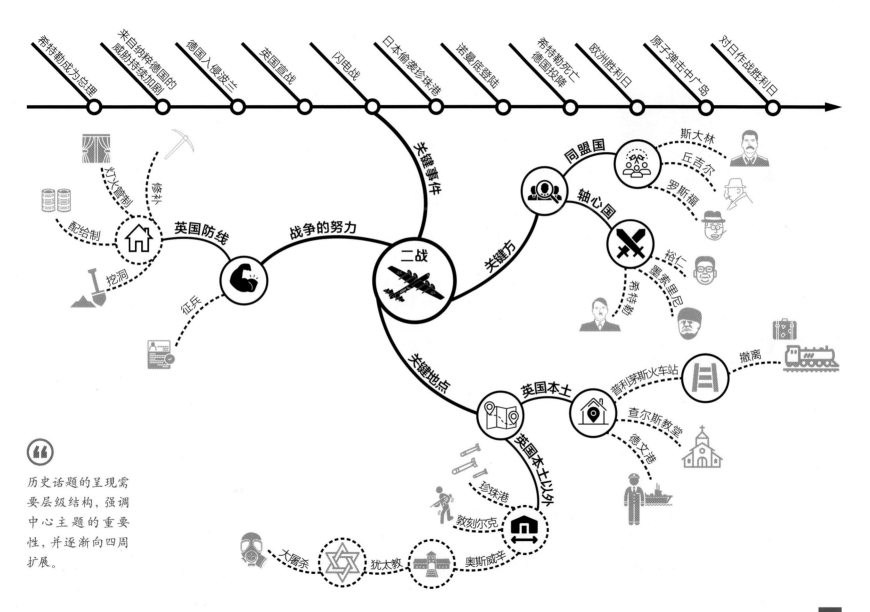

历史话题的呈现需要层级结构，强调中心主题的重要性，并逐渐向四周扩展。

希特勒成为总理
来自纳粹德国的威胁持续加剧
德国入侵波兰
英国宣战
闪电战
日本偷袭珍珠港
诺曼底登陆
希特勒死亡德国投降
欧洲胜利日
原子弹击中广岛
对日作战胜利日

关键事件
关键方
同盟国
轴心国
斯大林
丘吉尔
罗斯福
裕仁
墨索里尼
希特勒

二战
战争的努力
英国防线
灯火管制
修补
配给制
挖洞
征兵

关键地点
英国本土
普利茅斯火车站
撤离
查尔斯教堂
德文港
英国本土以外
珍珠港
敦刻尔克
大屠杀
犹太教
奥斯威辛

## 塞利娜·查德威克(SC)

 **视觉材料是传播信息的最有效的方法。路标、表情符号、记号、家具安装说明等视觉材料无处不在。在课堂上使用视觉材料是有意义的。**

---

**职务:** 部门负责人
**学科:** 产品设计
**学段:** 中学与继续教育(11—18岁)
**单位:** 圣菲洛梅纳天主教女子高中

---

### 为什么需要使用信息组织图

可持续性是设计、技术、科学,特别是生命周期评估或分析的一个关键主题。学生需要了解产品的生命周期如何影响环境。这个主题在考试中经常作为论述题出现。对于论述题,学生有时候会忘记充分规划自己的答案或者担心答案太空泛。因此,学生的回答往往缺乏结构,导致重复、模糊或偏题。

### 创建这张信息组织图的过程是什么

第一步,检查需要教哪些知识,并将其简化为易于掌握和记忆的内容。生命周期分析可概括为三个阶段:制造(manufacture)、使用(use)、处置(disposal)。首字母的缩写 MUD 可以帮助记忆。如果缩写与其定义相关,就更容易记住。第二步,考虑哪种类型的信息组织图最适合呈现这些知识,比如,内容重合或需要对比,事件的发生有一定的次序,存在因果关系,等等。最后一步,把知识和信息组织图结合起来。使用图标可以让信息变得更清晰。需要特别注意的是,使用图标不是为了美观,而是为了实用,即避免认知过载。图文结合让沟通更有效。在"名词项目"(The Noun Project)网站上可以找到很好的图标。连微软公司都知道双重编码有多么强大,PPT里能插入图标图片,就像使用符号和形状一样。

*第一步,检查需要教哪些知识,并将其简化为易于掌握和记忆的内容。*

*需要特别注意的是,使用图标不是为了美观,而是为了实用,即避免认知过载。*

### 如何在课堂上使用它

我让学生回忆原有的知识,并解释自己认为什么是生命周期。大多数学生记得蝌蚪变青蛙,这引发了关于产品的生命周期以及产品存在的各个阶段对环境产生影响的讨论。学生以塑料瓶的生命周期为例,讨论它的制造、使用、处置如何影响环境。

### 接下来发生了什么

学生需要完成分析生命周期的论述题,并使用流程放射图来规划答案,然后再作答。最后学生需要持续练习,以巩固这个技能,提升在限定时间内规划并作答的信心。MUD模型是理解产品可持续性问题的基础。理解了它,才能解决诸如负责任地设计产品并把产品经济从单向转变为循环这样的复杂问题。

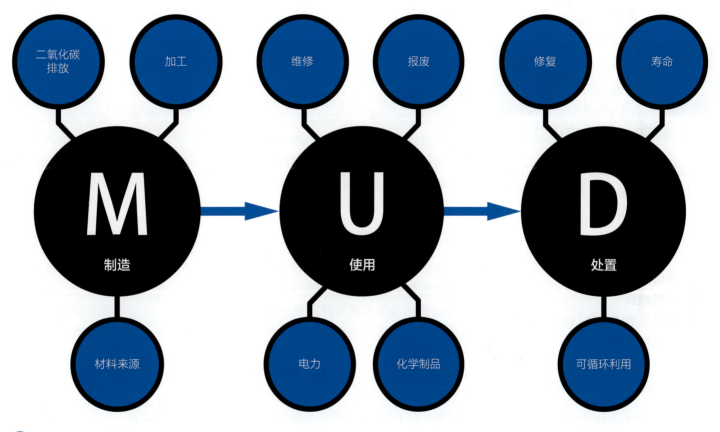

塞利娜创建的流程放射图既美观又实用。她用首字母缩写来代表三个阶段，这样学生更容易记住内容。对大多数人来说，信息的组块只能发生在外部记忆空间。作为写作工具，塞利娜的流程放射图给学生创造了长链思考的机会。因为想法是可见的，学生可以提炼想法并将其添加到外部记忆空间。这个迭代过程有助于学生更清晰地写作。

## 肖恩·史蒂文森(SS)

> 信息组织图的优势在于，它能在视觉上以既联系又独立的方式展示信息要素，且不会影响概念的清晰度、复杂度和深度。

---

**职务：教师**
**学科：宗教教育**
**学段：中学与继续教育（11—18岁）**
**单位：伍斯特大学**

---

### 为何选择这种信息组织图

我发现信息组织图是用可管理的组块来呈现复杂信息的有效方式。按这种方式被分组的想法，对学生来说更容易排序。用图来呈现这些组块，便于学生展开叙述。他们可以通过图的结构来安排叙述的顺序。在创作故事的过程中，学生可以在事件之间建立明确的时间联系。对学生来说，它不仅是一种叙述方式，而且是帮助他们展现想法的地图。想法之间的关联一目了然。用手指追踪图上对应的位置，也可以通过具身认知嵌入信息。我发现这样做是非常有用的，用这种方式呈现信息，就好似踏上了一段探索和复述的叙事之旅。

### 如何把它教给学生

锡克教典籍《古鲁·格兰特·沙希卜》的历史内容非常丰富。我把其中的故事提炼成我认为的关键事件。我一边讲述内容，一边让学生把遗漏的信息填入信息组织图。学生虽然人手一张信息组织图，但我们还会定期一起学习。有关古鲁·那纳克的第一部分是全班一起完成的。为了检查学生的理解程度，我让他们帮助我填写信息组织图。我使用了投影仪，这让我能够示范完成信息组织图的过程。对那些仍然对概念感到困惑或者填错的学生来说，教师的示范是非常必要的。我们一起填好信息组织图以后，学生要互相复述这本书涉及的历史，同时用手指追踪图中的对应位置。复述强化了各要素之间的联系，沿着图的脉络前进，就好像沿着地图上的路线前进一样，这样做也可以促进具身认知。在整个活动过程中，学生的参与程度、理解程度以及描述历史的能力都让我非常惊喜。

> 我发现信息组织图是用可管理的组块来呈现复杂信息的有效方式。

> 信息组织图通过拆解信息，可以帮助学生快速、有效地界定复杂概念。

### 还能如何运用信息组织图

在宗教教育中，学生经常会接触到复杂的概念，这些概念需要大量拆解。信息组织图通过拆解信息，可以帮助学生快速、有效地界定复杂概念。正如拉金和西蒙（Larkin & Simon，1987）所说，一图胜千言。晦涩的想法得益于睿智的表达。

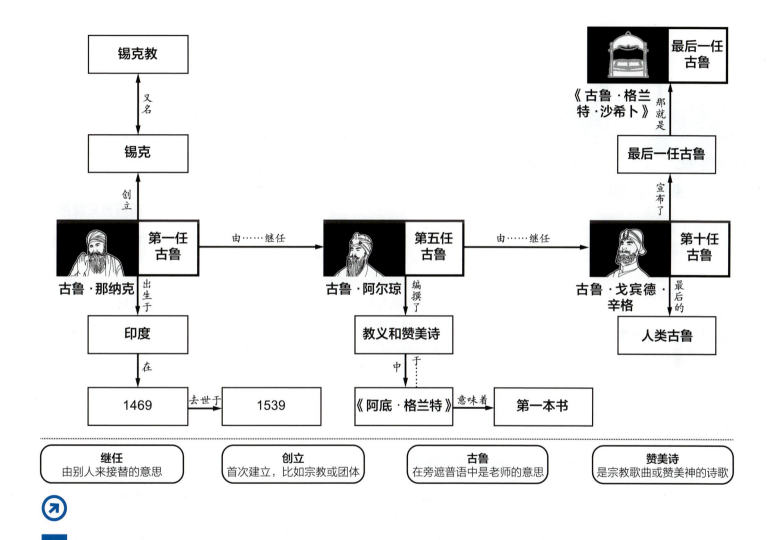

肖恩的关系图是极好的例子，说明了什么是一图胜千言。连接的箭头展示了因果关系。肖恩的学生会发现，使用信息组织图找到因果关系的认知挑战比仅使用文本更小。肖恩在连接线上添加了动词，以此表明要素之间的关系。主谓宾连接成中心句。中心句简洁明了，比常规的文本更容易记忆。这样，肖恩得以向学生传递大量知识内容。

## 西蒙·比尔(SB)

> 教师要想让学生更容易看到抽象概念及其联系，信息组织图是关键工具。

职务：副助理校长
学科：历史
学段：中学与继续教育（11—18岁）
单位：维纳斯学校

### 为何选择这种信息组织图

历史需要学生建立复杂的事件框架。我们期望学生既深入了解具体事件，又能认识长期趋势。这对学生来说是有困难的，因为当学生开始学习新主题时，并没有成熟的图式来组织信息，甚至到了单元结束的时候仍然如此。我还发现，学生可能缺乏对事件如何相互影响的认识。我想创建能够兼顾微观历史和宏观历史的信息组织图——既关注特定年份，又展示一段时期的长期趋势。我借鉴了建筑设计的空间理念（如地面、拱顶石、天际线等），来减轻学生的认知负荷。

### 如何使用它

我先让学生对某年发生的事件进行分类，这是考虑某年发生的特定事件和正在上演的时代主题的好机会。然后我让学生用一组预先确定的主题作为框架，写下当年关键问题的概要。每学年在学习关键历史时期的时候，学生都会重复这样的做法。最后我让学生总结出时间轴塔的"天际线"。

### 为何它能帮助学生

学生评论说，在这项活动之后，自己对这一时期的知识掌握得更加牢靠了。学生可以看到由于局势日益紧张，事件是如何逐步发酵并对来年产生影响的。这项活动让学生有机会考虑十年甚至更长的时期，从而做出更综合的判断。每个

*学生评论说，在这项活动之后，自己对这一时期的知识掌握得更加牢靠了。*

阶段的细致分析让学生在课堂上的回答更翔实，因为他们的知识广度和深度都获得了发展。

### 如何将它应用于不同的学科

它适用于任何需要学生从宏观层面和微观层面关注某一过程的情境。你也可以将时间轴换成一系列行为或过程。它可以用来分析戏剧发展、水循环过程、论文规划等。

*每个阶段的细致分析让学生在课堂上的回答更翔实，因为他们的知识广度和深度都获得了发展。*

西蒙用简明的时间轴创造了非常漂亮的视觉隐喻来捕捉因果关系。为了说明紧张局势的加剧，他搭建了时间轴塔，还从时间轴中提取了附加价值，这些设计令人欣喜。

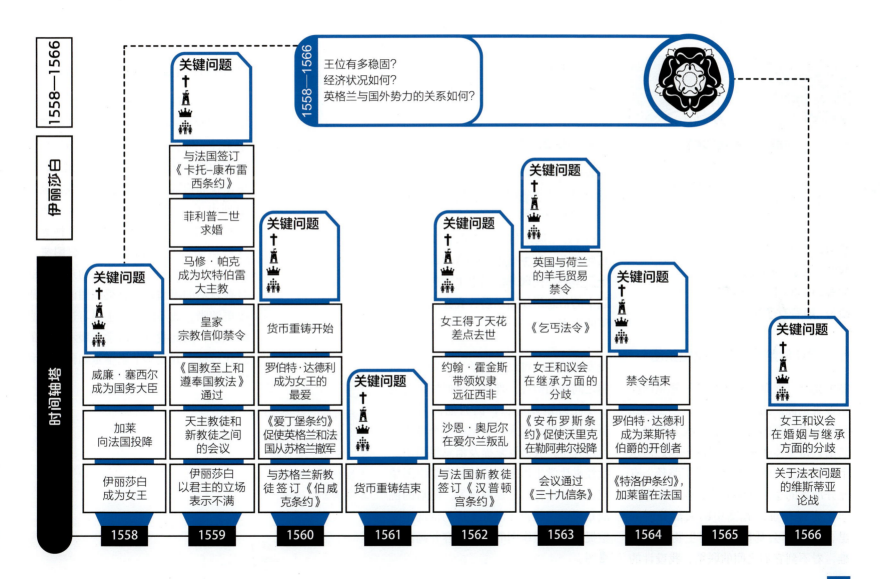

**1558—1566**

**伊丽莎白**

**时间轴塔**

**关键问题**

王位有多稳固？
经济状况如何？
英格兰与国外势力的关系如何？

**1558—1566**

**关键问题**

与法国签订
《卡托–康布雷
西条约》

菲利普二世
求婚

马修·帕克
成为坎特伯雷
大主教

皇家
宗教信仰禁令

**关键问题**

货币重铸开始

罗伯特·达德利
成为女王的
最爱

**关键问题**

**关键问题**

英国与荷兰
的羊毛贸易
禁令

**关键问题**

**关键问题**

女王得了天花
差点去世

《乞丐法令》

禁令结束

**关键问题**

威廉·塞西尔
成为国务大臣

《国教至上和
遵奉国教法》
通过

约翰·霍金斯
带领奴隶
远征西非

女王和议会
在继承方面的
分歧

女王和议会
在婚姻与继承
方面的分歧

加莱
向法国投降

天主教徒和
新教徒之间
的会议

《爱丁堡条约》
促使英格兰和法
国从苏格兰撤军

沙恩·奥尼尔
在爱尔兰叛乱

《安布罗斯条
约》促使沃里克
在勒阿弗尔投降

罗伯特·达德利
成为莱斯特
伯爵的开创者

伊丽莎白
成为女王

伊丽莎白
以君主的立场
表示不满

与苏格兰新教
徒签订《伯威
克条约》

货币重铸结束

与法国新教徒
签订《汉普顿
宫条约》

会议通过
《三十九信条》

《特洛伊条约》，
加莱留在法国

关于法衣问题
的维斯蒂亚
论战

| 1558 | 1559 | 1560 | 1561 | 1562 | 1563 | 1564 | 1565 | 1566 |

## 西蒙·弗林(SF)

**信息组织图有助于学生识别关键信息及其联系。**

---

**职务：教师**
**学科：科学/化学**
**学段：中学（11—18岁）**
**单位：康登女子学校**

### 什么促使你绘制这张信息组织图

高中化学（尤其是有机化学）知识的联系很难把握。到课程快结束，学生遇到有机合成问题的时候，情况尤其明显。之前，每个步骤都是独立的主题，但这个时候，独立的步骤合并成了路径。有充分准备的学生能够完成，但对大多数学生来说很难。在高中的大部分时间里，学生都会觉得一系列生物机制很难，看不到它们之间的联系。我设计的信息组织图可以帮助学生以有意义的方式看到这些联系。

### 如何与学生一起使用它

在我第一次讲授有机机制的概念时，我就介绍了信息组织图。在这个时候，亲电体和亲核体都还只是定义。随着我利用PPT逐一展示信息组织图各要素及其相互关系，学生得以看到这门课程在18个月里将如何展开。当学生适应了这个版本的信息组织图以后，我会给出更完整的版本。

我发现概念图可以帮助学生识别多个机制之间的相似性。理解了相似性又有助于学生理解新信息，因为他们可以把新旧知识联系起来。于是在整个课程学习过程中，我会反复提及信息组织图。我经常让学生用未完成的信息组织图填空，以此进行信息提取练习。随后的挑战是，学生能否在没有支持的情况下完整提取信息组织图的所有内容并画出整张图。

我设计的信息组织图可以帮助学生以有意义的方式看到这些联系。

随后的挑战是，学生能否在没有支持的情况下完整提取信息组织图的所有内容并画出整张图。

### 你还有什么要补充的

我对分布式认知，即外部表征如何突破工作记忆的局限很感兴趣。当要帮助学生建立完善的图式时，信息组织图可以成为减少认知负荷的工具。此外，菲奥雷拉和梅耶在《学习作为生成活动》中列出了八个促进理解的策略，包括结构映射、善作小结、自我解释等，这些策略都可以配合信息组织图来使用。目前元认知引发了人们的热议，这是很自然的事情，信息组织图能够让思维更清晰。我不断让学生温习这个信息组织图，因此我可以向学生展示思维的迭代过程。我展示了思维是如何演变和完善的。

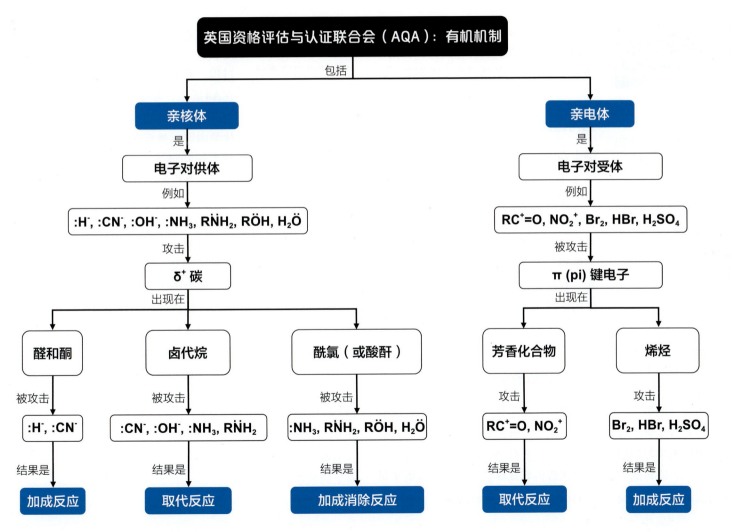

西蒙创建了混合式信息组织图。它将信息分为明确的层级，并比较不同序列。在这张图中，每个要素都是对齐的。他对颜色的使用也很慎重，确保视觉效果足够清晰。西蒙的信息组织图令人印象深刻，但更重要的是，他知道如何最大限度地发挥它的作用。

## 蒂姆·比蒂(TB)

> 作为元认知工具，信息组织图使学生和教师的思维可见。

**职务:** 邓迪市议会教育团队教师教学校长
**学科:** 宗教、道德和哲学研究
**学段:** 中学和继续教育(11—18岁)
**单位:** 邓迪市哈里斯学院

### 什么促使你使用信息组织图

对我来说，信息组织图是强大的工具，它在一页纸上描绘了全貌，有助于我对元叙事的理解、掌握和分享。我也在教学中大量使用信息组织图来辅助教学。对学生来说，信息组织图对自主学习也是有价值的。学生可以用它来学习特定领域的知识、过程和技能。对其他教师来说，花时间使用信息组织图也不费

事。但是要想最大限度地利用它，你就需要了解它是如何发挥作用的，否则你就有可能对学生的学习产生不利影响。

### 为何选择这种信息组织图

学生经常难以自我管理，因此我想帮助学生提升规划、监控和评估学习的能力。作为教师，我们的教学重点是向学生传递课程内容，这没错。然而，我们可能会忘记放慢脚步，提升学生的学习策略。不幸的是，填鸭式学习无处不在。有研究指出，元认知技能可以对学生的学习产生重大影响，对此我们需要反思。

### 如何把它教给学生

首先，我让学生选择某个话题——选对内容很重要。该话题与课程相关吗？这是第一个重要问题。作为教师，我们是否在课程内容或评估标准方面提供了足够的帮助，让学生能够理解？

> 学生可以用它来学习特定领域的知识、过程和技能。

> 然而，我们可能会忘记放慢脚步，提升学生的学习策略。

其次，我让学生提取信息——可以是特定领域的知识，也可以是程序性知识或过程。我的选择是把大脑倒空再填充。在A4纸上，学生把自己知道的关于这个话题的所有内容记录在圆圈内——记住的内容；然后在圆圈外，学生对照课堂笔记和课本，添加自己没记住的内容——遗忘的内容。随后学生评估自己大脑倒空和填充的程度，确保自己知道圈内内容，并决定是否需要复习或重新学习圈外内容。接下来是规划和监控阶段，形成一个循环。借助SMART目标，学生为需要复习或重新学习的内容创建有勾选框的核查清单。如果在监控学习的过程中遇到了挑战，他们就要使用SMART重新评估目标，直到满意地完成核查清单及全部流程。

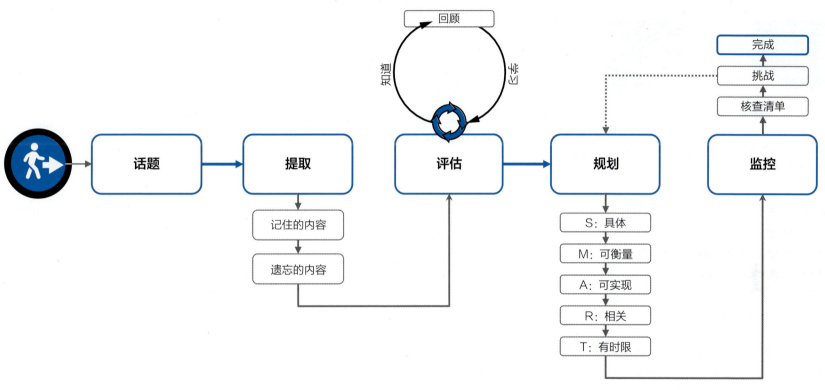

蒂姆的流程图清晰明了，令人佩服。他选择了合适的图示，整齐排列了所有要素，限制了颜色和字体的使用。基于切分、组块、对齐和约束的设计原则，蒂姆创建了一个颇有成效的可视化教学计划。我们可以看到，如果前面的步骤未经充分组块，那么教授新内容时，后续步骤就会无所依傍。蒂姆就像航空塔台，把指令分成小块，变成更容易传递的数据包。

## 汤姆·汉森(TH)

 **信息组织图向学生展示了知识如何联系，我也用它来观察学生在思考什么。**

**职务：教师**
**学科：地理**
**学段：中学和继续教育（11—18岁）**
**单位：阿勒顿农庄学校**

### 为何使用信息组织图

我把精心设计的信息组织图融入教学的原因有二：分享知识全貌，解释知识如何联系。信息组织图在复习知识的过程中特别有用，可以将所有想法连接在一起。提前设计好信息组织图是很重要的。我需要借助清晰的视觉材料让想法更容易被理解。

### 为何鼓励学生使用信息组织图

学生已经习得了若干独立的知识点，但我们还需要培养学生的理解能力。让学生创建信息组织图，无论作为独立的任务，还是作为需要定期完成的任务，都是评估学生是否建立知识联系的有效方法。我发现学生在自己绘制了信息组织图之后，口头作答的质量会更高。我还要求学生在进行后续写作任务和评估之前绘制信息组织图。这是学生练习解释和建立联系的好机会。当学生完成任务时，我也会收到他们关于所学内容的反馈。

### 学生能否创建自己的信息组织图

这需要花时间定期练习。我在课堂上使用了很多信息组织图，这也是示范的有效方法。当学生要创建自己的信息组织图时，他们已经在课上看到过很多例子了。未完成的信息组织图或展示了联系但缺少充分解释的信息组织图，对初次接触这个过程的学生来说，都是不错的

*学生已经习得了若干独立的知识点，但我们还需要培养学生的理解能力。*

*我发现学生在自己绘制了信息组织图之后，口头作答的质量会更高。*

开始。有些学生会在空间布局上遇到困难。在本案例中，我共享了设计模板，这样学生就可以专注于内容而非设计了。

### 如何使用这张信息组织图

在高中的生态演替系列课程结束的时候，我使用了这张信息组织图。因为学生已经掌握了图中的不同元素，所以我在学生完成书面作业之前，用它来帮助学生复习。我先发给学生一份术语表，让学生两人一组创建自己的信息组织图。两人一组的形式有助于讨论，可以鼓励学生思考将知识联系起来的其他方式。在课堂讨论之后，我拿出这个模型，让学生有机会反思自己的工作。最后，我会测试学生对关键术语及其联系的理解情况。

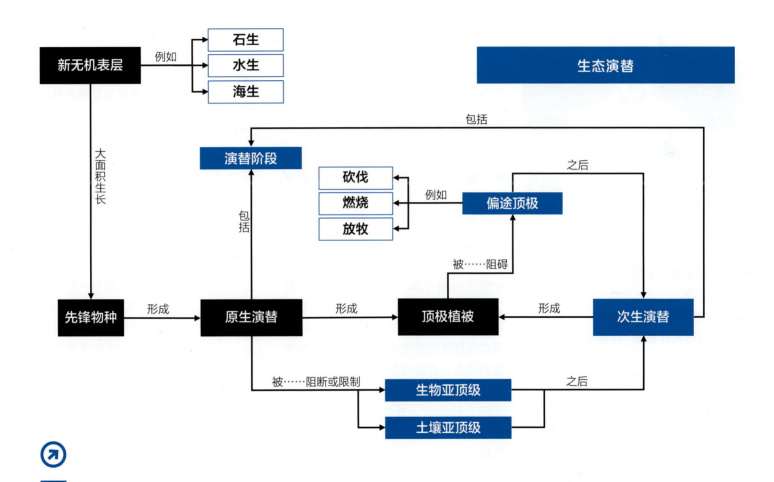

汤姆的信息组织图是支持学生思考和写作的有效工具。通过向学生介绍信息组织图，他增加了知识交流的机会。学生在思考中变得自信，并为口头分享想法做好了充分准备。

## 汤姆·奥迪(TO)

 **展示各种概念之间的联系，对于科学学习极其重要。因此，概念图往往是我的首选。**

**职务:** 科学部副主任
**学科:** 生物
**学段:** 中学（11—16岁）
**单位:** 阿布扎比谢赫·扎耶德学院

### 为何选择这种信息组织图

在这个案例中，我使用的信息组织图是概念图。概念图让我们能够传达概念、想法及其之间的联系。展示各种概念之间的联系，对于科学学习极其重要。因此，概念图往往是我在新授或复习与特定主题相关的大量信息时的首选。我发现概念图可以让学生识别某些概念和想法之间的联系。创建概念图能帮助学生把新旧知识联系起来。

### 如何在课堂上使用概念图

概念图的一大特点是课堂应用方式多样。过去四年，概念图在我的课堂教学中发挥了重要作用。我发现，当需要将新旧知识联系起来并进行信息提取练习时，概念图是最有效的。

开始学习新主题时，我经常会问全班学生一个焦点问题，然后据此建构概念图。这个过程可以由学生个体完成，也可以由班级合作完成，这取决于全班学生的能力。在此过程中，我通常会使用投影仪。概念图的建构让我能够评估学生现有的知识，并找出可能存在的误解；此外，它还为后续教学提供了重要信息。

信息提取练习背后的认识科学研究充分证明了信息组织图在课堂教学中的价值。2019年，凯特·琼斯在《信息提取练习》一书中指出："每次提取信息或

 概念图的建构让我能够评估学生现有的知识，并找出可能存在的误解。

人们有一种误解，认为信息组织图就意味着必须使用图标或图像。

生成答案，都会强化原始记忆。"我经常在信息提取练习中使用概念图，针对学生以前学习过的内容制作部分完成或完全空白的概念图让他们填空。这是测试并衡量学生到底记住了多少知识的好方法。

### 图标有何好处

虽然我是双重编码的支持者，但是我认为人们有一种误解，认为信息组织图就意味着必须使用图标或图像。我不赞成这种说法，但是我确信在某些情况下，图标或图像在建构信息组织图的时候是有用的。不过我很少使用图标来回答学生可能遇到的某些问题，比如，什么是蠕动，蛋白质、脂类和碳水化合物有什么作用。

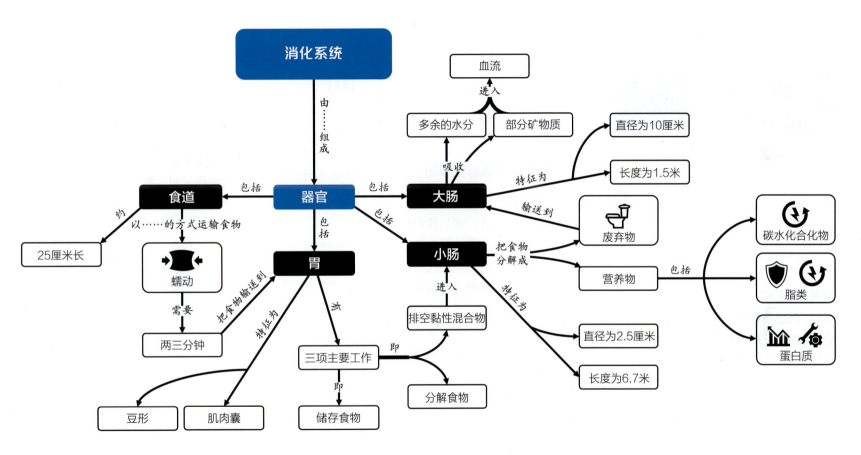

汤姆的概念图将想法和概念按层级结构排列。他的概念图都是由短句构成的。由箭头和动词连接的两个元素构成简单的主谓宾句。概念图可能很难阅读，而他通过巧妙运用颜色，降低了阅读概念图的难度。蓝色和黑色方框以及箭头，提供了阅读路线。通过创建这张概念图，汤姆能够把自己的图式分享给学生，展示了专家组织和构建知识的过程。

## 汤姆·西姆斯(TS)

**信息组织图能够让学生既见树木又见森林。学生可以直观地看到单个要素与更大的叙事之间的联系,这非常有助于他们理解概念。**

**职务: 班主任**
**学科: 历史与政治**
**学段: 中学与继续教育(11—18岁)**
**单位: 进化信托基金**

### 设计它的思考过程是怎样的

我希望向学生展现全景图,帮助他们把所学主题下一个个单独的课堂联系起来。类似概念图这样的信息组织图是很好的工具,可以用来讨论微观和宏观之间的关系,并且便于在微观和宏观之间灵活切换。此外,我想在信息组织图中既展示时间顺序又展示相互关系。这样一来,信息组织图就能从视觉上帮助学生提升对因果关系等概念的理解,这是历史中非常有用的高阶概念。

### 教学中如何使用信息组织图

开始新的教学内容之前,我会给学生提供类似的先行组织者。然后我们使用它来讨论范围更广的主题,并连接之前的知识。通过提问,我们一起找出要素之间的联系,比如,威廉成为国王后将面临什么样的挑战。接下来在每节课开始时,我都会在黑板上展示信息组织图,并突出显示其中与主题相关的内容,将不相关的其他部分变成灰色。我用它来促进关于课程内容的讨论,并通过询问学生遗忘了哪些以前学过的知识,来帮助学生提取信息。

### 对创建信息组织图有何建议

我发现在一开始就确定信息组织图的起点和终点是非常有用的。这有助于确定范围,防止范围变得太大或太分散。

*类似概念图这样的信息组织图是很好的工具,可以用来讨论微观和宏观之间的关系。*

*我想在信息组织图中既展示时间顺序又展示相互关系。*

然后,我建立了贯穿整个主题的中心线索——这对历史学科来说更容易,因为构建叙事或探究是研究历史主题的基础。在本案例中,中心线索是诺曼底公爵威廉从胜利者到征服者,再到统治者的变化过程。然后,我添加了中心线索之外的二级要素,聚焦于一到两个探究的重点。之后我又添加了各要素之间的联系。这确保了在任何单独的课程中,关键要素都是紧密结合的。无论有没有完整的信息组织图,局部的要素都可以被学生理解。

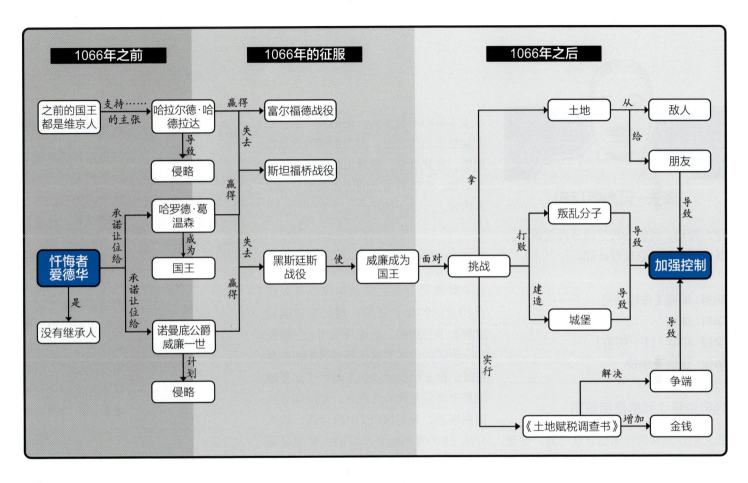

汤姆的概念图哪怕印在正式出版的杂志上也毫不违和，这就是它的质量。汤姆根据发生的时间对各个要素进行排列和分组，并且巧妙地使用背景颜色来表明某个事件属于哪个时间段。汤姆的先行组织者服务于学习过程中的三个基本阶段：提取原有知识，建立联系，做出预测。概念图可以用于信息提取练习，并帮助学生预测下一步会发生什么。汤姆为有意义的学习创制了一种得力工具。

## 泽夫·贝内特(ZB)

> 作为教师，我们为教学创造视觉情境。其实我们都是信息设计师。

**职务：** 德育工作协调员
**学科：** 体育
**学段：** 中学（11—16岁）
**单位：** 沃纳斯学校

### 为何选择这种信息组织图

我把概念图和流程图结合在一起，创建了混合式信息组织图。我的设计复现了800米跑的各个阶段。它可以在向学生展示全景图的同时将800米跑分成各个阶段，并呈现各阶段的关键联系。为了降低认知负荷，我尽可能少用颜色和表示方向的箭头，用颜色和线条粗细来表示文本框的不同含义。使用者一眼就能看到整张图的起点，因为那里的线条特别粗。在我看来，信息组织图需要平衡且对称，能够利用空间讲述故事并定义其内容。

### 如何把它教给学生

这个特殊的混合式信息组织图可以配合20世纪90年代英国广播公司《明日世界》节目中的一段短片使用——该短片分析了运动员完成比赛过程中的能量系统。信息组织图向学生展示了比赛期间整个能量系统如何变化，并与训练区间相联系。我利用PPT中的动画，依次介绍了800米跑的各个阶段。如果是远程教学，信息组织图还可以显示能量需求的逐步变化。一旦我们把图和视频两种媒介结合起来，学生就需要创建自己的信息组织图，表明自己对这种转变的理解。学生可以使用时间轴、流程图或维恩图，把自己的新旧知识联系起来。

> 在我看来，信息组织图需要平衡且对称，能够利用空间讲述故事并定义其内容。

> 学生创建了自己的时间轴以后，就能回答与我的信息组织图有关的简答题。

### 如何结合其他策略使用

使用这张信息组织图的目的是帮助学生回答问题，分析两种能量系统在800米跑中的作用情况。学生创建了自己的时间轴以后，就能回答与我的信息组织图有关的简答题。有些学生需要根据概念图来完成任务，而有些学生在不借助视觉辅助工具的情况下就能回答问题。你可以在概念图的边栏增加一列关键词，也可以删除概念图中的某些关键词，以此作为这项任务的脚手架。给学生的答案提供反馈，然后在一段时间以后，让学生在没有信息组织图支持的情况下，重新讨论这些问题。

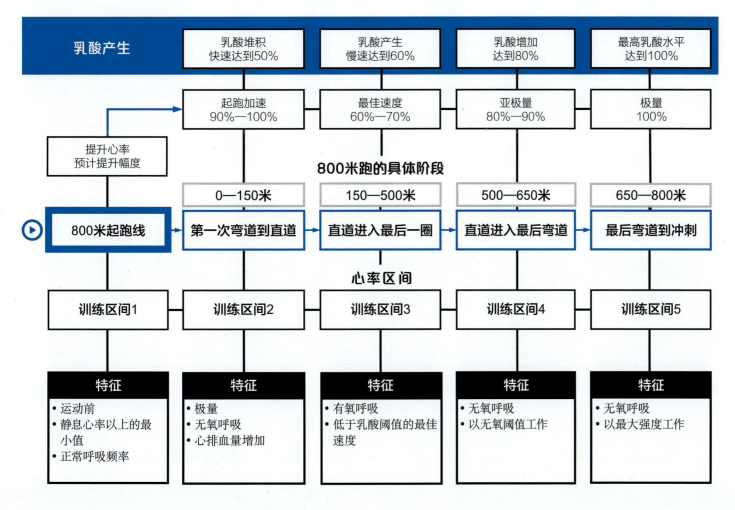

| 乳酸产生 | 乳酸堆积<br>快速达到50% | 乳酸产生<br>慢速达到60% | 乳酸增加<br>达到80% | 最高乳酸水平<br>达到100% |

| 起跑加速<br>90%—100% | 最佳速度<br>60%—70% | 亚极量<br>80%—90% | 极量<br>100% |

提升心率
预计提升幅度

### 800米跑的具体阶段

| 0—150米 | 150—500米 | 500—650米 | 650—800米 |

| 800米起跑线 | 第一次弯道到直道 | 直道进入最后一圈 | 直道进入最后弯道 | 最后弯道到冲刺 |

### 心率区间

| 训练区间1 | 训练区间2 | 训练区间3 | 训练区间4 | 训练区间5 |

| 特征 | 特征 | 特征 | 特征 | 特征 |
| • 运动前<br>• 静息心率以上的最小值<br>• 正常呼吸频率 | • 极量<br>• 无氧呼吸<br>• 心排血量增加 | • 有氧呼吸<br>• 低于乳酸阈值的最佳速度 | • 无氧呼吸<br>• 以无氧阈值工作 | • 无氧呼吸<br>• 以最大强度工作 |

泽夫创建了混合式信息组织图，将概念拆分开来，并展示它们如何随着时间的推移而变化。这样做使泽夫得以展示自己的专家思维。他遵循了组块、切分、约束、对齐的原则，视觉上非常平衡。他的设计非常清晰地传递了信息。

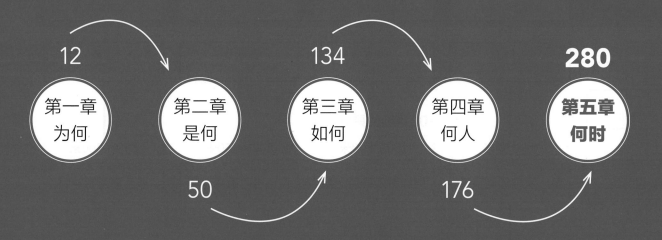

12 第一章 为何

50

第二章 是何

134 第三章 如何

第四章 何人

176

**280**

**第五章 何时**

如果信息组织图不是孤立的策略，那么何时使用以及与哪些其他策略一起使用效果最好？本章将举例说明。

# SOI模型与结构映射

—

信息组织图是组织的工具。它只有与其他学习策略配合使用并为学习策略服务，才能充分发挥作用。

《让我们开始运用有效学习策略：结构映射》（2021）

保罗·基尔施纳
米尔贾姆·尼伦
蒂内·胡夫
蒂姆·苏尔玛

**保罗·基尔施纳**

与其他有效策略一样，结构映射背后的理念是，学习者通过SOI模型，完成与主题相关的新产品。

Kirschner et al, 2021

## 纯粹的SOI模型

2015年，菲奥雷拉和梅耶在《学习作为生成活动》一书中提出了SOI模型。虽然引导注意力及工作记忆和长时记忆之间的自由流动至关重要，但可以直接教给学生的，却是那些为理解意义而组织信息的关键行动。

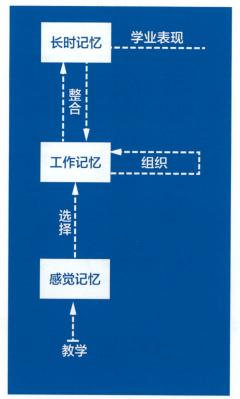

## 人性化的SOI模型

更为人性化的SOI模型描述了默林·唐纳德所说的外部记忆空间的重要性。由于避免了瞬时信息的局限性，学生可以通过选择和创建信息组织图来努力建构意义。

284

### 在结构映射情境中的人性化SOI模型

2004年，克拉克和莱昂斯在其代表作《图示学习》一书中指出，选择正确的可视化工具是成功的关键，然而在大多数相关资料中却几乎没有关于信息组织图的分类和说明。我们失望地注意到，研究一直忽略了这个因素，将信息组织图视为单独的策略。但它并非如此，它是一种创造意义的手段，其目的是在组织信息的过程中提供帮助。它不会单独发挥作用，而总是嵌入某个主题情境，作为配套策略发挥作用。

**米尔贾姆·尼伦**

*教师需要向学生展示如何做，让学生练习如何使用，还需要展示如何成功建构图示，用认知问题与学生讨论他们创建的图示。*

Kirschner et al,
2021

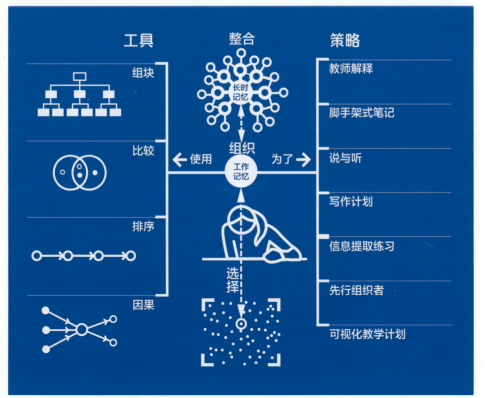

**蒂内·胡夫**

*师生都可以用不同的方式在不同的学科中使用结构映射这一策略。*

Kirschner et al,
2021

**蒂姆·苏尔玛**

*我们不建议选择结构映射作为单独的学习策略。*

Kirschner et al,
2021

# 集群

一

研究往往针对的是某个方法。但是在课堂上，我们要组合运用不同的方法。

**亚里士多德**

许多事物都有若干部分，它们不仅是由若干部分组成的完整集合，更是超越其部分的整体。

## 研究的扭曲视角

在科学研究中，人们通常一次只针对一种教学技能进行研究。消除变量，才能确保测量的对象是研究的唯一重点。这样一来，研究报告呈现的，以及教师从报告中读到的，自然是单一的课堂教学法（这就是它有趣的地方）。他们的阅读被单一的视角框住了。没有人说明某个方法是如何整合到序列中的，而这才是每个方法最终发挥作用之处。而在课堂之外，我们很自然就会将单个动作组合成一套流畅的动作链。教学也应如此。

**拳击组合**

刺拳　　后手直拳　　左勾拳

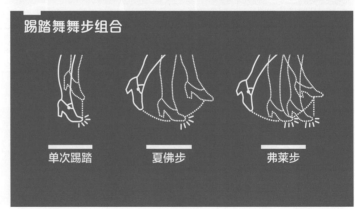

**踢踏舞舞步组合**

单次踢踏　　夏佛步　　弗莱步

**网球击球组合**

发球

截击

扣杀

## 将思考排成序列

将单独的教学技能组合成一个序列，涉及编排的基本原理。以下两个因素可以触发和构建你的推理，从而使其外显化。

**如果**……（具体说明你希望学生做什么、思考什么、实现什么。）

**那么**……（详细说明实现这一目标需要采取的行动。）

遵循以上原理及其对外显化推理提出的要求，你就能有效选择方法并排序。

## 教学攻略集群

"教学攻略"（Teaching WalkThrus）网站为每种教学技术都设计了六边形集群。虽然多媒体版本只有订阅了才能观看，但是你可以下载免费资料包来创建自己的集群。六边形的信息组织图目前还不成熟，但在未来值得关注。

**www.walkthrus.co.uk**

**玛丽·肯尼迪**

*思想与实践交织在一起，所以我们如果想更好地理解实践，还需要理解指导实践的思想。*

Kennedy, 2008

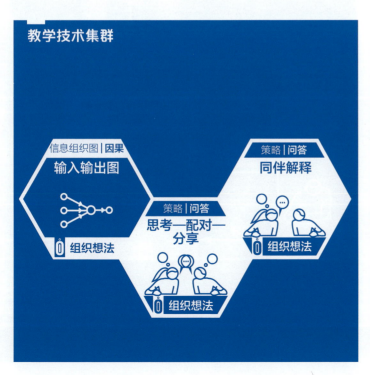

# 先行组织者

—

先介绍一般概念，以此提高学生吸收新信息的能力。

**戴维·奥苏贝尔**

在我们能够有效地展示新材料之前，我们必须提高学生知识结构的稳定性和清晰度。

Ausubel, 1968

## 专家知识结构

专家拥有高度连接的、有意义的知识结构，能够更有效、更高效地利用知识。相比之下，学生是新手，还缺乏有意义的方式来组织自己遇到的信息，所以学生的知识结构联系较少。新手和专家之间的区别有助于我们认识到如何最有效地帮助学生组织知识。然而两者并非泾渭分明，而是一个连续体，学生可以在细致的指导下不断进步。

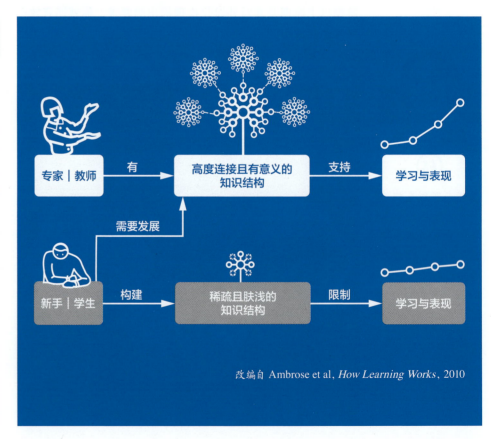

改编自 Ambrose et al, *How Learning Works*, 2010

## 先行组织者的四种类型    平均效应量

### 信息组织图    1.24

将概览转换为信息组织图有助于教师和学生识别关键概念及其联系。它可以用来补充其他三种类型。

### 说明    0.80

描述新学习内容。教师可以为学生将要学习的关键概念写出简短的解释，并点名让某个学生为全班朗读部分描述。

### 略读    0.71

学生在阅读文本之前要略读。要想充分利用略读，教师应做好示范。等到学生掌握了如何略读以后，再指导他们回头精读。

### 叙述    0.53

故事和轶事能帮助人们与现实世界建立联系。教师可以借助学生对叙事体裁的熟悉程度，来突出故事中的主要思想和概念。

## 先行组织者有助于吸收新信息

心理学家戴维·奥苏贝尔创建的先行组织者，为吸收和保存新信息提供了概念框架。先行组织者要在学习新主题之前呈现，并且要比新的学习内容具有更高的抽象层次，这样的通用概念才能成为新知识的存储容器。有很多关于奥苏贝尔先行组织者的研究，它们大致确定了四种类型的先行组织者。其中先行信息组织图的效应量最大（见左）。下图是一个先行信息组织图的示例，其框架改编自基思·伦茨等人于1994年在《单元组织者程序》一书中创建的框架。

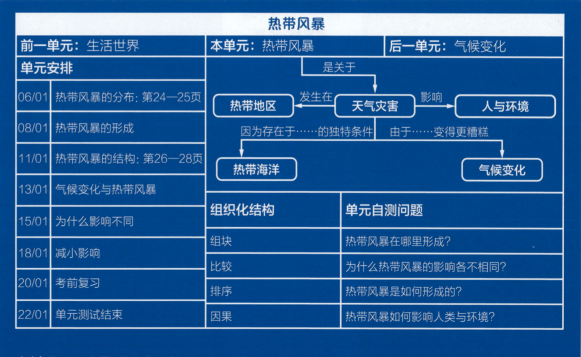

改编自 Lenz et al, *The Unit Organizer Routine*, 1994。

# 可视化教学计划

—

可视化教学计划是学生在学习的每个主要阶段需要知道什么和做什么的路线图。它是元认知和自我调节的重要资源。

**弗雷德·琼斯**

如果在一个工作坊中仅有五分钟的时间，我就会教你可视化教学计划。一次一步，一步一图。Jones, 2009

## 赋能学生的可视化教学计划的结构

流程放射图的独特之处在于它能够同时显示流程（路径模型）和内容（容器模型）。这使它成为可视化教学计划的完美载体。将你希望学生遵循的过程分成数量可控的步骤是非常重要的。多于五个步骤，就不太可控了。你可以在上方写较小的步骤，在下方写成功所需的事实或策略。这样学生就能够明确自己所在的位置，以及需要解决的具体问题。

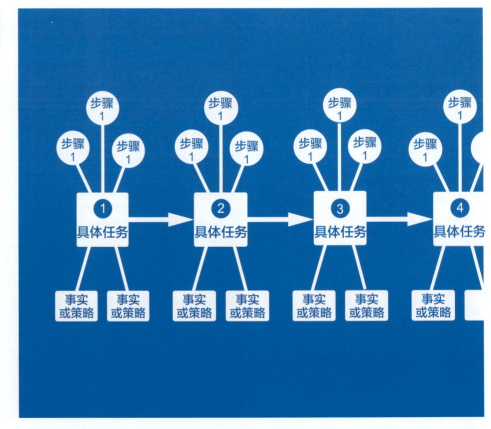

### 元认知与自我调节模型

为了让教师在教学中将整个元认知理念落实到可操作层面，教育捐赠基金会创建了模型，提供了非常有效的结构。在下图中，你可以看到教师如何将元认知的知识与必要的自我调节结合起来。

### 把模型教给学生

把模型教给学生，学生很容易就能获得一种方法来识别自己对可视化教学计划的反应。两种模型的结合成为认知雷达，学生可以利用它实现自己的进步，并在遇到困难时寻求支持。

### 通过模型进行沟通

由于教师和学生共享了模型，他们就能够进行更专注和更有成效的对话。教师可以要求学生报告自己的进步和进度以及自己是否预见了可能的挑战。学生可以明确说出所需的具体支持。

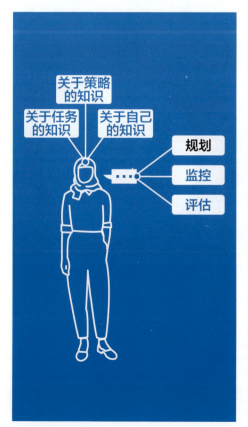

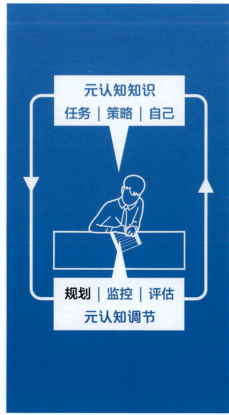

**弗雷德·琼斯**

*这是我见过的加速学习、加速理解、消除无助感的最快捷、最简单的方法。*

*Jones, 2009*

# 思考与连接

—

在概念和多个主题之间建立联系是一种强大的信息提取方法。概念图强化了这一策略。

**汤姆·谢林顿**

这些过程要有生成性，这意味着要让学生提取自己现有的图式，有意识地探索自己的心智模式，尽可能多地与新信息建立联系。

Sherrington, 2020

**1**

指导学生提取自己在当前主题中学到的观点和概念，让学生将自己能记住的内容记录在隶属图的第一栏。如果学生可以提取的信息是全面的，那么使用"思考—配对—分享"策略可以激发进一步的提取。

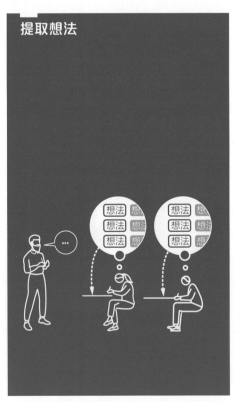

提取想法

**2**

向学生示范如何找出前一主题中的概念与当前学习内容的关系。用点名提问的方式检查学生是否理解了所示范的过程。让学生独立将之前的学习内容与当前主题联系起来，并分别记录在隶属图的各栏中。将主题数量限制在两到三个。

建立连接

**3**

为了探究这张隶属图各栏之间的联系，学生需要创建一张概念图。教师逐一介绍每个要素及其连接，并充分解释每个要素，以此展示概念图创建的初始步骤。要给学生足够的时间完成概念图。

**4**

学生两人一组讲述整个概念图，先一人讲一人听，然后交换角色。这为学生提供了一个评估自己概念图的准确性和说服力的机会。为了鼓励更深入的思考，教师可以表扬那些与之前的学习内容建立了与众不同的联系的学生。

**5**

完成概念图后，学生可以通过一篇扩展写作来表达自己的理解。教师需要展示自己如何利用概念图的组织来帮助构建段落，并给出例子和句子主干来帮助学生写作。

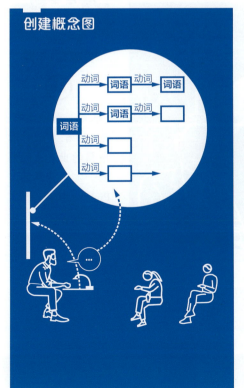

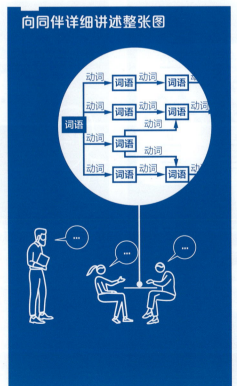

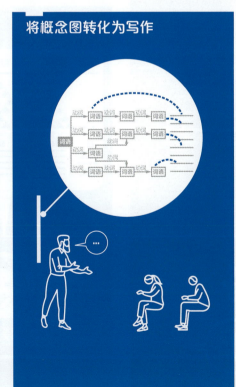

**埃弗拉特·弗斯特**

*我喜欢将"建构意义"定义为用我们已经理解的、可以使用的其他概念来描述一个新概念。*

Furst, 2019

# 说与听

—

当你能看到某物时，描述它就容易多了。词语图解展示了这种具体的、半永久的关联概念。

### 注意力和建构意义

只靠听来理解对抽象概念的解释是困难的，尤其当解释往往不准确时。正如认知心理学家埃弗拉特·弗斯特指出的，对抽象概念进行可视化描述，有助于集中和保持理解所必需的注意力。

新手　熟手　专家　教师

埃弗拉特·弗斯特

### 写作的演练

将信息组织图转换为口头叙述，需要流畅地阐述和排列图解中的关键词，这就是写作的演练。将教师转瞬即逝的解释转化为想法和具体的联系，让所有学生都能完成这项任务。

**史蒂文·平克**

"展示"即暗示有东西可看。那么作者所指的世界上的事物一定是具体的。

Pinker, 2014

## 共享外部记忆空间

学生两人一组使用信息组织图作为说和听的框架时，就可以用全部工作记忆资源来构思自己的叙述和聆听他人的叙述。他们不用分心去捕捉那些转瞬即逝的解释，可以毫不费力地指出需要重复、阐述或证明之处。没人会迷失方向，即使对话中断也可以继续。眼前的图是两人持久且可靠的备忘录。

## 三点沟通

说到有效沟通，人们普遍认为目光交流会加强对话，然而并非如此。目光交流会阻碍对话。我们不难意识到，向他人解释复杂想法，对每个人来说都是挑战。三点沟通完美缓解了这种焦虑。所有沟通都是由视觉材料引导的。双方的目光都聚焦于眼前的图，从而减轻了个人压力。

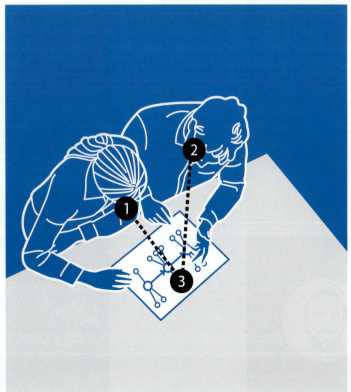

**埃里克·伦泽**

*每个人都低头看眼前的内容。因此，互动以对象为中心，而非以人为中心。*

Lunzer et al, 1984

# 可视化教学计划：写作

—

杰米·克拉克解释了在教授扩展写作时如何用信息组织图作为可视化教学计划。

杰米·克拉克

**劳拉·德尔罗斯**

这项研究表明，将信息组织图与传统的基于文本的方法相结合，可以提升新信息的清晰度，加强新知识与原有知识的联系，提高将想法有逻辑地组织成连贯序列的能力。

Delrose, 2011

**1**

选择你想让学生创作的文章类型，并将其分解为易于管理的分步说明。使用容器模型构建一个信息组织图，在结构中添加关键标题。例如，典型的分析性写作框架可能包括：主题、证据、分析、目的。

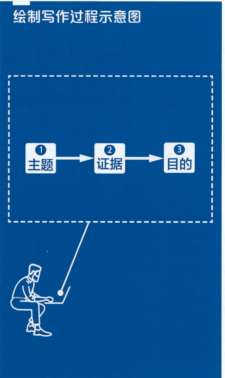

绘制写作过程示意图

❶ 主题 → ❷ 证据 → ❸ 目的

**2**

在标题下方添加起始句（如"文本中的语言揭示了……"或"该词语意味着……"）来辅助学生写作。必要时在上方添加什么、如何、为何等问题（如"作者想告诉我们什么"）来激发学生的思考。

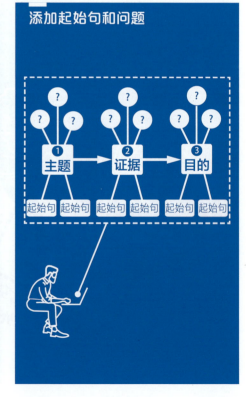

添加起始句和问题

❶ 主题 → ❷ 证据 → ❸ 目的

起始句 起始句 起始句 起始句 起始句 起始句

**3**

为了避免认知过载，教师可以逐步展示每个步骤，以此向学生介绍信息组织图。解释如何将这些步骤应用于文本或主题，并检查学生对优秀作品惯用写作手法的理解程度。等学生熟悉以后，再把完整的图分发给学生。

**4**

使用信息组织图作为指导，现场示范写作过程。如果信息组织图是手写的，使用投影仪让全班都能看到，边写边解释你的想法。指导学生与你一起写作，提出问题以检查学生的理解程度。示范如何使用或改编图中的起始句。

**5**

随着学生对写作过程的认识不断提高，教师就可以逐渐撤掉信息组织图。指导学生盖住图的某些部分，或者把图完全收起来。将写作任务布置给学生，让学生独立练习写新段落或不同主题。

**劳拉·德尔罗斯**

结果表明，在写作过程中，信息组织图是种有效的工具，用于生成包含更复杂句法和结构的句子与叙述。
Delrose, 2011

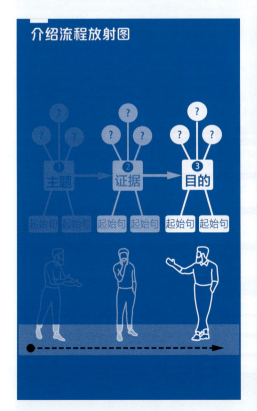

介绍流程放射图

主题　证据　目的

起始句　起始句　起始句　起始句　起始句　起始句

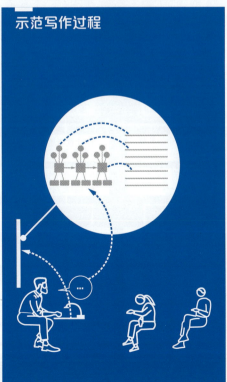

示范写作过程

撤掉脚手架

**接下来，杰米将解释用信息组织图作为写作可视化教学计划的好处。**

# 可视化教学计划：写作

——

杰米·克拉克解释了在教授扩展写作时，用信息组织图作为可视化教学计划的好处。

杰米·克拉克

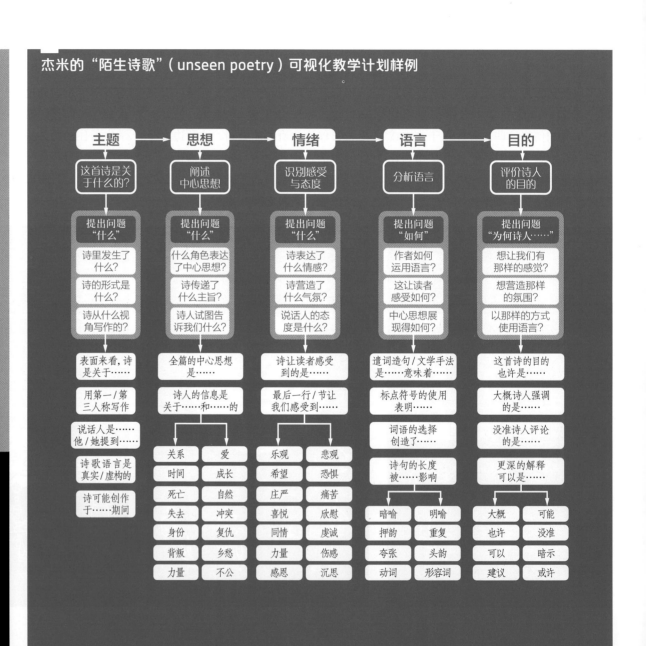

**杰米的"陌生诗歌"（unseen poetry）可视化教学计划样例**

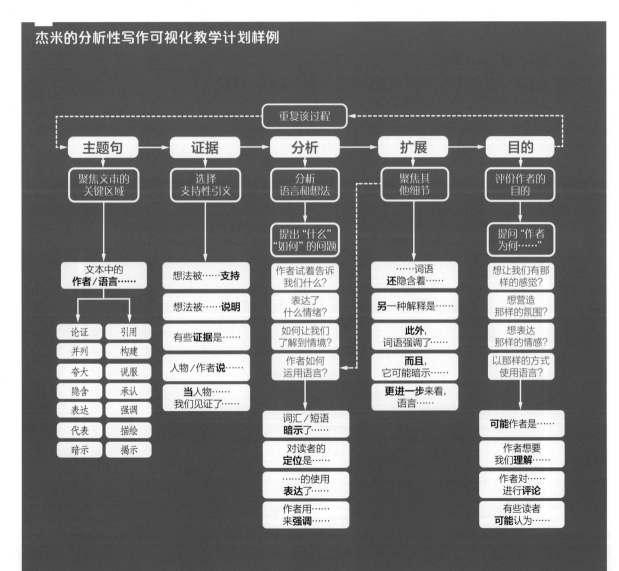

**杰米的分析性写作可视化教学计划样例**

## 捕捉转瞬即逝的信息

信息组织图是减少认知负荷的有效方法，因为它有助于外化和捕捉转瞬即逝的信息。教师在教学生分析性写作时，流程放射图可以帮助学生展示写作过程。

## 外部记忆空间支持更长的思考链

在外部记忆空间用信息组织图保存学习内容，可以释放工作记忆，优化内在认知负荷，使学生得以专注于处理和吸收信息而不会认知过载，并逐步重新审视、完善自己的想法。学生在使用信息组织图练习写作时，会在外部记忆空间改进自己的想法，这有助于形成更长的思考链，从而完成结构严谨、证据翔实的分析性写作。

# 教师可视化解释

—

泽夫·贝内特解释说，教育者的一项关键技能是有逻辑、条理清晰地传达复杂材料，且确保学生的认知加工能力不超负荷。

—

泽夫·贝内特

## 信息过载的风险

向学生展示全景图对连接概念和关键主题至关重要，但是始终存在细节太多、信息过载的风险。下面的概念图是个很好的例子：它展示了骨骼的功能是如何与器官相连接的，还为学生提供了几条探究的线索。这张图只是简要展示，目的是让学生在进入六个主题的学习之前看到全景图。

杰伦·范梅里恩伯尔

" 将动态展示分解为有意义的片段，可以对学习产生积极影响……如果学生的注意力集中在关键方面，学习可能就会得到改善。

Van Merriënboer & Kester, 2014

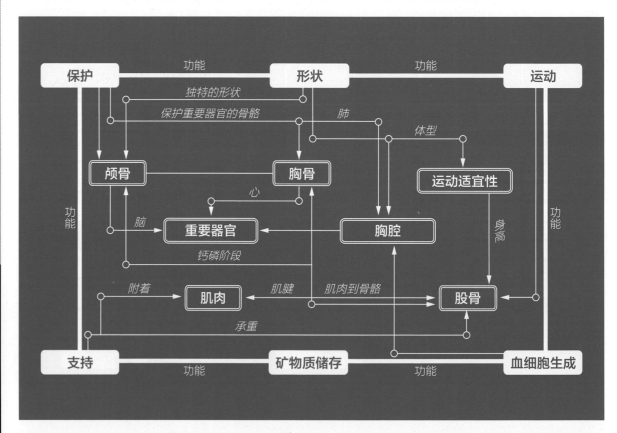

## 分离｜突出

下面这张概念图的主题是主要骨骼的功能。单独揭示每个功能，对探究如何有效地利用身体是必要的。这张图重点强调了有关"保护"的内容，来突出它与整张概念图上的其他功能和组成部分之间的联系。哪些内容是课堂的基础，这些内容就应成为这堂课唯一的学习重点。

## 选取｜放大

接下来是从全景图中选取要强调的部分并放大。这个时候会出现一些其他教学机会，如添加进一步的材料、说明示例和背景数据等。对骨骼的六个功能分别重复这个过程之后，再将所有部分拼合在一起，并再次展示完整的概念图。这样做的目的是让学生理解概念之间的联系。

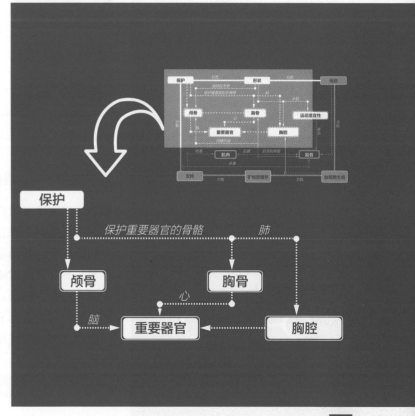

# 中心句1

—

我们可以从知识组织图中挖掘更多的价值，并在记笔记的过程中构建有意义的连接。中心句是孤立的事实和充分连接的知识结构之间的中间站。

动词

| 结构 | 清晰程度 | 意义建构 |
| --- | --- | --- |
| 知识组织图 | 信息单元互不相连，容易记忆。 | 不连贯，无意义。 |
| 中心句 | 句子精炼，通过演练来提取。 | 互相关联，揭示意义。 |
| 信息组织图 | 太多联系，导致信息过载。 | 太复杂的组织图减少了意义建构的机会。 |

**非线性的**

GO

互不相连的 —————————————— 联系的

KO · KS

**线性的**

GO 信息组织图　　KS 中心句
KO 知识组织图

## 知识组织图是有用的辅助

知识组织图越来越受欢迎。它可以辅助信息提取练习，并且可以作为教师和学生的备忘录。我们不否认它在课堂上的作用，并非要挑起知识组织图和信息组织图的竞争。但知识组织图有局限性，它呈现的对象是互不相连的，各种想法或概念之间没有联系——它只是列清单而已。

**玛丽·迈亚特**

知识组织图不利于展示关系和层级。
Myatt, 2021

## 知识组织图不揭示意义

认知科学家弗雷德里克·里夫说，虽然列清单对简单回忆很有用，但列清单只是最低级的组织结构。知识组织图上的每个对象都是孤立的，因此新手很难理解内容的意义。要想建构意义，我们就需要将想法分组并排序，使其成为连贯的结构。

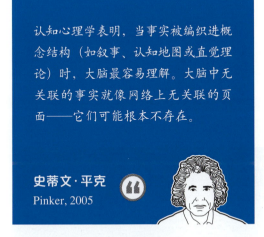

认知心理学表明，当事实被编织进概念结构（如叙事、认知地图或直觉理论）时，大脑最容易理解。大脑中无关联的事实就像网络上无关联的页面——它们可能根本不存在。

史蒂文·平克
Pinker, 2005

## 信息组织图可能很复杂

信息组织图增加了意义建构的机会，因为它需要将想法联系起来。但是，如果连接的网络变得复杂或过于庞大，人们可能会难以应付。

## 中心句提供了意义

中心句是知识组织图和信息组织图之间的中间站。中心句非常简洁，容易回忆和理解。教师和学生都可以创建中心句，但如果教师教会学生如何简洁表达，学生会获益更多。你可以按照右边的四步流程与学生一起创建中心句。

## 创建中心句

**1 确定四到五个独立的事实或概念**

从知识组织图中选择四到五个你希望学生以有意义的方式联系起来的想法或概念。

**2 写出精炼的句子**

为每个选定的想法或概念写出令人印象深刻的句子，用更容易记忆的日常语言代替复杂的语言。

- 第三只小猪是勇敢的。
- 砖头房子提供了安全。
- 狼被抓住了。
- 狼被打败了。

**3 介绍中心句**

每次介绍一句。学生两人一组逐句排练，直到能够背诵。把每个句子都看作单独的词语图解。

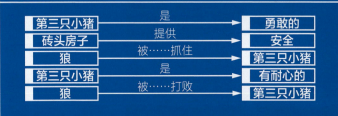

**4 连接中心句**

指导学生识别孤立句子之间的联系，使用"思考—配对—分享"来增加成功的可能性。教师和学生共同创建一张将各中心句连接起来的词语图解。

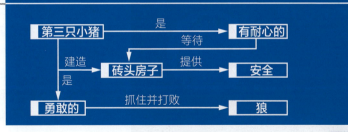

# 中心句2

—

凯特·霍华德解释了中心句是如何帮助学生连接概念，从而建构意义的。

**凯特·霍华德**

## 连接知识

管弦乐队无法协同演奏，我们就无法为其作曲；挂毯缺少经纬线，我们就无法设计编织图案；同样，我们不帮助学生将知识连贯起来，就无法支持他们学习。如果不加以重视，术语、情节、推理都可能成为支离破碎的东西，学生只能得到一些没有意义、缺乏关联的信息碎片。发现意义和顺序是学习的基础。它能够使学生建立联系，认识到从一个时刻到下一个时刻的重复；认识到人物在不同时期表现出相似的特性，而这些特性解释了人物行为背后的动机；认识到整个文学史中重复出现的概念和可以追溯的规律。

## 中心句有助于建构意义

中心句是连接的跳板。只有引导学生提炼对人物、情节、主题和因素的理解，我们才能分享知识各组成部分之间的联系和关系。中心句非但没有淡化或忽视主题本身，反而帮助我向学生展示了简明写作的力量。通过仔细选择有价值的东西——不是以孤立的形式，而是以关联这篇文章甚至整个文学作品的形式——学生可以自由地将各个组成部分编织在一起。

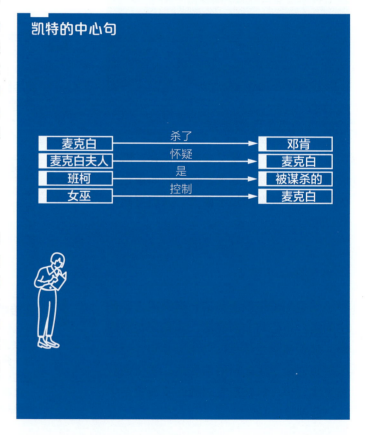

## 连接中心句

我一开始就构思出了非常简洁的核心陈述，但并不以牺牲文本为代价：我精简了动词，来揭示文本的重要概念。"怀疑"是《麦克白》中的人物表现出的动机和选择的关键，因此思考作者如何通过人物将"怀疑"融入文本是有意义的。在这部戏剧中，怀疑演变成根深蒂固的偏执，促使麦克白成为自己缺乏安全感的受害者。弄明白人物之间是如何开始互相猜忌或背叛的，对深入理解麦克白死亡背后的叙事至关重要。麦克白夫人意识到丈夫对她隐瞒信息之时，她的偏执就开始吞噬她。《麦克白》中，女巫们的预言是其他人行动的关键催化剂，而中心句就是这些内容的交织呈现。

## 中心句帮助大脑间隔提取信息

随着时间的推移，中心句成为一种用来展示文学作品中反复出现的主题的工具。例如，当我们研究浪漫主义文学的演变和代表作品时，当我们研究《化身博士》中的权力剥削或者《动物农场》中的权力反抗时，权力这个概念都出现了。明确同一主题在不同作品中重复出现的这些时刻，我们就能够在整门课程的教学过程中帮助学生实现整合。

中心句非但没有淡化或忽视主题本身，反而帮助我向学生展示了简明写作的力量。

中心句成为一种用来展示文学作品中反复出现的主题的工具。

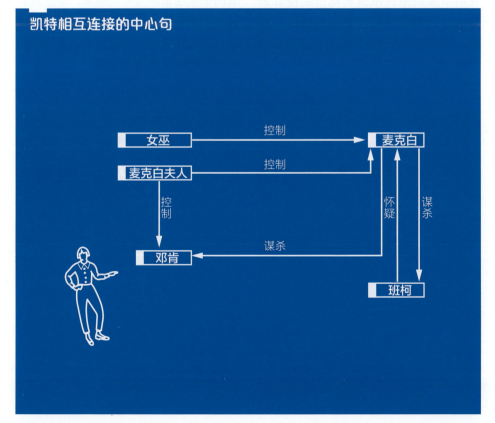

凯特相互连接的中心句

# 单选测试图1

—

凯特·琼斯解释说，词语图解可以丰富大脑进行信息提取练习的形式，其中的连接可以为回忆增添意义。

凯特·琼斯

**亚娜·温斯坦**

让学生从记忆中创建概念图，从记忆中绘制图解。

Weinstein & Sumeracki, 2018

## 以识别为基础的单选测试图

单选题是一种有趣且轻松的信息提取练习。其有效性取决于问题的设计和布局。与更具挑战性、更费力的自由回忆不同，它是一种信息识别形式，学生只需辨别并选择答案即可。关键在于，我们不要回避挑战或弱化信息提取的行为。把单选题与信息组织图结合起来，可以在提取信息的难易度之间取得平衡。

## 创建的过程

把单选题与信息组织图结合起来作为提示，可以为教师提供检查学生理解情况的机会，并促进提取信息的练习。在测试前根据学习内容绘制信息组织图模板，并将其作为参考资料发给学生。或者向学生展示不完整的版本，学生只有选择了正确的答案（即缺失的内容）才能看到完整版本。单选题和信息组织图的重点都应该是核心知识。

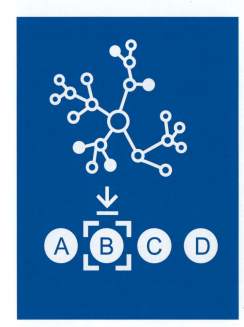

## 设计原则

挑战的难度会因删除了多少内容及向学生展示了多少信息而不同。可以根据信息组织图上缺少的关键词或概念来设计单选题。单选题应有效且难度适宜，这样学生才会有兴趣做完所有题。三到四个选项是比较合适的，每个选项都应是看似正确的干扰因素（这一点至关重要）。目的是在选项和信息组织图上的正确答案之间建立连接。

## 调整单选测试图

从信息组织图中删除的所有元素都可能变成看似正确的干扰因素。如果学生（之前看过且）能够记住完整的信息组织图，他们还需要准确回忆学科知识并仔细回答问题。用这种方式调整单选测试图有助于揭示更多的可能性。探索已知知识和目标知识之间的关系，是从直接提取转向提取并连接的关键。

## 扩展想法

与信息组织图其他关键元素有关的看似正确的干扰因素增加了挑战难度，使学生有机会在相关元素和信息片段之间进行阐释并建立连接。鼓励学生解释为什么选择这个答案而不选其他答案，单选测试图的效用就会得到进一步拓展。学生甚至可以创建自己的测试图，将错误答案变成正确答案。

**梅根·苏梅拉基**

*信息提取练习的不同形式之间的学习差异往往很小。*
Weinstein &
Sumeracki, 2018

# 单选测试图2

将单选题和信息组织图结合起来，以便在信息提取练习中建立有意义的关联。

**布莱克·哈佛**

让学生养成仔细观察单选题所有选项的习惯，不仅可以减少粗心大意的错误，而且可以真正改变学生认识这些问题的方式。

Harvard, 2018

## 结合信息组织图和单选题
## 进行有意义的信息提取练习

把信息组织图与单选题结合起来，可以帮助学生进行有意义的信息提取练习。这种练习可以提高学生从长时记忆中提取知识的流畅性和准确性。为了最大限度地挖掘练习的潜力，增强长时记忆，学生必须在想法和概念间建立联系。虽然我们知道测试的效用，但在测试中学生尽管在回答问题，却可能永远不会把自己给出的答案联系起来。而这种结合能让学生看到联系以及每个答案在知识结构中的位置。你在指导学生完成复杂的信息组织图时，不妨考虑这种结合，因为单选题可以帮助学生更及时地组织想法，也是检查理解程度的快速策略（配合学生用的小白板效果尤佳）。

**1**

为学生正在学习的内容创建一个信息组织图模板。确定哪些关键词和概念是你想让学生掌握的，并将其从模板中删除。当进行练习时，使用谢伊（Shea，2021）所描述的"热激活"（warm reactivation）帮学生热身。比如，你可以问学生："你喜欢温斯顿·丘吉尔吗？"这个问题没有正确或错误的答案，但是大脑中存储有关温斯顿·丘吉尔信息的记忆细胞就会被重新激活。

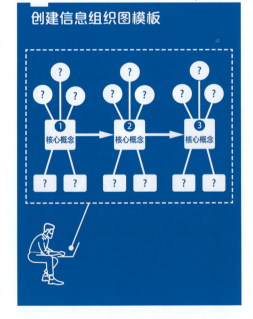

创建信息组织图模板

**2**

设计单选题，帮助学生找出信息组织图模板中缺少的概念和关键词。有意义的单选题会让学生认真思索所有选项，因此应将选项的数量控制在三到四个，让每个选项都看起来合情合理。利用这个机会，找出学生可能存在的错误认识。

**3**

尝试从单选题中挖掘更多价值。使用"思考—配对—分享"和"直接点名回答"的策略，让学生证明自己的选择。也可以考虑多个正确答案，指导学生选择最好的那一个，然后要求学生清晰地表达自己的选择。尝试让学生关注错误选项。例如，要求学生设计一个问题或中心句，把不正确的答案变成正确的答案。

**4**

完成信息组织图之后，让学生使用它与同伴互相解释。你可以指导学生互相提问，或者用它写一篇文章。无论学生如何使用信息组织图，确保第一步是做出示范，然后定期检查学生是否理解。

**布莱克·哈佛**

给学生这类任务，不仅能激发更有益的挑战，而且有助于培养更健康的学习习惯。

Harvard, 2018

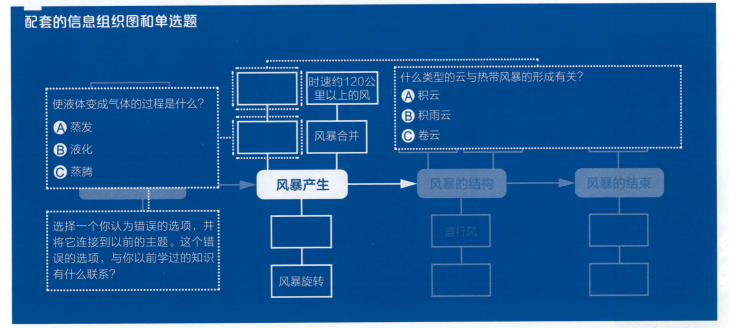

配套的信息组织图和单选题

使液体变成气体的过程是什么？
Ⓐ 蒸发
Ⓑ 液化
Ⓒ 蒸腾

选择一个你认为错误的选项，并将它连接到以前的主题。这个错误的选项，与你以前学过的知识有什么联系？

时速约120公里以上的风

风暴合并

风暴产生

风暴旋转

什么类型的云与热带风暴的形成有关？
Ⓐ 积云
Ⓑ 积雨云
Ⓒ 卷云

风暴的结构

盛行风

风暴的结束

# 复述与重画

—

手势是一种减轻记忆负担的策略，将它与信息组织图相结合，能形成一种增强信息提取练习的策略。

**弗雷德·帕斯**

手势和动手操作都是感觉运动，被认为是生物初级信息的来源，并且已被证明有助于获取生物次级信息。

Paas & Sweller, 2012

## 1

一次先画信息组织图的一个分支。一边画一边解释你对联系和层级的思考。当分支完成时，指导学生把它画到自己的本子上。

**教师绘制并解释**

## 2

指导学生两人一组，向同伴解释，并约定规则——图上的每个关键词必须用至少两个完整的句子解释。一个人先向另一个人解释，然后互换角色。

**学生向同伴解释**

**3**

教师继续解释其他分支的基本结构以及空间排列方式，学生仍然在本子上画出来并向同伴解释。重复这个过程，直到完成整个信息组织图。

**4**

学生两人一组复述完整的图，说的人和听的人同样互换角色。听的人可以仔细询问"如何""为何"这样的问题。但在此之前，要指导学生边详细描述某个分支的关键词，边用食指追踪路线。

**5**

把所有信息组织图（包括教师的和学生的）都放在一边。指导学生完全凭记忆独自重画。建议学生尝试在脑海中回放自己的解释，并在纸上用食指追踪路线，以此激活回忆。

继续并完成这个过程

学生向同伴复述完整的图

学生根据记忆重画

**约翰·斯维勒**

*手势和动手操作可能是非常古老、非常成熟的技能，它们很容易掌握，并且只占用极少的工作记忆空间。*

Paas & Sweller, 2012

# 脚手架信息组织图

可视化脚手架能够向学生介绍文本的结构分析，如果结合其他方法使用，它也可以为学习提供有力帮助。

### 介绍信息组织图

信息组织图是一种视觉隐喻，揭示的是知识的潜在结构。文本的语言、提出的问题、任务的性质等决定了信息组织图的类型。一切都在语言中。向学生解释，每种类型的信息组织图都有自己的标志性关联词。戴维·古德温在帮助9岁的女儿麦迪逊完成海洋哺乳动物项目时，与女儿分析了任务的语言。这个项目要求学生选出一种哺乳动物，然后介绍这种动物的概况，包括特征和属性。戴维向女儿分别展示了四种信息组织图的关联词列表，她由此确定了自己需要的信息组织图类型——组块。

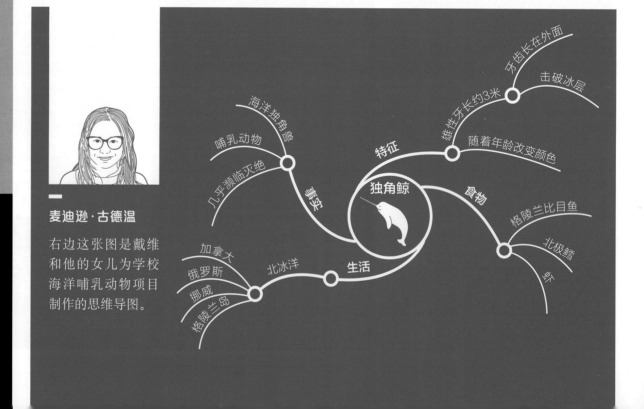

**麦迪逊·古德温**

右边这张图是戴维和他的女儿为学校海洋哺乳动物项目制作的思维导图。

## 作为脚手架的信息组织图

学生需要练习才能独立组织知识。学生的学习习惯和使用信息组织图的经验，决定了你需要提供多少练习和脚手架。你可以利用模板来为学生创建信息组织图搭建脚手架。下图是戴维给女儿准备的模板。对女儿来说，与没有模板相比，有模板花费的时间更少，完成的难度也更小。这样一来，女儿就有了更多的时间，可以专注于最终表现——扩展写作。

## 为使用信息组织图提供脚手架

学生刚开始用信息组织图来辅助写作时，脚手架也可能帮上忙。你可以使用句式练习任务（参考霍克曼和韦克斯勒的《写作革命》）帮学生把非线性表述转化为文章。向学生示范如何把信息组织图的结构作为可视化教学计划。戴维向女儿展示了如何把思维导图中大的分支转化为段落。

麦迪逊的思维导图模板

独角鲸 / 特征 / 事实 / 食物 / 生活 / 雄性牙长约3米 / 牙齿长在外面 / 击破冰层 / 随着年龄改变颜色

**洛根·菲奥雷拉**　　**理查德·梅耶**

有时候，学生可能需要一些指导，例如一份主要概念（即节点）清单、一份关系（即线）清单，甚至是一张部分完成的思维导图。
Fiorella & Mayer, 2015

# 信息组织图模板

—

使用模板可以节省时间，减少设计信息组织图的困难，还可以帮助学生更有效地使用工具。

**埃里克·伦泽**

事实是，训练有素的读者在尝试理解一段难度较大的文本时的做法，类似于分析的过程。

Lunzer & Gardner, 1984

## 支持和反对使用信息组织图模板的理由

戴维·海尔勒（Hyerle，1996）反对使用现成的信息组织图，其理由是，它们只是无须动脑的活动单。他主张教师或学生重新创建视觉工具。然而证据却指向了相反的方向。菲奥雷拉和梅耶（Fiorella & Mayer，2015）表明，两种做法都有效，而且现成的信息组织图更有效。大脑花在学习如何设计信息组织图上的时间越少，花在文本结构分析上的时间就越多。

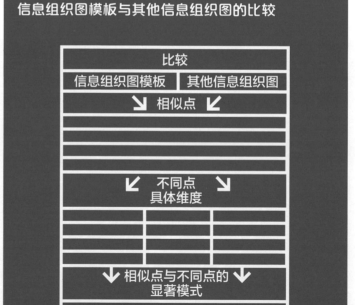

**信息组织图模板与其他信息组织图的比较**

比较

| 信息组织图模板 | 其他信息组织图 |
|:---:|:---:|

↓ 相似点 ↙

↙ ↘ 不同点
具体维度

↓ 相似点与不同点的 ↓
显著模式

↓ 结论：

**戴维·海尔勒**

最坏的情况是，学生总是使用现成的信息组织图，导致他们仅仅把它当成填空活动。这是很让人遗憾的。

Hyerle, 1996

## 信息组织图模板的类型

现成的信息组织图模板类型和本书第54页概述的类型十分相似，只是每种类型中都有更多区别。罗伯特·斯沃茨和桑德拉·帕克斯（Swartz & Parks，1994）500多页的模板中包括16种类型，例如，寻找原因和结论、生成可能性、预测后果、类比等。

## DARTS项目的故事

伦泽与加德纳于20世纪80年代开展的DARTS（Directed Activities Related to Text的首字母缩写，意即与文本相关的指导活动）项目源于对有效利用阅读的研究。图解及其任务基于三个特征：以文本为基础的课堂是课程的一部分，存在不同的文本类型，学生的讨论对理解至关重要。

## 走向综合

很多人瞧不起现成的信息组织图。但把模板作为支持其他策略的资源，可以高效利用时间，让学生展现并发展思维，而不必花时间学习如何设计信息组织图。这种方法有证据支持。

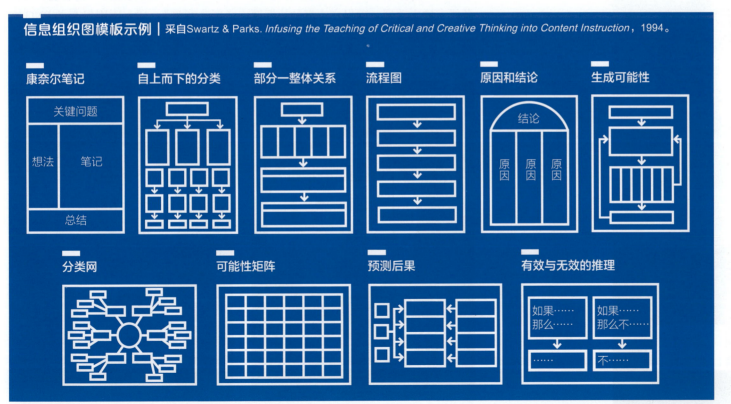

**信息组织图模板示例** ｜采自Swartz & Parks. *Infusing the Teaching of Critical and Creative Thinking into Content Instruction*，1994。

康奈尔笔记 / 自上而下的分类 / 部分—整体关系 / 流程图 / 原因和结论 / 生成可能性

分类网 / 可能性矩阵 / 预测后果 / 有效与无效的推理

**洛根·菲奥雷拉**

使用信息组织图模板的小组在后测学习结果上优于对照小组，产生的中位效应量为1.07。
Fiorella & Mayer，2015

# 远程学习

—

远程教学时，要为学生提供帮助他们阅读和写作的工具。

**1**

使用谷歌幻灯片，创建希望学生完成的信息组织图。通过插入单独的文本框来呈现每个想法和概念。文本框的边框使用一致的颜色和线条，文本框之间用曲线或箭头来连接。在概念图和关系图中，给每条连接线添加一个动词。在每条线上输入动词，确保文本框的边框颜色是透明的。

**2**

复制包含完整信息组织图的幻灯片。按住 shift 键并选择希望学生填写的文本框。把文本的颜色改为白色，把边框改为虚线。选择文件并下载幻灯片，将其保存为 PNG 格式。插入一张新幻灯片。在新幻灯片的任何地方单击右键，选择"更改背景"。插入刚刚保存的 PNG 文件，以完成信息组织图模板。

**汤姆·谢林顿**

使用谷歌幻灯片可以很容易看到每个学生的写作并且在课堂上快速浏览，也可以很容易地连接到任务、资源，并创建模板。

Sherrington, 2021

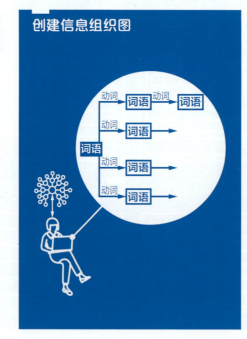

创建信息组织图

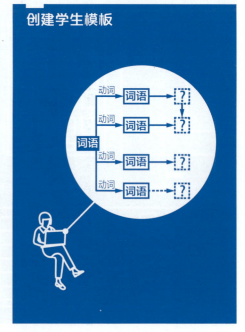

创建学生模板

**3**

在包含完整信息组织图的幻灯片上，选中在步骤 2 中修改了格式的每个文本框，将其复制并粘贴到模板中。定位所有文本框，并将其随机排列在幻灯片的右侧。如果学生必须阅读相关材料才能完成信息组织图，就在幻灯片的左边插入阅读文本的链接。

**4**

如果信息组织图呈现的想法和概念涉及额外的资源，就插入超链接。选中单个词语并单击右键。选择"链接"并复制粘贴网址，保存到谷歌硬盘。如果你希望学生根据信息组织图完成问题或书面任务，可以插入新的幻灯片，为学生提供清晰的指令和可供填写的文本框。

**5**

复制已经创建的文件备用。删除学生不需要使用的幻灯片。在谷歌学习平台上布置作业并添加学生使用的附件。根据提示，选择"为每个学生创建一个副本"的选项。布置完作业以后，你可以在学生写作业时进行监督。在评论框中输入文字，可以实现即时反馈或检查学生的理解情况。

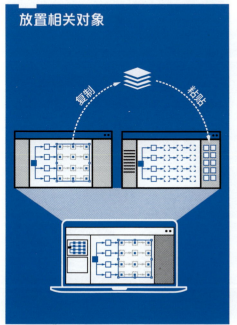

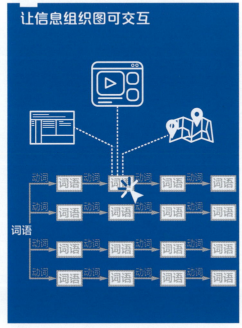

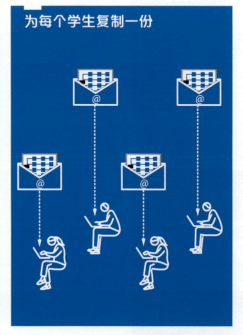

# 行为引导

—

学生如果被一连串口头指令弄得心烦意乱、茫然不解，就不太可能理解并执行改变行为的计划。

**迈克尔·格林德**

当内容易变时，沟通双方都希望可视化地展示信息，这就是第三点。

Grinder, 2006

## 1

所有的谈话都是私密的。对学生来说，与教师一起解决不良行为问题是特别个人的事情。学生越是不被自己的情绪反应淹没，就越能专注于理性的讨论和做出决定。因此，三点沟通的动态特别有效，可以减少情绪干扰。

**采用三点沟通**

1 学生向前看

2 教师向前看

3 共同的视觉焦点

对话通过第三点展开，而不是直接对学生展开。

## 2

这可能是最棘手的部分。不要直接指出学生的哪个行为违反了规则、原则或价值观，而是问学生认为哪个行为是有问题的。逐个分析，直到学生识别出并承认自己某些问题行为的细节，然后将这些细节记录在图解的第一部分。

**澄清问题行为**

具体行为

**3**

用完全相同的方法，让学生说出并描述理想的行为是什么样的，描述得越详细越好。把它们记录在纸张或者屏幕的另一端，中间留出空白。让学生一眼就能看出这个空白，感觉到接下来谈话的方向。

**4**

现在，谈话和绘图的目的已经不言而喻。尽管如此，还是要强调问题行为和理想行为之间的差距，并明确表示，谈话的目的是通过制订计划来缩小差距。在每个阶段，确保对实际情况达成一致意见，并以此为基础向下阶段推进。

**5**

解决方案出现了。再一次（在你认为有效的情况下）要求学生描述可能的干预行为。采取冷静、严格的策略——不断重复同一段话的方法（又称"坏唱片法"）尤其有效。解决方案达成后，注明日期并签字，同时约定监测日期，反馈将有助于衡量计划是否成功执行。

建立目标行为

具体行为

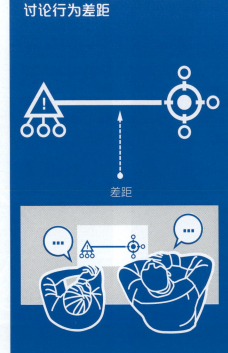

讨论行为差距

差距

制订行动计划

带有行为的计划

**帕特·米伦达**

结果表明，针对可能性所做的口头提示（verbal contingency）没有产生什么影响，而可能性示意图（contingency mapping）却能立即、显著和持续地减少问题行为、增加可替代行为。
Brown & Mirenda, 2006

# 手绘信息组织图

—

手绘信息组织图将你脑中的想法与笔头直接联系起来。

## 材料

在某些情况下，手绘信息组织图可能比绘制电子版本更快。但是，我们必须指出，提前设计信息组织图仍然很重要，而且你需要使用正确的材料。

在没有数字网格的情况下，方格和点阵纸为你提供了一个隐含的框架，能让你画出更直的线、更准确的角度并对齐图中各元素。

## 数字绘制工具

当手绘信息组织图时，你需要使用投影仪来展示，或者考虑绘图板。你可以使用平板电脑，但我们更喜欢绘图板，因为它的表面摩擦力更大，画起来更有手感。

奥利弗和戴维使用的是绘图板和投影仪。

## 绘制

画的时候，要固定手腕和肘部，用肩部带动手臂。用点阵纸或方格纸画一条直线，在画的时候屏住呼吸。试着用线条粗细来区别信息组织图中各部分的重要程度。笔头可以粗糙些，这样才会产生摩擦力。

## 书写

写的时候，笔迹必须清晰。使用投影仪时，可以时不时地使用放大和缩小功能，以确保所有学生都能看清。不要写连体字，书写速度要慢。其余时间进行叙述，强调关键词和概念。检查座位安排，确保有视觉障碍的学生离屏幕最近。

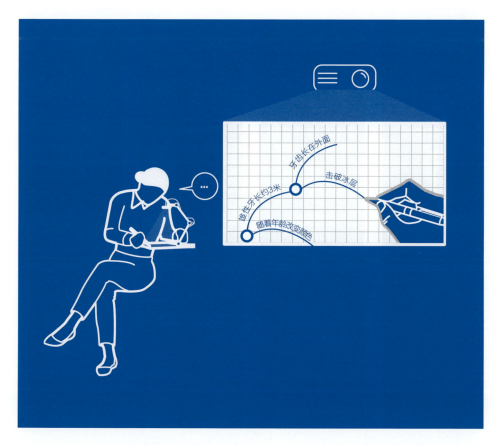

### 贾曼体

abcdefghijklmn
opqrstuvwxyz
ABCDEFGHIJKLMN
OPQRSTUVWXYZ

### 卡维格利奥里体

abcdefghijklmn
opqrstuvwxyz
ABCDEFGHIJKLMN
OPQRSTUVWXYZ

**克里斯托弗·贾曼**

字体库中的现代手写字体使用起来最简单，没有什么多余的弯弯绕绕，易读且便捷。直接用手就可以写出来。

Jarman, 1979

## 数字技巧：
## PPT和谷歌幻灯片

—

在电脑的PPT软件和谷歌幻灯片中绘制信息组织图时，请遵循以下建议来提高效率。

**罗宾·威廉姆斯**

即使对齐的元素离得很远，但在你的眼中和头脑中，仍然有一条无形的线将它们连接起来。

Williams, 2004

### 插入参考线

通过参考线和网格线，让信息组织图中的所有元素对齐。

选择视图

↓

勾选网格线

↓

勾选参考线

### 文本框大小

调整文本框尺寸可能很麻烦，效果也不好。以下步骤可以确保精确性和一致性。

插入形状

↓

单击右键并选择设置形状格式

↓

调整宽度和高度

↓

锁定纵横比，按比例调整高度和宽度

### 复制文本框

根据自己的喜好设置文本框格式后，复制文本框以节省时间。

用便利贴规划信息组织图

↓

插入文本框并选择格式

↓

复制粘贴文本框，直到与便利贴的数量相同

↓

排列文本框

### 直线和箭头

这个简单的步骤可以帮你画出水平、垂直、45度方向的完美线条。

在绘制直线或箭头时按下shift键

## 连接点

连接点可节省连接文本框的时间。曲线连接对复杂的信息组织图特别有用。

## 设置箭头格式

箭头太小可能无法识别。可通过以下步骤解决。

## 默认线条

将线条设置为默认值可以加快绘制并确保一致性。

## 切换大小写

轻松切换文本大小写，避免在输入大写字母时出现拼写错误。

## 创建学生模板

模板可以节省时间，帮助新手更快上手，特别在信息组织图比较复杂时。

## 线条交叉问题

最好避免交叉，但如果不能，请按照以下步骤将问题最小化。

---

### 连接点

插入线条或箭头

↓

拖动线条或箭头一端并停在文本框上，直到文本框上出现连接点

↓

松开鼠标，使线条或箭头一端与文本框的连接点相连

### 设置箭头格式

插入线条或箭头

↓

单击右键并选择设置形状格式

↓

选择箭头类型和大小等所需选项

### 默认线条

插入线条或箭头

↓

线条或箭头格式

↓

单击右键并选择，设置为默认线条

### 切换大小写

选中文本

↓

单击右键，选择字体选项，选择字体高级选项

↓ ⤵

选择大写字体

### 创建学生模板

设计信息组织图

↓

复制完整页面

↓

按住shift键选中你希望学生填写的文本框

↓

删除所有文本

### 线条交叉问题

插入圆形并用白色填充

↓

单击右键并选择设置形状格式

↓

提高透明度

↓

把圆形放在两线交叉处

---

**罗宾·威廉姆斯**

在整个设计过程中不断重复视觉元素，将不同的部分连接在一起，加强了整体性。

Williams, 2004

# 数字技巧：
# Keynote软件

—

在苹果电脑的Keynote软件中绘制信息组织图时，请遵循以下建议来提高效率。

**罗宾·威廉姆斯**

注意你放在页面上的每一个元素。为了保持整个页面的统一，请将每个元素与其他元素的边缘对齐。

Williams, 2004

### 插入参考线

插入参考线和网格线，让信息组织图中的所有元素对齐。

选择偏好设置

↓

选择标尺

↓

勾选所有对齐参考线

### 文本框大小

调整文本框尺寸可能很麻烦，效果也不好。以下步骤可以确保精确性和一致性。

选择文本框

↓

点击格式

↓

点击排列

↓

调整宽度和高度

### 复制文本框

根据自己的喜好设置文本框格式后，复制文本框以节省时间。

用便利贴规划信息组织图

↓

插入文本框并选择格式

↓

复制粘贴文本框，直到与便利贴的数量相同

↓

排列文本框

### 直线和箭头

这个简单的步骤可以帮你画出水平、垂直、45度方向的完美线条。

在绘制直线或箭头时按shift键

## 连接点

连接点可节省连接文本框的时间。曲线连接对复杂的信息组织图特别有用。

## 设置箭头格式

箭头太小可能无法识别。可通过以下步骤解决。

## 轻松对齐

以下步骤有助于垂直、水平、均匀地复制并排列元素，可以节省时间。

## 切换大小写

轻松切换文本大小写，避免在输入大写字母时出现拼写错误。

## 创建学生模板

模板可以节省时间，帮助新手更快地上手，特别是在信息组织图比较复杂时。

## 线条交叉问题

最好避免交叉，但如果不能，请按照以下步骤将问题最小化。

---

**连接点**

从常用形状中选择连接线
↓
点击并拖动连接线，将两个文本框连接起来
↓
双击连接线的绿点，切换曲线与直角

**设置箭头格式**

从常用形状中选择连接线
↓
选择格式
↓
选择样式，设置端点的类型

**轻松对齐**

选择你想要对齐的若干元素
↓
选择格式
↓
选择排列
↓
选择对齐和分布

**切换大小写**

选择文本框
↓
选择格式
↓
选择文本
↓
选择齿轮图标
↓
选择大写
↓
选择具体类型

**创建学生模板**

设计信息组织图
↓
复制完整页面
↓
选中你希望学生填写的文本框并删除所有文本

**线条交叉问题**

从常用形状中选择圆形并用白色填充
↓
选择形状并点击格式
↓
选择样式，降低不透明度
↓
把圆形放在两线交叉处

**罗宾·威廉姆斯**

如果元素相互关联，就把它们放入一组。

Williams, 2004

# 数字信息组织图

—

奥利·刘易斯解释说，技术为我们提供了原本不可能的机会。

奥利·刘易斯

**埃隆·马斯克**

你不应该为了不同而不同，而应该为了更好而不同。

### 使用数字信息组织图的理由

教学实施与教学设计谁更重要是教育界长期争论的问题。说实话，我们可以两者兼顾，因为学习序列中的每个组成部分都有其优点。有人认为，教学或学习需要依赖数字信息组织图，这是站不住脚的。使用它的理由应该是，它可以鼓励认知和自我检查，可以利用外部记忆空间来撬动学习。

组织图——图式的外部投射——改善了工作记忆的局限性。技术支持的空间隐喻，通过视觉和视觉空间过程，提供了更高级的功能，来撬动更复杂的想法。你想要二维功能还是多维功能？技术使协作、编辑、迭代、设置格式、操作、访问、省时、共享、复制、录音、分发等都变得更加容易。考虑到这些因素，数字信息组织图可以说比手绘信息组织图更加灵活。

**史蒂夫·乔布斯**

把事情简化需要付出巨大努力。

哪种设计工具在教师中普及程度最高？

高效果
低成本

高效果
高成本

低效果
低成本

低效果
高成本

## 马克·安德森

把技术当作噱头，会贬低你作为一名教师的价值，也会贬低技术，最终会贬低你在课堂上所做的事情。请保持挑战的深度。

Anderson, 2018

在决定是否使用某个数字应用程序时，马克·安德森的"效果与成本"优先矩阵，可以帮助我们在确定有效性以及平衡学习效果和成本时，问出正确的问题。要问的问题可能包括但不限于：这样做将提供什么学习机会？这样做的成本是什么？不采取数字形式，学习是否会更加连贯？这样做是否值得我们付出努力？这样做对教师和学生来说节约了时间吗？这样做如何实现更多的功能？

## 优点

超链接、二维码、无限量副本、AR接口、省时、协作、可编辑性、录音、语音转文字、分发、复制、人工智能、机会深度、边际收益。

## 缺点

屏幕时间、成本、培训、信心、能力、基础设施、电池寿命、连接性。

## 数字信息组织图的使用灵感

■ 让学生通过改错或重组现成的数字信息组织图的各组成部分，来检查自己的理解情况。
■ 让学生通过带有动画的数字信息组织图进行叙述。
■ 让学生针对数字信息组织图中的每个链接提出问题（可以通过数字方式添加）。

# 人名、作品名对照表

## A

| | |
|---|---|
| Ae-Hwa Kim | 金爱华 |
| Alan Brache | 艾伦·布拉奇 |
| Albert Humphrey | 阿尔伯特·汉弗莱 |
| Alex Quigley | 亚历克斯·奎格利 |
| Allan Paivio | 艾伦·佩维奥 |
| Andrew St George | 安德鲁·圣乔治 |
| Andy Buck | 安迪·巴克 |
| Andy Clark | 安迪·克拉克 |
| Annie Murphy Paul | 安妮·默菲·保罗 |
| Antonio Damasio | 安东尼奥·达马西奥 |
| Arthur Fry | 亚瑟·弗莱 |
| Atsushi Shimojima | 霜岛淳 |
| Ayellet Mcdonnell | 阿耶利特·麦克唐奈 |
| *Adi Granth* | 《阿底·格兰特》 |
| *Animal Farm* | 《动物农场》 |
| *Applying Cognitive Science to Education* | 《认知科学在教育中的应用》 |

## B

| | |
|---|---|
| Barak Rosenshine | 贝拉克·罗森海因 |
| Barbara Tversky | 芭芭拉·特沃斯基 |
| Ben Norris | 本·诺里斯 |
| Ben Ranson | 本·兰森 |
| Bernard Mohan | 伯纳德·默汉 |
| Bertrand Russell | 伯特兰·罗素 |
| Bethany Rittle-Johnson | 贝萨妮·里特尔－约翰逊 |
| Bishop Berkeley | 毕晓普·伯克利 |
| Blake Harvard | 布莱克·哈佛 |
| Brett Kingsbury | 布雷特·金斯伯里 |

## C

| | |
|---|---|
| Carl Herdrick | 卡尔·亨德里克 |
| Carol Hariram | 卡罗尔·哈里拉姆 |
| Catherine Acton | 凯瑟琳·阿克顿 |
| Charles Weiner | 查尔斯·韦纳 |
| Charlie Tyson | 查理·泰森 |
| Charlotte Hawthorne | 夏洛特·霍索恩 |
| Chopeta Lyons | 乔贝塔·莱昂斯 |
| Christian Busse | 克里斯蒂安·巴斯 |
| Christian Moore Anderson | 克里斯蒂安·穆尔·安德森 |
| Christopher Jarman | 克里斯托弗·贾曼 |
| Claire Stoneman | 克莱尔·斯通曼 |
| Clare Madden | 克莱尔·马登 |
| *Classroom Instruction that Works* | 《有效课堂教学》 |

## D

| | |
|---|---|
| Daisy Christodoulou | 黛西·克里斯托杜卢 |
| Dan Rodrigues-Clark | 丹·罗德里格斯－克拉克 |
| Daniel Kahneman | 丹尼尔·卡尼曼 |
| Daniel Robinson | 丹尼尔·罗宾逊 |
| Dave Gray | 戴夫·格雷 |
| David Allen | 戴维·艾伦 |
| David Ausubel | 戴维·奥苏贝尔 |
| David Goodwin | 戴维·古德温 |
| David Hyerle | 戴维·海尔勒 |

David King　　　　　　　　戴维·金
David Kirsh　　　　　　　戴维·基尔希
David McNeill　　　　　　戴维·麦克尼尔
David Morgan　　　　　　戴维·摩根
David Sammels　　　　　戴维·萨穆尔斯
Deepu Asok　　　　　　　迪普·阿索克
Dharmananda Jairam　　达尔马南达·杰拉姆
Don Moyer　　　　　　　　唐·莫耶
Doug Lemov　　　　　　　道格·莱莫夫
Douglas Fisher　　　　　道格拉斯·费希尔
Douglas Hofstadter　　　道格拉斯·霍夫施塔特
Dylan William　　　　　　迪伦·威廉姆
*Dual Coding With Teachers*　《双重编码教师》

## E

Edward Conrad Wragg　　爱德华·康拉德·雷格
Edward de Bono　　　　　爱德华·德博诺
Edward Moser　　　　　　爱德华·莫泽
Edward Tolman　　　　　爱德华·托尔曼
Efrat Furst　　　　　　　埃弗拉特·弗斯特
Eleanor Rosch　　　　　埃莉诺·罗施
Eleanor Stringer　　　　埃莉诺·斯特林格
Eliyahu Goldratt　　　　埃利亚胡·戈德拉特
Elliot Morgan　　　　　　埃利奥特·摩根
Elon Musk　　　　　　　　埃隆·马斯克
Emma Slade　　　　　　埃玛·斯莱德
Eric Lunzer　　　　　　　埃里克·伦泽
Eve Cairns Vollans　　　伊芙·凯恩斯·沃兰斯
*Explaining*　　　　　　　《解释》

## F

Faheemah Vachhiat　　　法希马·瓦希亚特
Fang-Tsu Hu　　　　　　胡芳祖
Frank Gilbreth　　　　　弗兰克·吉尔布雷思
Frank St George　　　　弗兰克·圣乔治
Frazer Thorpe　　　　　弗雷泽·索普
Fred Jones　　　　　　　弗雷德·琼斯
Fred Paas　　　　　　　弗雷德·帕斯
Frederick Reif　　　　　弗雷德里克·里夫
Fritz Zwicky　　　　　　弗里茨·兹维基

## G

Gabriele Rico　　　　　　加布里埃尔·里科
Geary Rummler　　　　　吉尔里·拉姆勒
Geoff Petty　　　　　　　杰夫·佩蒂
George Brown　　　　　　乔治·布朗
George Lakoff　　　　　　乔治·拉科夫
George Vlachonikolis　　乔治·弗拉乔尼科利斯
Gregory Schraw　　　　格雷戈里·施劳
Guru Arjun　　　　　　　古鲁·阿尔琼
Guru Gobind Singh　　　古鲁·戈宾德·辛格
Guru Nanak　　　　　　　古鲁·那纳克
*Graphics for Learning*　《图示学习》
*Guru Granth Sahib*　　《古鲁·格兰特·沙希卜》

## H

Harald Hardrada　　　　哈拉尔德·哈德拉达

## O

Oliver Caviglioli      奥利弗·卡维格利奥里

Oliver Lemon      奥利弗·莱蒙

Olly Lewis      奥利·刘易斯

Olusola Adesope      奥鲁苏拉·阿德索普

Oluyemi Oloyede      奥卢耶米·奥洛耶德

## P

Pat Mirenda      帕特·米伦达

Paul Kirschner      保罗·基尔施纳

Peps Mccrea      佩普斯·麦克雷

Peter Bradford      彼得·布拉德福德

Peter Chen      陈品山

Peter Cheng      彼得·程

Peter Denner      彼得·登纳

Peter Richardson      彼得·理查森

Peter Stoyko      彼得·斯托科

Phillip Horton      菲利普·霍顿

Pie Corbett      派·科比特

*Philosophy in the Flesh*      《肉身哲学》

*Practice Perfect*      《刻意练习》

## Q

*Quanta*      《量子》

## R

Rachel Wong      瑞秋·汪

Richard Feynman      理查德·费曼

Richard Mayer      理查德·梅耶

Robert Dudley      罗伯特·达德利

Robert Marzano      罗伯特·马扎诺

Robert Pehrsson      罗伯特·皮尔逊

Robert Slavin      罗伯特·斯莱文

Robert Swartz      罗伯特·斯沃茨

Robin Williams      罗宾·威廉姆斯

Rosalind Walker      罗萨琳德·沃克

Ruth Colvin Clark      鲁斯·科尔文·克拉克

*Reading Reconsidered*      《重新思考阅读》

*Retrieval Practice*      《信息提取练习》

## S

Sam Steele      萨姆·斯蒂尔

Sandra Parks      桑德拉·帕克斯

Sara Hjelm      萨拉·耶尔姆

Sarah Jones      萨拉·琼斯

Sarah Lally      萨拉·拉莉

Sarah Sandey      萨拉·桑迪

Selina Chadwick      塞利娜·查德威克

Shane O' Neill      沙恩·奥尼尔

Shaun Stevenson      肖恩·史蒂文森

Simon Beale      西蒙·比尔

Simon Flynn      西蒙·弗林

Sönke Ahrens      申克·阿伦斯

Stephen Axon      斯蒂芬·阿克森

Stephen Jay Gould      斯蒂芬·杰伊·古尔德

Steve Jobs      史蒂夫·乔布斯

Steven Pinker      史蒂文·平克

# 参 考 文 献

| Ahrens, S. | 2017 | *How to take smart notes* | zzzz.com |
|---|---|---|---|
| Al-Khwārizmī | 2009 | In Burton, D.M., *The history of mathematics: An introduction* (7th ed) | McGraw Hill, New York, US |
| Alibali, M.W. & Nathan, M.J. | 2012 | Embodiment in mathematics teaching and learning: Evidence from learners' and teachers' gestures | *Journal of the Learning Sciences*, 21:2, 247-286 |
| Allen, D. | 2015 | *Mind like water* | Getting Things Done, www.gettingthingsdone.com/ about |
| Anderson, J.R. | 1990 | *Cognitive psychology and its implications* (3rd ed) | Harvard University Press, Cambridge, US |
| Anderson, M. | 2018 | *So what? So that!* | GESS, www.gesseducation.com/gess-talks/articles/so-what-so-that |
| Anderson, S.P. & Fast, K. | 2020 | *Figure it out: Getting from information to understanding* | Two Waves Books, New York, US |
| Ausubel, D.P. | 1960 | The use of advance organizers in the learning and retention of meaningful verbal material | *Journal of Educational Psychology*, 51:5, 267-272 |
| Ausubel, D.P. | 1968 | *Educational psychology: A cognitive view* | Holt, Rinehart and Winston, New York, US |
| Ausubel, D.P. | 1978 | In defense of advance organizers: a reply to the critics | *Review of Educational Research*, 48:2, 251-257 |
| Axon, S, Speake, J. & Crawford, K.R. | 2012 | "At the next junction, turn left": Attitudes towards sat nav use | *Area*, 44:2, 170-177 |
| Bellmund, J.L.S. | 2020 | Spatial and temporal reference frames anchor cognitive maps for memory | Talk hosted by Bottini Lab, 30 September 2020 |
| Bellmund, J.L.S., Gärdenfors, P., Moser, E.I. & Doeller, C.F. | 2018 | Navigating cognition: Spatial codes for human thinking | *Science*, 362:6415 |
| Blackwell, A.F. (ed) | 2001 | *Thinking with diagrams* | Kluwer Academic Publishers, London, UK |
| Bradford, P. | 1990 | Quoted in Wurman, R.S., *Information anxiety* | Pan, London, UK |
| Brown. K.E. & Mirenda, P. | 2006 | Contingency mapping: use of a novel visual support strategy as an adjunct to functional equivalence training | *Journal of Positive Behavior Interventions*, 8:3, 155-164 |
| Busse. C., Kach, A.P. & Wagner, S.M. | 2016 | Boundary conditions: what they are, how to explore them, why we need them, and when to consider them | *Organizational Research Methods*, 20:4 |
| Butcher, K.R. | 2014 | The multimedia principle. In Mayer, R.E. (ed) *The Cambridge handbook of multimedia learning* (2nd ed, 174-205) | Cambridge University Press, Cambridge, UK |
| Buzan, T. | 2012 | Quoted in Van Vliet, V., *Tony Buzan* | ToolsHero, www.toolshero.com/toolsheroes/tony-buzan |

| Carter, R., Martin, J., Mayblin, B. & Munday, M. | 1984 | *Systems, management and change: A graphic guide* | Paul Chapman Publishing |
|---|---|---|---|
| Caviglioli, O. | 2019 | *Dual coding with teachers* | John Catt, Woodbridge, UK |
| Caviglioli, O. & Harris, I. | 2000 | *Mapwise: Accelerated learning through visible thinking* | Network Educational Press, Stafford, UK |
| Caviglioli, O., Harris, I. & Tindall, B. | 2002 | *Thinking skills and eye Q: Visual tools for raising intelligence* | Network Educational Press, Stafford, UK |
| Cepelewicz, J. | 2019 | The brain maps out ideas and memories like spaces | *Quanta*, www.quantamagazine.org/the-brain-maps-out-ideas-and-memories-like-spaces-20190114 |
| Chen, P. | 2004 | Peter Chen speaks out on paths to fame, the roots of the ER model in human language, the ER model in software engineering, the need for ER databases, and more | *ACM SIGMOD Record*, 33:1, 110-118 |
| Cheng, P.C., Lowe, R. & Scaife, M. | 2001 | Cognitive science approaches to understanding diagrammatic representations. In Blackwell, A.F. (ed) *Thinking with diagrams* (79-94) | Kluwer Academic Publishers, London, UK |
| Chevron, M-P. | 2014 | A metacognitive tool: theoretical and operational analysis of skills exercised in structured concept maps | *Perspectives in Science*, 2:1-4, 46-54 |
| Chi, M.T.H., De Leeuw, N., Chiu, M-H. & Lavancher, C. | 1994 | Eliciting self-explanations improves understanding | *Cognitive Science*, 18:3, 439-477 |
| Christodoulou, D. | 2017 | *Making good progress? The future of assessment for learning* | Oxford University Press, Oxford, UK |
| Clark, A. | 2008 | *Supersizing the mind: Embodiment, action, and cognitive extension* | Oxford University Press, Oxford, UK |
| Clark, R.C. & Lyons, C. | 2004 | Graphics for learning | Pfeiffer, San Francisco, US |
| Clarke, J.H. | 1990 | *Patterns of thinking: Integrating learning skills in content teaching* | Allyn & Bacon, Massachusetts, US |
| Clarke, J.H., Raths, J. & Gilbert, G.L. | 1989 | Inductive towers: Letting students see how they think | *Journal of Reading*, 33:2, 86-95 |
| Claxton, G. | 2015 | *Intelligence in the flesh: Why your mind needs your body much more than it thinks* | Yale University Press, New Haven, US |
| Cooper, J. | 1979 | *Think and link: An advanced course in reading and writing skills* | Edward Arnold, London, UK |
| Corbett, P. | 2008 | Story making and 3 stage methodology | www.foundationyears.org.uk/files/2011/10/Story-Teling_Story-Making1.pdf |

| Covey, S.R. | 2013 | *The 7 habits of highly effective people* (25th anniversary edition) | Simon & Schuster |
| Damasio, A. | 2007 | Foreword to Blakeslee, S. & Blakeslee, M., *The body has a mind of its own* | Random House, New York |
| De Bono, E. | 1993 | *Water logic* | McQuaig Group, Toronto, Canada |
| Delrose, L.N. | 2011 | Investigating the use of graphic organizers for writing | *LSU Master's Theses*, https://digitalcommons.lsu.edu/gradschool_theses/2537 |
| Donald, M. | 1991 | *Origins of the modern mind* | Harvard University Press, Cambridge, US |
| Education Endowment Foundation | 2018 | Metacognition and self-regulation | https://educationendowmentfoundation.org.uk/evidence-summaries/teaching-learning-toolkit/meta-cognition-and-self-regulation |
| Eysenck, M.W. (ed) | 1994 | *The Blackwell dictionary of cognitive psychology* | Blackwell Publishers, Massachusetts, US |
| Fiorella, L. & Mayer, R.E. | 2015 | *Learning as a generative activity* | Cambridge University Press, Cambridge, UK |
| Fisher, D. & Frey, N. | 2008 | *Better learning through structured teaching* | ASCD, Alexandria, US |
| Fonollosa, J., Neftci, E. & Rabinovich, M. | 2015 | Learning of chunking sequences in cognition and behavior | *PLoS Compututational Biology*, 11:11 |
| Furst, E. | 2019 | Meaning first | *Efrat Furst* (blog), https://sites.google.com/view/efratfurst/meaning-first |
| Gantt, H.L. | 1919 | *Organizing for work* | Harcourt, Brace & Howe, New York, US |
| Gilbreth, F.B. & Gilbreth, L.M. | 1917 | *Applied motion study: A collection of papers on the efficient method to industrial preparedness* | Sturgis & Walton, New York, US |
| Gladwell, M. | 2018 | *Malcolm Gladwell explains where his ideas come from* | Open Culture, www.openculture.com/2018/04/malcolm-gladwell-explains-where-his-ideas-come-from.html |
| Gleick, J. | 1993 | *Genius: The life and science of Richard Feynman* | Vintage, New York, US |
| Goldin-Meadow, S. | 2003 | *Hearing gesture: How our hands help us think* | The Belknap Press, Cambridge, US |
| Goldin-Meadow, S. | 2014 | How gesture works to change our minds | *Trends in Neuroscience and Education*, 3:1, 4-6 |
| Gray, D., Brown, S. & Macanufo, J. | 2010 | *Gamestorming: A playbook for innovators, rulebreakers, and changemakers* | O'Reilly, Cambridge, UK |
| Grinder, M. | 2006 | *Charisma: The art of relationships* | Michael Grinder & Associates, US |
| Harvard, B. | 2018 | Maximizing the effectiveness of multiple-choice Qs | The Effortful Educator (blog), https://theeffortfuleducator.com/2018/05/15/maximizing-the-effectiveness-of-multiple-choice-qs |

| Hattie, J. | 2009 | *Visible learning* | Routledge, Abingdon, UK |
|---|---|---|---|
| Hattie, J. | 2012 | *Visible learning for teachers* | Routledge, Abingdon, UK |
| Hawkins, J. | 2021 | *A thousand brains: A new theory of intelligence* | Basic Books, New York, US |
| Hochman, J. & Wexler,N. | 2017 | *The writing revolution* | Jossey-Bass, San Francisco, US |
| Hofstadter, D. | 2009 | *Analogy as the core of cognition* | Lecture at Stanford University, US, 11 September 2009, https://youtu.be/n8m7IFQ3njk |
| Hofstadter, D. & Sander, E. | 2013 | *Surfaces and essences* | Basic Books, New York, US |
| Holt, J. | 1967 | *How children learn* | Pitman Publishing, New York, US |
| Horton, P.B., McConney, A.A., Gallo, M., Woods, A.L., Senn, G.J. & Hamelin, D. | 1993 | An investigation of the effectiveness of concept mapping as an instructional tool | *Science Education*, 77:1, 95-111 |
| Humphrey, A.S. | 2005 | SWOT analysis for management consulting | *SRI Newsletter* (Humphrey's analysis can be read here: https://rapidbi.com/history-of-the-swot-analysis) |
| Hyerle, D. | 1996 | *Visual tools for constructing knowledge* | ASCD, Alexandria, US |
| Ishikawa, K. | | Quote from Kaoru Ishikawa | https://leansixsigmabelgium.com/wp-content/uploads/2014/11/Kaoru-Ishikawa-Quotes.jpg?ssi=1 |
| Jairam, D., Kiewra,K.A., Kauffman, K.F. & Zhao, R. | 2012 | How to study a matrix | *Contemporary Educational Psychology*, 37:2, 128-135 |
| Jarman, C. | 1979 | *The development of handwriting skills: A resource book for teachers* | Basil Blackwel |
| Jobs, S. | 2012 | Quoted in Isaacson, W., How Steve Jobs' love of simplicity fueled a design revolution | *Smithsonian Magazine*, www.smithsonianmag.com/arts-culture/how-steve-jobs-love-of-simplicity-fueled-a-design-revolution-23868877 |
| Johnson, M. | 1987 | *The body in the mind* | University of Chicago Press, Chicago, US |
| Jones, F.H. | 2000 | *Tools for teaching* | Fredric H. Jones & Associates, Santa Cruz, US |
| Jones, F.H. | 2009 | Creating effective lessons the easy way with Dr Fred Jones (video) | https://youtu.be/MInPwzg6TiQ |
| Jones, K. | 2019 | *Retrieval practice: Research and resources for every classroom* | John Catt, Woodbridge, UK |
| Kahneman, D. | 2012 | Quoted in Yong, E., Nobel laureate challenges psychologists to clean up their act | *Nature*, www.nature.com/articles/nature.2012.11535 |

| Kelley, J.E. & Walker, M.R. | 1959 | Critical-path planning and scheduling | IRE-AIEE-ACM '59 (Eastern): Papers presented at the December 1-3, 1959, eastern joint IRE-AIEE-ACM computer conference |
|---|---|---|---|
| Kennedy, M.M. | 2008 | Teachers thinking about their practice. In Good, T. (ed) *21st century education: A reference handbook* | Sage |
| Kinchin, I.M. | 2016 | *Visualising powerful knowledge to develop the expert student* | Sense Publishers, Rotterdam, Netherlands |
| Kim, A-H., Vaughn, S., Wanzek, J. & Wei, S. | 2004 | Graphic organizers and their effects on the reading comprehension of students with LD: A synthesis of research | *Journal of Learning Disabilities*, 37:2, 105-118 |
| Kirschner, P.A. & Hendrick, C. | 2020 | *How learning happens: Seminal works in educational psychology and what they mean in practice* | Routledge, Abingdon, UK |
| Kirschner, P.A., Neelen, M., Hoof, T. & Surma, T. | 2021 | *Let's get to work with productive learning strategies: Mapping* | https://3starlearningexperiences.wordpress.com/2021/04/06/lets-get-to-work-withproductive-learning-strategies-mapping/ |
| Kirsh. D. | 1995 | The intelligent use of space | *Artificial Intelligence*, 73:1-2, 31-68 |
| Knight, J. | 2017 | *The impact cycle: What instructional coaches should do to foster powerful improvements in teaching* | Corwin |
| Lakoff, G. | 1987 | *Women, fire, and dangerous things: What categories reveal about the mind* | University of Chicago Press, Chicago, US |
| Lakoff, G. | 2013 | What studying the brain tells us about arts education (video) | https://youtu.be/fpla16Bynzg |
| Lakoff, G. | 2014 | Mapping the brain's metaphor circuitry: Metaphorical thought in everyday reason | *Frontiers in Human Neuroscience*, 8:958 |
| Lakoff, G. & Johnson, M. | 1980 | *Metaphors we live by* | University of Chicago Press, Chicago, US |
| Lakoff, G. & Johnson, M. | 1999 | *Philosophy in the flesh* | Basic Books, New York, US |
| Larkin, J.H. & Simon, H.A. | 1987 | Why a diagram is (sometimes) worth ten thousand words | *Cognitive Science*, 11:1, 65-99 |
| Leontief, W. | 1937 | Interrelation of prices, output, savings, and investment: A study in empirical application of the economic theory of general interdependence | *The Review of Economic Statistics*, 19:3, 109-132 |
| Lemov, D., Driggs, C. & Woolway, E. | 2016 | *Reading reconsidered* | Jossey-Bass, San Francisco, US |
| Levitin, D. | 2014 | *The organized mind: Thinking straight in the age of information overload* | Penguin, London, UK |
| Lewin, K. | 1948 | *Resolving social conflicts* | Harper, New York, UK |
| Lewin, K. | 1951 | *Field theory in social science: Selected theoretical papers* | Harper & Row, New York, US |

| Lo, M.L. | 2012 | *Variation theory and the improvement of teaching and learning* | Acta Universitatis Gothoburgensis, Sweden |
|---|---|---|---|
| Lunzer, E. & Gardner, K. | 1984 | *Learning from the written word* | Oliver & Boyd, Edinburgh, UK |
| Makel, M.C. & Plucker, J.A. | 2014 | Facts are more important than novelty: Replication in the education sciences | *Educational Researcher*, 43:6 |
| Mandler, J.M. & Cánovas, C.P. | 2014 | On defining image schemas | *Language and Cognition*, 6, 510-532 |
| Marzano, R.J., Pickering, D.J. & Pollock, J.E. | 2001 | *Classroom instruction that works* | ASCD, Alexandria, US |
| Mayer, R.E. | 2004 | Preface to Clark, R.C. & Lyons, C., *Graphics for learning* | Pfeiffer, San Francisco, US |
| Mayer, R.E. | 2014 | *The Cambridge handbook of multimedia learning* (2nd ed) | Cambridge University Press, Cambridge, UK |
| Mccrea, P. | 2017 | *Memorable teaching* | CreateSpace |
| McNeill, D. | 1992 | *Hand and mind: What gestures reveal about thought* | University of Chicago Press, Chicago, US |
| Michalko, M. | 2006 | *Thinkertoys: A handbook of creative thinking techniques* | Ten Speed Press, Berkeley, US |
| Michalko, M. | 2011 | *Twelve things you were not taught in school about creative thinking* | The Creativity Post, www.creativitypost.com/article/twelve_things_you_were_not_taught_in_school_about_creative_thinking |
| Mohan, B.A. | 1986 | *Language and content* | Addison-Wesley, Boston, UK |
| Moreira, M.M. | 2012 | *Freedom to teach and learn literature: The use of concept maps* | Palibrio, Bloomington, US |
| Moser, M-B. | 2021 | May-Britt Moser — facts | NobelPrize.org, www.nobelprize.org/prizes/medicine/2014/may-britt-moser/facts |
| Moyer, D. | 2010 | *The napkin sketch workbook* | Blurb Books |
| Musk, E. | 2016 | *Elon Musk's best quotes on business and innovation* | https://elonmusknews.org/blog/elon-musk-business-innovation-quotes |
| Myatt, M. | 2021 | *Getting the most from knowledge organisers* | Myatt & Co, https://myattandco.com/programs/collections-getting-the-most-from-knowledge-organisers |
| Nesbit, J.C. & Adesope, O.O. | 2006 | Learning with concept and knowledge maps: a meta-analysis | *Review of Educational Research*, 76:3, 413-448 |
| Novak, J.D. | 1998 | *Learning, creating, and using knowledge* | Lawrence Erlbaum Associates, New Jersey, US |
| Novak, J.D. & Gowin, D.B. | 1984 | *Learning how to learn* | Cambridge University Press, Cambridge, UK |
| Novak, J.D. & Symington, D.J. | 1982 | Concept mapping for curriculum development | *VIER Bulletin*, 48, 3-11 |

| O'Keefe, J. | 2021 | John O'Keefe — facts | NobelPrize.org, www.nobelprize.org/prizes/medicine/2014/okeefe/facts |
|---|---|---|---|
| Oloyede, O. | 2016 | Monitoring participation of women in politics in Nigeria | National Bureau of Statistics, Abuja, Nigeria |
| Paas, F. & Sweller, J. | 2012 | An evolutionary upgrade of cognitive load theory: Using the human motor system and collaboration to support the learning of complex cognitive tasks | *Educational Psychology Review*, 24, 27-45 |
| Paas, F. & van Merriënboer, J.J.G. | 2020 | Cognitive-load theory: methods to manage working memory load in the learning of complex tasks | *Current Directions in Psychological Science*, 29:4, 394-398 |
| Paivio, A. | 1990 | *Mental representations: A dual coding approach* | Oxford University Press, Oxford, UK |
| Pehrsson, R.S. & Denner, P.R. | 1989 | *Semantic organizers: A study strategy for special needs learners* | Aspen Publications, Maryland, US |
| Pehrsson, R.S. & Robinson, H.A. | 1985 | *The semantic organizer approach to writing and reading instructio* | Aspen Publications, Maryland, US |
| Petty, G. | 2006 | *Evidence-based teaching* | Nelson Thornes, Cheltenham, UK |
| Piaget, J. | 1952 | *The origins of intelligence in children* | International Universities Press, New York, US |
| Pinker, S. | 2005 | *So how does the mind work?* | Blackwell Publishing Ltd, https://stevenpinker.com/files/pinker/files/so_how_does_the_mind_work.pdf |
| Pinker, S. | 2014 | *The sense of style: The thinking person's guide to writing in the 21st century* | Allen Lane, London, UK |
| Poincaré, H. | 1902 | *Science and hypothesis (La science et l'hypothèse)* | Dover Publications, New York, US |
| Reif, F. | 2008 | *Applying cognitive science to education* | MIT Press, Cambridge, US |
| Rico, G. | 1991 | An article on Gabriele Rico, originally published by *The New York Times* (December 1991) | |
| Rico, G. | 2000 | *Writing the natural way* | Penguin Putman, New York, US |
| Richards, E.G. | 1998 | *Mapping time: The calendar and history* | Oxford University Press, Oxford, UK |
| Rittle-Johnson, B. & Star, J.R. | 2011 | The power of comparison in learning and instruction: Learning outcomes supported by different types of comparisons | In Ross, B. & Mestre, J. (eds) *Psychology of learning and motivation: Cognition in education*, 55 |
| Robinson, D.H. & Schraw, G. | 1994 | Computational efficiency through visual argument: Do graphic organizers communicate relations in text too effectively? | *Contemporary Educational Psychology*, 19:4, 399-415 |
| Rosenshine, B. | 2012 | Principles of instruction: Research-based strategies that all teachers should know | *American Educator*, 36:1, 12-19 |

| Rosch, E. | 1974 | Linguistic relativity | In Silverstein, A. (ed) *Human communication:Theoretical explorations*, Halstead, New York |
|---|---|---|---|
| Rosch, E. | 1978 | Principles of categorization. In Rosch, E. & Lloyd, B.B. (eds) *Cognition and categorization* (27-48) | Lawrence Erlbaum, New Jersey, US |
| Rosch, E. | 1999 | Interview with Professor Eleanor Rosch | www.presencing.org/aboutus/theory-u/leadership-interview/eleanor_rosch |
| Rummler, G.A. & Brache, A.P. | 1990 | *Improving performance: How to manage the white space on the organization chart* | Jossey-Bass, San Francisco, US |
| Russell, B. | 1923 | Vagueness. In Slater, J.G. (ed) *The collected papers of Bertrand Russell, volume 9: Essays on language, mind and matter 1919-1926* (1988, 145-154) | Unwin Hyman, London, UK |
| Shea, J. | 2021 | *Cognitive science v neuroscience: Retrieval at the start of a lesson or not?* | https://peerreviewededucationblog.com/2021/02/06/cognitive-science-v-neuroscience-retrieval-at-the-start-of-a-lesson-or-not |
| Sherrington, T. | 2020 | *Schema-building: A blend of experiences and retrieval modes make for deep learning* | Teacherhead (blog), https://teacherhead.com/2020/01/05/schema-building-a-blend-ofexperiences-and-retrieval-modes-make-for-deep-learning |
| Sherrington. T. | 2021 | *Remote learning solutions: Crowd-sourced ideas for checking students' writing* | Teacherhead (blog), https://teacherhead.com/2021/01/10/remote-learning-solutions-crowd-sourced-ideas-for-checking-students-writing |
| Sherrington, T. & Caviglioli, O. | 2020 | *Teaching walkthrus* | John Catt, Woodbridge, UK |
| Shimojima, A. | 2001 | The graphic-linguistic distinction exploring alternatives | *Artificial Intelligence Review*, 15, 5-27 |
| Slavin, R. | 2018 | *John Hattie is wrong* | Robert Slavin (blog), https://robertslavinsblog.wordpress.com/2018/06/21/john-hattie-is-wrong |
| Smith, C. | 1826 | Boroughbridge strip map *in Smith's new pocket companion of the roads of England and Wales* | www.bl.uk/collection-items/smiths-new-pocket-companion-of-the-roads-of-england-and-wales |
| Stachenfeld, K. | 2019 | Quoted in Cepelewicz, J., The brain maps out ideas and memories like spaces | *Quanta*, www.quantamagazine.org/the-brain-maps-out-ideas-and-memories-like-spaces-20190114 |
| Stenning, K. & Lemon, O. | 2001 | Aligning logical and psychological perspectives on diagrammatic reasoning. In Blackwell, A.F. (ed) *Thinking with diagrams* (29-62) | Kluwer Academic Publishers, London, UK |
| St George, F. & St George, A. | 1996 | *Clear English: How to improve your style* | Bloomsbury Publishing, London, UK |
| Sutton, J. | 2003 | Porous memory and the cognitive life of things. In Tofts, D., Jonson, A. & Cavallaro, A. (eds) *Prefiguring cyberculture: An intellectual history* | MIT Press, Cambridge, US |

| Swartz, R.J. & Parks, S. | 1994 | *Infusing the teaching of critical and creative thinking into content instruction* | Routledge |
|---|---|---|---|
| Sweller, J., Ayres, P. & Kalyuga, S. | 2011 | *Cognitive load theory* | Springer, New York, US |
| Sweller, J., van Merriënboer, J.J.G. & Paas, F. | 2019 | Cognitive architecture and instructional design: 20 years later | *Educational Psychology Review*, 31, 261-292 |
| Taba, H. | 1962 | *Curriculum development: Theory and practice* | Harcourt, Brace & World, New York, US |
| Tolman, E.C. | 1948 | Cognitive maps in rats and men | *Psychological Review*, 55:4, 189-208 |
| Tversky, B. | 2019 | *Mind in motion: How action shapes thought* | Basic Books, New York, US |
| Tyson, C. | 2014 | Failure to replicate | *Inside Higher Ed*, www.insidehighered.com/news/2014/08/14/almost-no-education-research-replicated-new-article-shows |
| Van Merriënboer, J.J.G. & Kester, L. | 2014 | The four-component instructional design model: Multimedia principles in environments for complex learning. In Mayer, R.E. (ed) *The Cambridge handbook of multimedia learning* (2nd ed, 104-148) | Cambridge University Press, Cambridge, UK |
| Venn, J. | 1881 | *Symbolic logic* | Macmillan, London, UK |
| Walker, R. | 2018 | *Sentences and the web of knowledge* | Rosalind Walker (blog), https://rosalindwalker.wordpress.com/2018/10/17/sentences-and-the-web-of-knowledge |
| Waller, R. | 1981 | Understanding network diagrams | Paper presented at the annual conference of the American Educational Research Association, Los Angeles |
| Weinstein, Y. & Sumeracki, M. | 2018 | *Understanding how we learn: A visual guide* | Routledge, Abingdon, UK |
| Williams, R. | 2015 | *The non-designer's design book: Design and typographic principles for the visual novice* (fourth edition) | Peachpit Press, Berkeley, US |
| Willingham. D.T. | 2009 | *Why don't students like school?* | Jossey-Bass, San Francisco, US |
| Wittgenstein, L. | 2001 | *Philosophical investigations* (50th anniversary edition of original published in 1953) | Blackwell Publishers, London, UK |
| Wragg, E.C. & Brown, G. | 1993 | *Explaining* | Routledge, Abingdon, UK |
| Wright, A. | 2007 | *Glut: Mastering information through the ages* | Joseph Henry Press, Washington, US |
| Wright, A. | 2014 | *Cataloging the world: Paul Otlet and the birth of the information age* | Oxford University Press, Oxford, UK |
| Zwicky, F. | 1948 | Morphological astronomy | *The Observatory*, 68:845 |

# 著译者简介

## 奥利弗·卡维格利奥里

信息设计师，致力于将教育理念和教育过程进行可视化呈现，在弥合教育与平面设计之间的隔阂方面处于独特的地位。他曾在一所特殊学校做了10年的校长，并在中小学和大学中培训教师使用信息组织图。近年来，他为保罗·基尔施纳教授等卓越教育家和"学习科学家"网站绘制书籍插图，并与汤姆·谢林顿合作开发了"教学攻略"系列书籍和持续专业发展资源。著有《双重编码教师》等。

## 戴维·古德温

地理教师，思维可视化实践者。多年来他一直在教学中使用信息组织图，致力于在认知科学发展的推动下尝试发掘其全部潜力，帮助教师理解和使用，并为一系列相关图书绘制插图。与人合著有《第一年：照亮第一年的教学之路》《延展心智指导手册》等。

## 张阳

复旦大学政治学博士，上海市"综合课程创造力"项目实操培训专家，中国未来学校大会评价团专家，第九届中国教育创新年会素养评价导师。作为一线教师的十余年里，她先后执教于乡村中学和超级中学，曾获上海市教师教学评选一等奖。最终选择进入创新教育领域，先后在云谷学校和探月学校担任首席教师。负责过中外素养成绩单在学校层面的完整落地，制作的《素养教育地图》成为国内核心素养教育领域的重要参考。

**图书在版编目（CIP）数据**

一图胜千言：每位教师都应掌握的 35 种思维工具 /
（英）奥利弗·卡维格利奥里（Oliver Caviglioli），
（英）戴维·古德温（David Goodwin）著；张阳译 . --
北京：中国人民大学出版社，2024.5
　（走进学习科学丛书 / 盛群力主编）
　书名原文：Organise Ideas: Thinking by Hand,
Extending the Mind
　ISBN 978 - 7 - 300 - 32839 - 3

Ⅰ.①一… Ⅱ.①奥… ②戴… ③张… Ⅲ.① 多媒体
教学—可视化软件 Ⅳ.① G434

中国版本图书馆 CIP 数据核字（2024）第 096982 号

著作权合同登记号
图字:01-2022-2279号

走进学习科学丛书
盛群力 主编　邢天骄 副主编
一图胜千言：每位教师都应掌握的 35 种思维工具
［英］奥利弗·卡维格利奥里　戴维·古德温 著 张阳 译 盛群力 审订
Yitu Sheng Qianyan: Meiwei Jiaoshi Dou Ying Zhangwo de 35 Zhong Siwei Gongju

| 出版发行 | 中国人民大学出版社 | | |
|---|---|---|---|
| 社　　址 | 北京中关村大街 31 号 | 邮政编码 | 100080 |
| 电　　话 | 010 - 62511242（总编室） | 010 - 62511770（质管部） | |
| | 010 - 82501766（邮购部） | 010 - 62514148（门市部） | |
| | 010 - 62515195（发行公司） | 010 - 62515275（盗版举报） | |
| 网　　址 | http://www.crup.com.cn | | |
| 经　　销 | 新华书店 | | |
| 印　　刷 | 北京华宇信诺印刷有限公司 | | |
| 开　　本 | 889 mm × 1194 mm　1/16 | 版　　次 | 2024 年 5 月第 1 版 |
| 印　　张 | 22 | 印　　次 | 2024 年 5 月第 1 次印刷 |
| 字　　数 | 460 000 | 定　　价 | 128.00 元 |